Literaturca Verlag

Murat Gülsoy

Unheimlich

Übersetzt aus dem Türkischen von
Gülperi Zeytinoğlu

Umschlagbild
Süreyya Ada Gülsoy

Einbandentwurf
Seda Gümüşoluk

Deutsche Erstausgabe
1. Auflage 2023
© Alle Rechte der deutschen Ausgabe:
Literaturca Verlag, Inh. Mesut Caner
Frankfurt am Main 2023

Murat Gülsoy

Unheimlich

Erzählungen

Übersetzt aus dem Türkischen von

Gülperi Zeytinoğlu

Literaturca Verlag

Literaturca Verlag

INHALT

Literaturca Verlag

Ich war sieben oder acht Jahre alt. Mein Kopf war gegen einen der bauchigen Kotflügel eines süßen, gelben Autos geprallt, das wie eine Schildkröte aussah. Nur leider war das Auto in Fahrt. Ich war auf dem Heimweg von der Schule, und ehe ich wusste, was geschah, lag ich auf dem Boden. Der Wagen war wohl nicht sehr schnell, denn ich bin nicht gestorben. Ich erinnere mich nur, wie mit dem Aufprall alle meine Sinne geschärft wurden. Die Welt kam mir wie ein anderer Ort vor. Alles, außer meinen Gedanken, war verlangsamt oder sogar stehengeblieben. In den Gesichtern der Menschen war Entsetzen zu lesen, und mir war der Begriff des Vortod-Optimismus nicht bekannt. Ja, so etwas gibt es. Nun wisst ihr es. Die letzten Sekunden vor eurem Tod werdet ihr denken, dass ihr niemals sterben werdet. Im letzten Augenblick steckt die Unendlichkeit.

DER MORGEN AM PRÜFUNGSTAG

Er war überhaupt nicht bereit für diesen Morgen, nein, so hätte es nicht sein dürfen. Was war ein Giffen-Gut? Was eine Angebots- und Nachfragekurve? Endlose Prüfungen. Tja, auch mit dreißig Jahren wird der Menschen gezwungen, an Prüfungen teilzunehmen. Nein, Ömer ist erst neunundzwanzig und schon zu spät für die Inspektoren-Prüfung. Natürlich kommt der Bus nicht. Er berechnet den Weg. Knapp könnte er es schaffen. Unter so genannten Normalbedingungen. STP, das gab es in Chemie und war schon vor Jahren gegessene Sache oder war das in Physik? In der heutigen Prüfung wird es andere Fragen geben. Die allgemeinen Fähigkeiten passen, da gibt es kein Problem. Aber im eigentlichen Fachgebiet, da schwankt es. Er hat Kopfschmerzen. Die ganze Nacht hat er sich unruhig hin und her gewälzt. Und Ayça hat er auch nicht schlafen lassen. Ständig hatte er alle möglichen Fragen im Kopf. Trotz ansteigender Preise gibt es keinen Nachfragerückgang, Giffen-Gut eben. Unter normalen Umständen sinkt der Preis, wenn das Angebot steigt, und bei steigender Nachfrage steigt auch der Preis. Steigt der Preis, sinkt die Nachfrage. Aber bei einem Giffen-Gut ist das nicht der Fall. Oh Mann, der Bus kommt einfach nicht. Er wird es nicht rechtzeitig schaffen, auch wenn der Bus kommen würde. Geld für das Taxi ausgeben, das ist doch nichts weiter als rausgeschmissenes Geld, oder nicht? Manchmal diskutieren sie, Ayça und er. Es geht meistens um finanzielle Themen. Vielleicht würden sie sich nie streiten, wenn es ihnen finanziell besser ginge. Ayça sucht ständig nach Urlaubswerbung, Pauschalreisen, vergünstigten Flügen, aneinandergereihten Urlaubstagen … Für Ömer sind dies jedoch unnütze Aktionen. Was gibt es Absurderes, als sich für drei, vier Tage Urlaub das ganze Jahr abzurackern? Was also tun? Ömer schafft es nicht, lange in Ayças enttäuscht glasige, schöne schwarze Augen zu schauen. Nicht mal in Gedanken. Er schafft es nicht. Er hat keine vernünftige Antwort dafür. Was war die Frage? Nicht mal die Frage kann er im wahrsten Sinne des Wortes an den rechten Platz setzen …

Jetzt fällt sein Körper die Entscheidung, seine Hand hebt sich, es entsteht Blickkontakt mit dem Taxifahrer, seine Gesichtszüge spannen sich, das Fahrzeug bleibt abrupt vor ihm stehen, er schert sich nicht um die anderen, an der Haltestelle stehenden Personen, die einen Satz Richtung Taxi machen, und setzt sich auf den Rücksitz. Ömer ist keiner von den Fahrgästen, die den Kontakt mit dem Fahrer suchen, das war er noch nie. Dies ist eine Dienstleistung, deren Preis er zahlen wird, seine einzige Erwartung liegt darin, dass er rechtzeitig am Zielort ankommt. Im Taxi herrscht ein strenger Geruch, ein Lufterfrischer mit Honigmelonenduft. Ihm wird schlecht. Er sagt dem Fahrer, wohin es gehen soll. Dem Fahrer gefällt das nicht.

„In der Richtung ist viel Verkehr."

„Ich muss es zur Prüfung schaffen, können wir keine Seitenstraßen oder so nehmen?"

„Der Ring scheint offen. Zumindest ist es dort nicht durchgehend rot."

Zusammen schauen sie sich die Route an. Ömer ist erstaunt über den Shampoo-Geruch, der den Haaren des Fahrers entströmt. Gut, das ist ein sauberer Mann.

„Ja, ja, nehmen wir diesen Weg."

Kartoffeln! Ja, Kartoffeln sind ein Beispiel für Giffen-Güter, das darf er nicht vergessen. Egal, wie hoch der Preis auch steigt, die Nachfrage fällt nicht, im Gegenteil, sie kann sogar steigen. Denn, wenn Kartoffeln teurer werden, dann werden die anderen Lebensmittelpreise noch mehr steigen. Arme Leute können nicht sagen: „Kartoffeln sind teuer, lasst uns also Fleisch essen." Wer war das? Da gab es doch eine französische Königin? „Wenn sie kein Brot finden, dann sollen sie Kuchen essen", scheint sie gesagt zu haben. Oder so etwas ähnliches. Dann ist sie unter das Schafott gekommen. War sie das wirklich so? Das Wort bedeutete möglicherweise nicht Kuchen, sondern Nudeln. Oder war es wirklich Kuchen? Ömer war sich schon lange nicht mehr sicher, an was er sich erinnerte. Ständig stellte sich das gelesene und akzeptierte Wissen als falsch heraus. Vergiss nicht die Kartoffeln. Aber gibt es denn keine Fälle, wo die Nachfrage trotz sinkendem Preis nicht steigt? Natürlich gibt es das, nur an deren Namen kann er sich nicht erinnern. Zum Beispiel kaufen die Menschen kein Grab, bloß weil die Preise gesunken sind und sie sich denken, dass es der richtige Zeitpunkt zum Sterben ist. Das hatte er vor Jahren an der Uni gehört. Welcher Professor hatte das gesagt? Er konnte sich an den Namen nicht erinnern. So werden die Menschen immer getäuscht, ständig gibt es dramatische Beispiele und Extremsituationen. Dabei ist die Realität immer nur durchschnittlich, langweilig, ohne Überraschungen, das Ergebnis kann tausend Schachzüge vorher angekündigt werden. Und außerdem bietet die Stadt den Bestattungsdienst schon lange kostenlos an. An die Friedhofstore schreiben sie wohlgefällig: „Jedes Lebewesen wird eines Tages den Tod erleben." Das wissen wir schon, denkt sich Ömer und ärgert sich jedes Mal, wenn er diese Inschrift sieht. Am Ende gibt es den Tod. Was für eine schlechte Story! Am Ende stirbt jeder. Er hat sich an den Rücksitz des Taxis gewöhnt, betrachtet die äußere Welt schon längst aus einem anderen Blickwinkel. Die Menschen warten an Haltestellen, an Ampeln, in Fahrzeugen. Die Lichter gehen an und aus, sie überqueren, kommen und gehen. Jeder weiß, was er zu tun hat. Eine chaotisch wirkende Ordnung. Autos fahren, die Zeit fließt. Für einen Moment beschleicht Ömer der Verdacht, dass alle Fahrzeuge auf der Straße in Richtung Prüfungsort fahren. Die Zahlen auf dem Taximeter steigen schneller als gedacht. Er versucht zu schätzen, nach wieviel hundert Metern das Taximeter eins hoch schaltet. Der Fahrer ist ganz schön gewieft, fährt in die Lücken und Schneisen, aber der Stau ist schlimm. Noch eine halbe Stunde bis zur Prüfung. Wenn er zu spät kommt, kann es sein, dass sie ihn nicht mehr reinlassen.

Vielleicht aber doch. Er kann es dennoch nicht riskieren. Diese Prüfung findet seit Jahren das erste Mal wieder statt. Prüfungen, beruflicher Aufstieg, Lohnsklaverei, Brot, Kartoffeln, Giffen-Gut, Kuchen, Marie Antoinette. Guillotine. Das war doch der Name des Mannes, der das erfunden hatte und der dann selbst unter dem Schafott sein Leben gelassen hat? Oder war das auch etwas, das fälschlicherweise für richtig gehalten wurde? Würde das unter den Fragen zur allgemeinen Eignung auftauchen? Die Beispielprüfungsfragen basierten auf Sprache und Mathematik. Ist Ayça unglücklich? Ja. Woher kam das denn nun? Von der Frage mal abgesehen, wie kam es, dass die Antwort so schnell und endgültig war? Ist Ayça unglücklich? Ja. Wieso ist die Antwort so kurz, klar und schnell? Weil er selbst auch unglücklich ist. Ist es denn möglich, dass wenn ein Partner unglücklich ist, der andere glücklich ist? Natürlich nicht. Diese Information scheint so sicher wie ein Naturgesetz. Dann gibt es dafür bestimmt auch einen Namen. Sogar Kartoffeln haben einen gut klingenden Namen: Giffen-Gut. „Ist es möglich, dass, wenn ein Partner unglücklich ist, der andere glücklich ist?" schreibt er ins Internet. Natürlich wird eine Liste von unnützen Seiten gezeigt, er lässt es gut sein, damit er den Akku nicht verschwendet. Aber dann hallt es in seinem Kopf: **IstAyçaunglücklich?Ja**. Frage und Antwort in einem, zusammenhängend. Vor seinem inneren Auge schwirren Moleküle und Atome, aus irgendeinem Grund fällt ihm der Chemieunterricht aus Gymnasiumszeiten ein. Eigentlich mochte er Chemie, hatte aber gleichzeitig Angst davor. Gerade als er dachte, er hätte es verstanden, gab es eine Sondersituation und er kam ins Schleudern. Das Periodensystem war etwas zwischen Magie und Rätsel. **IstAyçaunglücklich? Ja**. Was er auch tat, egal wie weit zurück er sich in den Details des Chemieunterrichts versteckte, jedes Mal kam diese ätzende Frage-Antwort auf. Und dann gibt es noch das Messer des Schafotts, wie es unter den Sonnenstrahlen blitzend den Satz an der nötigen Stelle trennt. J: Das Messer glänzt oben in der Luft. Es bewegt sich. A: Das Messer senkt sich blitzschnell. Das Messer hat sein Ziel erreicht. Ab mit dem Kopf. Augenblicklich. **Ayçaunglücklich** – zack fällt das Beil, trennt das Ist und das Ja vom Körper ab. Zurück bleibt der leblose

Körper: **Ayçaunglücklich**. Voller Verzweiflung fängt er an wahllos die Fragen des Fahrers zu beantworten, damit dieser Gedanke vertrieben wird. Der Taxifahrer hat ein grenzenloses Spektrum an Gesprächsstoff, von der Wirtschaft bis zur Außenpolitik, von den Kommunalwahlen bis zum Ein-Mann-Regime, vom ältesten nichtsnutzigen Sohn bis zu den Magenproblemen seiner Schwiegermutter. Zwischen all dem Gerede geht Ömer unter. Manchmal kann das Telefon auch eine Rettung sein.

„Ja, Mama?"

„Guten Morgen, mein Schatz, ich wollte dir nur Glück wünschen."

„Danke, Mama."

„Ist es sehr voll in der Prüfung? Haben sich viele angemeldet?"

„Ich bin noch unterwegs."

„Was?"

„Ich bin im Taxi. Es gab zu viel Verkehr."

„Ach, Kind. Wärst du doch früher los."

„Mach dir keine Sorgen, ich komme schon rechtzeitig hin."

„Ich bin hier am Ende meiner Nerven."

„Ja, Mama, ist schon gut…"

„Ach, übrigens…"

„Ja?"

„Du kommst doch heute Abend?"

„Heute Abend?"

„Ach Ömer, wie konntest du das denn vergessen? Wohl wegen des ganzen Prüfungsstresses. Heute ist doch der Todestag deiner Tante. Ich mache Lokma. Und ein Hoca kommt auch. Ich zähle auf dich. So, möge Allah dir einen klaren Kopf geben. Mach dir keinen Stress. Denk daran, als Kind hat dir deine Eile immer geschadet."

Fünfer pasch, so geht's rasch! Ömer hört nur noch mit einem Ohr zu. Seine Tante kommt ihm in den Sinn. Sie spielen Tavla. Zack, schmeißt die Tante seine Steine raus. Der kleine Ömer betrachtet das Muster des Tavla-Bretts: Wie die das wohl gemacht haben? Die haben bestimmt die Holzstücke ausgeschnitten und zusammengeklebt, Lack drüber, sieht schön aus … „Und doppelt verloren, mein lieber Ömer.

Da, klemm das Tavla-Brett unter deinen Arm. Du weißt doch, wie es so schön heißt: „bilmiyorsan bu boku, git de mektebinde oku", also: willst du spielen, musst du lernen." Ömer hatte Tränen in den Augen. Wie auch nicht? Seine ganze Kindheit hatte er mit Tante Hale verbracht. Das wird ihm meistens dann deutlich, wenn er Ayça Erinnerungen aus seiner Kindheit erzählt. Während man mit jemandem zusammen ist, betrachtet man sich aus einem anderen Blickwinkel. In seiner Vergangenheit gibt es weder seine Mutter noch seinen Vater. Es ist immer nur die Tante da. Die Eltern sind ständig auf Arbeit. Immer arbeiten sie. Immer beschweren sie sich über die Gehälter. Immer sind sie Beamte. Immer Lehrer. Immer nur der schwere Gestank von Maltepe-Zigaretten, die undefinierbare Leichtigkeit von Aluminium-Töpfen, selten Fleisch, Wohnung stickig … Wie ein Akkordeon geknickte Seiten in den Schulbüchern Ömers, als Laborratte aufwachsend, im Labyrinth aus Wäsche, Abwasch, Bügeln, Wäsche, Abwasch, Bügeln. Ein echtes Akkordeon hat Ömer erst viel später zu Gesicht bekommen … Er war mit Ayça in den Süden gefahren, sie hatten ein schönes, kleines Motel gefunden. (**IstAyçaunglücklich?Ja**. Damals war sie nicht unglücklich! Vergiss das!) Ayça hatte das Motel gefunden, schön, klein, sauber, ruhig, der Inhaber alt, die Einrichtung alt. Als sie nach einem Strandspaziergang eingekehrt waren und Wein tranken, war ein Akkordeonspieler zu ihnen gekommen. Lange spielte er die damals beliebten Lieder. Glücklich nippte Ömer an dem billigen Wein, während er sich überlegte, wozu wohl die kleinen Knöpfe auf dem rot lackierten Akkordeon gut waren. O bella ciao, bella ciao, bella ciao, ciao, ciao. „Du, Ömer, der Mann erwartet ein Trinkgeld." Das verstimmte Ömer. Das ist wie in einem Computerspiel, dachte er sich. Hast du ein bisschen Spaß gehabt, musst du sofort dafür zahlen. Der Klang des Akkordeons, dem er gerade ehrfürchtig gelauscht hatte, war jetzt nur noch störender Lärm. Dabei wollte Ömer frei sein, wie viele andere auch. Vollkommen frei. Weder an dieser Prüfung teilnehmen noch sich um die Kreditkartenlimits kümmern oder im Beruf versuchen, aufzusteigen … Nur leben, weil ich Ich bin. Tun und lassen, wie ich es will. Am Strand will ich mich auf den Sand legen. Einschlafen, während ich die Sterne betrachte. Ich will keine Telefonnummer besitzen. Keine ID. Will keine Kreditkarte haben. Keine PIN. Kein Formular soll nach dem Mädchennamen meiner Mutter fragen. Ich will keinen Eintrag in dieser Welt. Das wäre Freiheit! Seine Tante Hale könnte so eine Frau gewesen sein. So erinnert er sich. Ein Mensch, der die oberflächlichen Dinge, die anderen Menschen wichtig waren, für wertlos hielt, und die sich mit den echten Dingen befasste. Obwohl, das stimmt nicht. Keinen ihrer Wünsche hat sich seine Tante erfüllen können. Sie konnte nicht auf die Musikschule. Konnte auch nicht in ein Atelier eines Malers. Sie hatte auch nicht die Möglichkeit, die vielen Ausstellungen in der Stadt zu besuchen. Entweder kümmerte sie sich um Ömer oder versuchte, einen Mangel der Familie auszugleichen. Sie fühlte sich erdrückt unter dem Gewicht der paar Groschen, die seine Mutter verdiente, … Immer war diese knapp bei Kasse, hintenan, war immer im Rückstand. Um dies auszugleichen, ließ sie keine Möglichkeit aus, der großen Schwester unter die Arme zu greifen. Vielleicht war ihr Charakter so. Er sieht die Finger seiner Tante, wie sie den Pinsel hält, ihn langsam in das Wasser taucht, wie sie die Farben mischt, sieht die Farben, die sich auf dem Papier ausbreiten … Ein Blau, das sich im nächsten Moment in einen Himmel verwandeln wird, dann Mohnblumen, aufblühende, unabsichtlich vertropfte rote Punkte … „Ömer, Aquarell ist wie das Leben, weißt du, warum? Weil es kein Zurück gibt, hat die Farbe einmal das Papier berührt, ist es schon vorbei … Ölmalerei ist aber nicht so. Deswegen ist Aquarell wie ein Traum, überraschend, eine natürliche Magie." Damals hörte Ömer seiner Tante zu, als ob er einem gewöhnlichen Gespräch lauschen würde, aber während er sich zur Inspektoren-Prüfung verspätete, Ayça jeden Tag noch unglücklicher wurde, er die Minuten zählend in einem mit Melonenduft verräucherten Taxi saß, da erinnert er sich an dieses Gespräch mit einem ganz anderen, belastenden Gefühl.

Als sich der Verkehr auf dem befahrenen Ring endlich etwas lichtet, gibt der Fahrer Gas. Erleichtert atmet Ömer auf, er wird es rechtzeitig zur Prüfung schaffen. Er wird Inspektor werden. Sein Gehalt wird steigen. Ayça wird nicht unglücklich sein. Bitte, soll doch alles so einfach sein. Er ist müde. Giffen-Gut? Kartoffeln. Egal wie hoch der Preis auch steigen mag … In unserem Leben wird sich nichts ändern. Vielleicht bekommen Paare deshalb nach einer Weile Kinder. Es ist ein Hoffnungsschimmer. Vielleicht, wenn er eine Tochter bekommt? Aus irgendeinem Grund träumt Ömer immer von einer Tochter, wenn es um Kinder geht. Wie werden sie sie wohl nennen? Er hat das noch nie mit Ayça besprochen, aber er möchte dem Kind den Namen seiner Tante geben. Hale. Ayça wird das nicht akzeptieren. Auch dessen ist er sich bewusst. Noch ein Streitthema. Womöglich der Anfang auf dem Weg zur Trennung. „Ich möchte nicht, dass das Kind unglücklich wird, wie deine Tante!" Wird UnglücklicheAyça das so sagen? Denken wird sie es, auch wenn sie es nicht ausspricht. Vielleicht hängt Ömer auch den falschen Gedanken nach. Er hat sich in letzter Zeit so oft geirrt. Alle Nachrichten, denen er Glauben geschenkt hat, haben sich als falsch herausgestellt, was er auch in die Hand nimmt, ist brüchig. Alles Billige ist halb. Auch gibt es keine Garantie auf die teuren Sachen. Der Taxifahrer sagt ab und zu etwas, aber Ömer hört nur mit halbem Ohr zu. Er beteiligt sich am Gespräch des Fahrers über Gott und die Welt, sieht währenddessen im letzten Moment einen Lkw, der sich von links nähert, fühlt, dass dieser sie bald rammen wird, bringt aber keinen Ton heraus. Die glänzende Sonne an der Windschutzscheibe des Lastwagens blendet ihn. Vergeblich versucht er den Taxifahrer zu warnen. Nur hat dieser Gedanke keine Zeit, den Sprachbereich seines Gehirns zu erreichen. Ein seltsames Geräusch quillt aus seiner Kehle und verschwindet im Lärm des Aufpralls.

Das hat gerade noch gefehlt. Jetzt muss man auf die Polizei warten, Protokolle ausfüllen. Vielleicht wird man sogar mit auf die Wache gehen. Er wird als Zeuge vernommen werden. Wird zu spät kommen. Ömer wirft sich mit einer plötzlichen Entscheidung aus dem Taxi. Der aufgefahrene Lastwagen ist weiter vorne stehengeblieben, hat schwarze Bremsspuren auf dem Asphalt hinterlassen. Der Verkehr wird langsamer, jeder schaut in ihre Richtung. Ömer hat nicht vor, sich aufzuhalten. Es ist nicht weit bis zum Prüfungsort, gehen kann er oder, wenn es sein muss, auch dorthin laufen. Der Fahrer blutet an der Stirn, scheint gegen das Lenkrad gestoßen zu sein, er sieht verängstigt aus und fängt an zu schreien, als er sieht, dass Ömer sich entfernt.

„Abi, geh nicht! Geh nicht! Ich fahr dich zur Prüfung! Geh nicht!"

Ömer überhört das Geschrei des Fahrers und entfernt sich vom Wagen. Ein bisschen hat er schon ein schlechtes Gewissen, er hätte wenigstens den Betrag auf dem Taximeter zahlen können ... Immer knapper wird seine Zeit, er wird sich verspäten und der einzige Grund dafür wird die Unachtsamkeit des Fahrers sein. Ohne zurückzuschauen geht er schnellen Schrittes in Richtung Leitplanken. Der Fahrer brüllt ihm noch immer ein „Geh nicht" hinterher. Was für ein sturer Mann!

Er muss die Anhöhe am Ring, die wie ein Park angelegt ist, hochklettern. Vielleicht wird er auf diese Weise auf einen normalen Weg stoßen. Diese mit eigenartigen geometrischen Formen geschmückte grüne Fläche ist doch nicht so steil, wie es von weitem schien. Viel Zeit hat er nicht mehr. Dennoch fühlt er sich sehr stark. Das wird wohl an der Aufregung wegen des Unfalls liegen. Eine Art Adrenalinstoß. Er hat einen metallenen Geschmack auf seiner Zunge. Die Bäume sehen sauberer aus, die Wiese noch grüner. Umherschwirrende Bienen, Libellen und weiße Schmetterlinge überraschen ihn. So klein die grüne Fläche auch ist, kreiert sie dennoch ihr eigenes Reich. In der Natur gibt es immer Hoffnung. Der Geruch von frisch gemähtem Gras versetzt ihn zurück in seine Grundschulzeit, sie sind vom Ballspielen hungrig geworden, aber es gibt nichts zu essen, ihre Bäuche sind voll mit dem Wasser, das sie am Brunnen getrunken haben, auf der Wiese liegen sie, im Mund je einen Grashalm, die Erde ist riesig, versunken in Träume betrachten sie die Wolken. Ömer und einige Kinder. Emre und Sarp. Was wohl aus ihnen geworden ist? Wo sie jetzt wohl sind? Die Wolken ziehen weiter, das Kind Ömer denkt an die Zukunft, an sein zukünftiges Ich, an sein jetziges Ich. Er lächelt. Vielleicht träumt das Kind Ömer, dass sein zukünftiges Ich lächelt. Ja, vielleicht träumt das Kind Ömer sogar, dass das zukünftige Ich träumt, dass das Kind Ömer aus der Vergangenheit von seinem zukünftigen Ich träumt. Das ist ein Kreis, den man unendlich weiterführen kann. Er ist begeistert, als er merkt, dass es möglich ist, mit nur einem Gedanken die Unendlichkeit zu konstruieren. Der Mensch ist doch ein seltsames Geschöpf. Was er doch alles schaffen kann, wenn er nur ein bisschen der alltäglichen Sklaverei fernbleiben könnte … Diese schnellen Sklaven auf der Autobahn, würde sich die Welt nicht mit einem Mal verändern, wenn sie von der Fahrbahn runterkommen und z. B. auf die Erde treten, atmen könnten, wenn sie sich für einen Moment von ihren Verantwortungen befreien könnten? Während er den Hügel hinaufsteigt, atmet er den Geruch von frischem Gras ein, welches den Stein ins Rollen gebracht hat, und mit jedem Atemzug wird das Kind Ömer stärker. Die Vergangenheit besteht durch unsere Kraft. So denkt er. Seltsame Dinge passieren auf dieser Welt, das bemerkt er erst jetzt, der Mensch muss einmal runter von der Autobahn, zwar werden keine Träume zur Realität, dafür wird aber die Realität zum Traum. Die Realität … Die greifbare, solide Wahrhaftigkeit löst sich bald in der Vergangenheit auf, danach wird die Vergangenheit zum Traum. Während Ömer durch das Grün wandert, wird ihm klar, dass der Boden unter seinen Füßen nicht nur aus der Begrünung der Autobahnstreifen besteht, er spürt die Weisheit, die mit dem Naturkontakt einherkommt.

Oben angekommen braucht er eine Weile, bis er sich orientieren kann. Das Telefon ist durch den Unfall kaputt gegangen, es funktioniert nicht. Er versteht es einfach nicht. Es ist frustrierend, dass solch teuren Geräte so fragil sind. Kann man sie vielleicht auch zu Giffen-Gütern zählen? Schließlich scheint die Nachfrage nicht zu sinken, obwohl die Preise steigen. Schnellen Schrittes bewegt er sich auf die Straße zu. Alles wird von selbst wieder in Ordnung kommen, wenn er es nur rechtzeitig zur Prüfung schafft. Das kaputte Telefon wird wieder funktionieren, Ayça wird glücklich werden und muss sich nicht mehr über ihre finanziellen Probleme den Kopf zerbrechen. Durch diese Hoffnung beflügelt wird er schneller, die April-Sonne ist lau, die Luft belebend. Er ist nun auf einer asphaltierten Straße, auf der nur vereinzelt Autos fahren. Auf der einen Seite davon stehen

Bäume und auf der anderen Seite kann man den Ring sehen. Gibt es denn mitten in der Stadt noch solche Plätze? Die Straße verläuft mit einer leichten Biegung zwischen den Bäumen. Ömer kommt in ein Viertel, in dem links und rechts einstöckige Häuser stehen. Die Mauern sind mit Efeu und Blauregen überwachsen. Die Bäume stehen in voller Blüte. Die mit den weißen Blüten, das sind Pflaumen und die mit den rosafarbenen Blüten sind Kirschbäume. Den Judasbaum mit anderen Bäumen zu verwechseln ist unmöglich. Die charakteristischen violetten Blüten liegen auf dem Boden zerstreut und verleihen der Straße eine surreale Schönheit. Die Mauern der Häuser sind hoch. Dahinter müssen sich die Vorhöfe befinden. Einige Häuser bestehen aus Holz, manche aus Stein und Lehm. Das ist ein altes Viertel. Ab und an durchquert sein Weg kleine Plätze, die von hohen Bäumen beschattet werden. Das Tor zu einem der Höfe steht halb offen. Eine gebeugte alte Frau fegt mit einem gelben Besen den Hof. Ihr Gesicht leuchtet auf, als sie Ömer bemerkt.

„Junger Mann, komm doch bitte …"

Lächelnd geht Ömer zu der alten Frau. Weit öffnet sich das Holztor, sie zeigt auf einen Brunnen mitten im Hof, der mit Geranien, Begonien und Margeriten in Töpfen geschmückt ist.

„Kannst du für mich zwei Eimer Wasser raufziehen? Ja? Ich habe heute keine Kraft."

„Natürlich, Tante, mache ich gerne."

„Gut, schau, der Eimer ist gleich da, direkt hinter dem Brunnen. Zwei Eimer Wasser reichen aus. Lass mich schnell den Steinboden reinigen, dann können wird frühstücken."

Ömer nimmt den verbeulten, aus leichtem Metall hergestellten Eimer und lässt ihn langsam in den Brunnenschacht gleiten.

„Nicht so, mein Kind, so langsam geht das doch nicht. So nimmt er kein Wasser auf. Zieh den Eimer wieder hoch. So. Halte jetzt mit einer Hand das Seil. Genau. Nun los, wirf den Eimer runter, aber pass auf, dass er auch genau in der Mitte ankommt …"

Ömer schaut runter in den Brunnenschacht. Er ist tiefer als Ömer sich gedacht hat. Er macht, was die Alte ihm gesagt hat, während der

Eimer an den Wänden des Brunnens abprallend sinkt, versteht Ömer, warum der Eimer so verbeult ist.

„Pass auf mein Kind, fall nicht rein."

Wie eine silberne Klinge taucht der Eimer in die schwarzglänzende Wasseroberfläche ein. Die vom Eimer erzeugten kleinen Wellen prallen an den Wänden des Brunnens ab und bilden kreisförmige Lichter, die ineinander übergehen. Es ist überraschend, dass es unter der Erde, in der Dunkelheit, eine so saubere, kühle Lebensquelle gibt. Das Funkeln, das von den metallischen Wänden des Eimers reflektiert wird, vermittelt Ömer das Gefühl, dass es Hoffnung in der Dunkelheit gibt. Als ob es in jeder Dunkelheit einen Sinn gäbe ... Als ob er es ganz sicher aus jeder schlechten Situation schaffen würde und in jeder Form glücklich werden könnte …

„So ist es gut. Nun zieh mal schön hoch."

Jetzt ist er schon wieder das Kind Ömer, seine dünnen Arme haben Mühe den Eimer hochzuziehen. Er sollte sich hier nicht länger aufhalten. Der Eimer ist sehr schwer. Er muss es zur Prüfung schaffen. Aber aus irgendeinem Grund kommen diese Gedanken aus weiter Ferne. So fern, wie seine Kindheit. Kann es sein, dass er sich bewusst ist, dass er die Prüfung verpasst hat und sich das einfach nicht gestehen will? Möglich. Mit letzter Kraft zieht der den Eimer aus dem Brunnen und stellt ihn auf dem Boden ab. In den Sonnenstrahlen leuchten die Augen der alten Frau grünlich. Ömer bemerkt das erst jetzt.

„Schütte aus, nun schütte aus, so … Gut gemacht. Und ein bisschen hier hin … gut. Komm, zieh noch einen Eimer hoch und gieße damit die Blumen."

Auf Ömer liegt eine eigenartige Ruhe. Eine glückliche Müdigkeit. Nachdem das ganze Wasser ausgeschüttet ist, lässt er den Eimer nochmal in die Dunkelheit gleiten. Wieder hört man das Scheppern von Eisen, als es auf der schwarzen, glänzenden Wasseroberfläche ankommt … Die angestaute Kraft in seinen Armen zieht das Leben aus der Dunkelheit hervor.

Gerüche … verführerisch. Der mit einer dicken Plastiktischdecke bezogene Holztisch ist voll gedeckt mit frischem Brot aus dem Holzofen und Gözleme. In der stiellosen Pfanne brutzelt das Ei, der Dotter ist so heiß wie die Sonne.

„Komm, fang an, bevor es kalt wird. Der Tee ist auch fast fertig."

„Ich muss aber gehen …"

„Bleib nur sitzen, frühstücke erst einmal. Du hast so viel gearbeitet und dich verausgabt. Du suchst nach einem Haus, oder? Hier ist es immer so ruhig. Manche Gärten sind größer. Aber mir reicht dieser hier. Achte darauf, dass der Garten ganz sicher einen Brunnen hat. Ein Brunnen ist wichtig."

„Ich bin nicht wegen eines Hauses hier."

Die alte Frau schenkt ihm Tee ein, als ob sie ihn nicht gehört hätte.

„Außerdem ist es noch früh …"

„Aber ich muss zur Prüfung."

Während die alte Frau Tee einschenkt, kann sich Ömer nicht zurückhalten und setzt sich an den Tisch. Eigentlich ist er nicht hungrig, aber es riecht sehr appetitanregend. Es wird schon nicht das Ende der Welt kommen, wenn er ein paar Bissen nimmt. Für einen Moment reizt ihn der Gedanke, hier in diesem Viertel in so einem Haus mit kleinem Vorhof zu leben. Hier zu leben kann er sich vorstellen, aber allein. In diesem Traum kommt Ayça nicht vor. Warum? Ayças Gesicht ist jetzt ein sehr fernes Bild, jede weitere Minute wird das Bild blasser, entfernt sich immer mehr. Die alte Frau legt ihm eine mit Käse gefüllte Gözleme auf den Teller, der Duft ist verführerisch.

„Magst du Quittenmarmelade? Warte, ich bringe welche …"

Vergnügt geht die Frau hinein. Kaum hat er das Teeglas in die Hand genommen, da geschieht etwas: Er hört ein eigenartiges Geräusch, eine raschelnde Bewegung. Er stellt das Teeglas ab und dreht sich um. Am Brunnen zischelt eine Schlange, sie hat den Kopf erhoben, es ist eine Kobra. Ist es denn möglich, dass so eine Schlange in Istanbul lebt? Reflexartig steht er schnell vom Tisch auf. Die Schlange ist groß, größer als die Schlangen, die er in Filmen gesehen hat. Jetzt hinterfragt er nicht mehr, ob so etwas möglich ist. Er eilt zum Tor, um so schnell wie möglich vom Hof zu kommen. Wieder hat er diesen eisernen, rostigen Geschmack im Mund. Sobald er aus dem Tor hinaus ist, schaut er sich um, die Schlange ist immer noch dort, es ist kein Traum, sondern Realität. Die alte Frau schaut einfach nur, das Marmeladenglas in der Hand, in ihren Augen kann man sehen, dass sie enttäuscht ist. Was, wenn die Schlange der Frau etwas antut? Aber die Frau scheint keine Angst vor der Schlange zu haben … Er hat keine Zeit, um über solche Sachen nachzudenken. Er muss es zur Prüfung schaffen und zurück in sein normales Leben finden.

Ömer rennt, er rennt die lange Straße entlang, alle Wege ähneln sich, das ist eigenartig. Wie kann das denn sein? Entweder läuft er im Kreis oder das ist ein sehr großes Viertel. Er muss stehenbleiben und zu Atem kommen.

Genau im richtigen Moment kommt er an einen Springbrunnen, wäscht sich das Gesicht, füllt die Handfläche voll Wasser, verzichtet dann doch darauf, zu trinken. Ömer bezweifelt, dass man das laufende Brunnenwasser in heutiger Zeit trinken kann. Die Zeit scheint in diesem Viertel zwar stehengeblieben zu sein, doch will er kein Risiko eingehen. Eine große Platane raschelt im Wind und beschattet diesen kleinen Platz. Licht und Schatten wechseln ständig ihre Plätze, das Wesen vibriert. Erst später bemerkt er, dass in dem kleinen Teehaus, welches aussieht, als ob es an den Baumstamm angelehnt wäre, ältere Männer sitzen. Sie sehen aus, als ob sie in einer alten Fotografie sitzen, so bewegungslos sind sie. Sie werden lebendig, als sie Ömer erblicken.

„Guten Morgen."

„Guten Morgen, junger Mann."

„Kann ich hier irgendwo ein Taxi finden? Ich muss eiligst wohin …"

Die alten Männer schauen sich gegenseitig an. Der Mann mit der weißen Schürze, dem man ansieht, dass er der Besitzer des Teehauses ist, lädt ihn mit einer Handbewegung an den Tisch ein.

„Bitte, setzt dich, komm erst mal zu Atem, es wird sich schon ein Wagen finden."

Unwillig setzt sich Ömer auf den gezeigten Platz im Teehaus. Eine Seite von ihm mahnt ihn, sich nicht aufzuhalten, die andere Seite von ihm, der Körper, der jetzt auf dem Stuhl sitzt und einschlafen will, während er dem Geräusch der Blätter lauscht, sagt ihm, bleibe, lass uns bleiben, hier ist es wunderschön, die Prüfung hat bestimmt schon längst begonnen, es ist zu spät.

Zwischen zwei der alten Männer steht ein Tavla-Brett. Neben ihnne sitzt jeweils ein Zuschauer.

„Sechs."

„Eins."

„Drei."

„Zwei."

Das erweckt Ömers Aufmerksamkeit: Sie spielen ohne Würfel!

„Entschuldigung, wie können Sie ohne Würfel spielen?"

Einer der Männer schaut Ömer an, als ob dieser etwas Seltsames gesagt hätte.

„Weißt du das wirklich nicht?"

Sie lachen.

„Du wirst es bald lernen."

„Es wäre gut, wenn du in ein Haus einziehen würdest, das in der Nähe zum Teehaus liegt."

„Natürlich, die schönsten Gärten sind auf dieser Seite."

„Wie kommen Sie darauf, dass ich ein Haus suche?"

„Es geht doch nicht ohne Haus!"

Ömer fragt sich, woher das Thema Haussuche kommt. Er betrachtet seine Kleidung. Die Hose ist an den Knien gerissen, wohl aufgrund des Unfalls. Und die Jacke ist an der Achsel aufgetrennt. Er versteht es nicht, wie er mit diesem Aufzug den Eindruck erwecken konnte, dass er nach einem Haus suche.

„Junger Mann, jetzt hör mal. Mit Würfeln zu spielen bedeutet, dass der Mensch sein Schicksal dem Glück überlässt. Aber wir machen das so: Jeder von uns hat einen Partner, der das Spiel verfolgt. Wer gerade dran ist, dessen Partner nennt eine Würfelzahl. Danach ist der Partner des Gegenspielers dran und nennt seinerseits eine Würfelzahl. Alles ist offen. Es gibt keinen Platz für Glück."

„Interessant."

„Und außerdem gibt es keinen Lärm."

Ömer erinnert sich an das Geräusch der Würfel, die in der Hand seiner Tante klackerten. Klick, klack, klick. „Und hopp. Du bara! Kein Gezeter. Zwei und nochmal zwei. Jetzt bist du dran, mein lieber Ömer." Wie kommt es, dass die Erinnerung an seine Tante so lebendig ist? Ihm schwirrt der Kopf. Er versucht, sich Aycas Gesicht vorzustellen. Besonders erfolgreich ist er nicht. Vielleicht beschäftigt sich sein Gehirn mit der Tante, weil es heute Abend eine Gebetsrunde geben wird.

„Magst du spielen?"

Vor ihm steht ein Junge von sieben oder acht Jahren, in der Hand hält er eine Tüte voller Murmeln. Einer der Alten beugt sich zu Ömers Ohr.

„Der Kleine ist sehr einsam hier. Spiel doch ein bisschen mit ihm, als gute Tat."

Das Kind hat schon längst unter dem Schatten des Baumes seinen Platz eingenommen und stellt die Murmeln in einer Reihe auf. Er steht auf und schreitet, die Schritte zählend, eine bestimmte Strecke ab. Er wirft seine Murmel.

„Wieso ist er allein? Hat er denn niemanden?"

„Hat er nicht."

„Mutter und Vater?"

„Die sind noch nicht da …"

Ömer versucht zu verstehen, was der Mann gemeint hat. Woher werden sie kommen? Von der Arbeit? Aus der Stimme des alten Mannes ist herauszuhören, dass dieses Alleinsein viel tiefgründiger ist. Werden sie von einer Reise zurückkommen? Wer kümmert sich denn um dieses Kind? Die Anwohner? Das Kind zerrt an seinem Arm.

„Abi, komm doch, du bist dran."

„Aber ich habe keine Murmeln."

„Nimm drei Stück von mir, aber nur geliehen. Du kannst deine Schulden mit deinem Gewinn bezahlen."

Ömer lässt den Jungen nicht länger zappeln, geht zu ihm und nimmt die erste Murmel in der Reihe ins Visier.

„Daneben! Ich bin dran. Schau, das ist mein Kopfstein. Der trifft immer …“

An der Art, wie sich der Junge auf seine Knie stützt, wie er die große Murmel, die aussieht, als ob sie eine purpurrote Flamme im Inneren hat, zwischen seine Finger zwickt, wie er das eine Auge schließt und zielt. An all diesem findet er etwas Trauriges. Er denkt an seine Jugendfreunde. Wann immer er will, kann er sich an ihr Bild, das er vor Jahren in einer Zeitblase versteckt hat, erinnern. Emre und Sarp. Sie spielen mit Steinen aus Marmorsplittern. Es gewinnt, wer den Stein des anderen trifft. Manchmal gehen die Steine beim Zusammenstoßen kaputt, wer dann „mein Teil“ schreit, hat Vorrang und entscheidet, mit welchem Teil des kaputten Steins er weitermacht.

„Wie heißt du?“

„Altan.“

„Ich heiße Ömer.“

„Komm, lass uns nochmal spielen.“

„Aber ich muss gehen.“

„Wohin?“

Im Gesicht des Kindes ist zu lesen, wie erstaunt er ist. Diese Frage schien eine Bedeutung zu haben, die weit über die normale Bedeutung hinausgeht. Ömer sieht dem Jungen in die Augen. Er fühlt, dass er, wenn er noch genauer hinsieht, das Geheimnis einer Wahrheit lüften wird.

„Der Tee ist frisch … Komm, junger Mann, ihr könnt nachher spielen. Schau, wir haben aus der Bäckerei sogar Poğaça bringen lassen, sie sind noch warm.“

Ömer steht auf, klopft sich den Staub ab. Er setzt sich an den Tisch, der am nächsten zum Weg steht. Der Besitzer des Teehauses setzt ihm ein Glas Tee und zwei Poğaça vor. Die alten Männer beschäftigen sich mit sich selbst. Das Tavla-Spiel ist vorbei, manche lösen Rätsel, andere lesen Zeitung, wieder andere rühren ihren Tee um und blicken in die Ferne. Ömer denkt sich, dass er sich schon lange nicht mehr so friedlich gefühlt hat. Weit weg von allem, was unglücklich macht ... Weg von den Prüfungen, den Arbeiten, den Zahlungen, den Erledigungen ... Weit weg von allem ... Sie wollten heute Abend zu seiner Mutter, wegen des Todestages seiner Tante. Selbst nach all den Jahren vergoss seine Mutter Tränen wie am ersten Tag. Vielleicht, weil sie Schuldgefühle hat. Sie hat die Beschwerden seiner Tante ja nie ernst genommen. Soll sie nur zu Hause auf Ömer aufpassen, Essen machen ... Mutter und Vater sind beschäftigt … Als die Krankheit zum Ausbruch kam, da war es für alles zu spät. Sie liegt bewusstlos auf den Küchenfliesen. Sie blutet auch. Die Fugen der Keramikfliesen sind blutrot. Seine Mutter wird auf die Knie gehen, tagelang schrubben, trotzdem wird es nicht ganz weggehen. Aber nein, das ist eine negative Erinnerung. Ömer will sich nicht erinnern. Stattdessen lässt er ein wohlig warmes Bild in seinem Kopf auftauchen. Seine Tante streicht eine Mischung aus Eiern, Schafskäse und Petersilie auf das Brot, und lässt sie auf dem Elektrogrill schmelzen. Dazu gibt es Tee. Aber um ihn abzukühlen, kommt fingerbreit kaltes Wasser darauf. Und jetzt wartet Ömer im Teehaus für alte Männer darauf, dass sich der Tee abkühlt. Er hat es überhaupt nicht mehr eilig. Die Blätter rascheln, die Sonne scheint immer am gleichen Fleck zu stehen, irgendwo weit weg, warm, weich und zärtlich. Er fühlt sich friedlich, weil er die schlechten Erinnerungen an seine Tante durch gute ersetzt hat, das kann sich aber jederzeit ändern. Ömer muss sich anstrengen. Zum einen, um mit seiner Traurigkeit fertig zu werden aber auch, um das schlechte Gewissen seiner Mutter auszulöschen … Manche Menschen scheinen ihr Leben damit zu verbringen, die Sünden anderer zu vergessen.

„Junger Mann, nun trink doch, der Tee ist eiskalt geworden. Und essen magst du auch nicht. Wie soll das funktionieren? Das ist ein riesiges Viertel. Es ist nicht einfach, ein den eigenen Wünschen entsprechendes Haus zu finden. Du wirst vielleicht den ganzen Tag herumlaufen."

Was für ein Haus? Ömer wacht regelrecht aus einem Schlaf auf. Würde er sich gehenlassen, würde alles im weichen Nebel des Vergessens verschwinden. Er sollte Tee trinken, nur hat er keine Lust dazu Die Menschen im Teehaus werden unruhig, Etwas nähert sich. Ein Knurren ist zu hören. Hinter dem Brunnen kommt ein Hund hervor. Riesig ist er, mit dunklem Fell. Seine Augen sehen aus wie Menschenaugen, man sieht den weißen Augapfel. Der Hund nähert sich Ömer. Das mit den Murmeln spielende Kind interessiert sich nicht dafür. Der Hund knurrt auch nur Ömer an, als ob er mit sonst Niemandem ein Problem hat. Vielleicht hat er gemerkt, dass Ömer hier fremd ist. Wie auch immer, Ömer merkt, dass er hier nicht länger bleiben kann.

Er lässt den kleinen Platz mit dem Teehaus hinter sich. Die Straßen, die er mit schnellen Schritten durchschreitet, öffnen sich zu anderen schönen Straßen. Das hier muss wohl das schönste Viertel von Istanbul sein. Wieso hat er denn nur nicht früher daran gedacht, hierher zu kommen? Er hat keine Zeit. Er hatte sich heute für die Prüfung frei genommen. Ob er wohl die Prüfung verpasst hat? Mit großer Wahrscheinlichkeit. Er kann nicht abschätzen, wieviel Zeit vergangen ist. Er hätte nicht aufhören sollen eine Armbanduhr zu tragen. Jetzt bereut er es.

„Entschuldigen Sie … Können Sie mal schauen?“

Er schaut in die Richtung, aus der die Stimme kommt. Ein langes weißes Kleid mit winzigen rosafarbenen Blumen drauf … Eine Frau mit einem lockeren Dutt, Anfang Vierzig. Barfüßig ist sie. Sie lächelt.

„Verstehen Sie sich auf Reparaturen?“

„Kommt darauf an, was es ist …“

„Eine Drehbank.“

„Drehbank?“

„Für die Töpferei … Es ist aber nichts Kompliziertes … Ich habe es irgendwie nicht hinbekommen.“

Er folgt der Frau in den Garten eines im Gegensatz zu den anderen Häusern modern eingerichteten Hauses. Im Vorhof steht ein kleines Zierbecken, das dunkelgrüne Wasser erweckt das Gefühl, dass es schon lange nicht saubergemacht wurde. In einer Ecke stehen nebeneinander aufgereiht große Körbe, Säcke und bunte Steine. Mit blauer, lila, roter und orangener Farbe bemalte Äste, Disteln, Flaschenkürbisse … An der Wand aufgereihte Töpferwaren und Blumentöpfe …

„Stellen Sie die her?“

„Ja. Es macht mir Spaß, mit Tonerde zu spielen.“

Ömer blickt auf das an der Wand angelehnte Fahrrad. Es ist ein wassergrünes Fahrrad mit einem großen Korb vorne dran. Er stellt sich vor, dass sie nach einer Weile auch in diesen Korb verschiedene Pflanzen setzen und ihn in einer Ecke stehenlassen wird. Die Frau läuft über die Veranda nach innen. Während er ihr folgt, kann er die Augen nicht von ihr abwenden. Sie hat keine Brüste, irgendwie ist sie ganz flach, aber eine eigenartige Anziehungskraft geht von ihr aus, in ihrem langen Kleid sieht sie so leicht und flüchtig aus … Es ist, als ob ihre Füße den Boden nicht berühren.

Ömer löst schnell die mechanischen Teile unter der Drehbank. Ein einfaches Problem, wie das Anbringen einer Fahrradkette. Er setzt die Zahnräder ineinander und lässt sie ein wenig laufen. Er überlegt sich, wie oft er solche Sachen in seiner Kindheit gemacht hat. Wie er sich überall mit schwarzem Schmierfett beschmutz hat und wie ihn die Tante mit warmen, eingeseiften Tüchern saubergemacht hat. Wie einfühlsam sie war … Wie gutherzig … Wieso sind gute Menschen immer Pechvögel? Nie war sie glücklich. Vielleicht doch, ein bisschen, als sie Ömer bemutterte. Aber danach kamen die endlosen Schmerzen, die verständnislose Art seiner Mutter … Seine Mutter wird bis in die Unendlichkeit den Fußboden der Küche schrubben, auf ihren Knien. So, als ob sie einen Gott um Vergebung bitten würde, von dem sie aber keine Antwort bekommen wird.

„Jetzt geht es wieder.“

„Oh, danke vielmals. Nur gut, dass sie es hinbekommen haben, bevor der Ton getrocknet ist.“

Die Frau setzt sich hinter die Arbeitsbank und fängt an, die Scheibe zu drehen. Ömer setzt sich auf den Divan, der mit einem alten Kelim überzogen ist und lehnt sich an schwere Kissen. Die Lehmmasse, die wie eine kurze dicke Säule von der Arbeitsfläche aufsteigt, verändert zwischen den Fingern der Frau ständig ihre Gestalt. Erst öffnet sich in der Mitte ein riesiger Mund, steigt hoch wie ein Schornstein, dann berührt die Frau mit ihrem Daumen den Boden der Säule, die Mitte der Lehmsäule krümmt sich, der Hals wird dünner. Das ist ein wundersamer Ablauf. Ömer möchte auch den Lehm berühren, er will auch über die Gestalt verfügen. Die Frau streckt ihre Hand aus, ruft ihn zu sich, als ob sie bemerkt hätte, was in ihm vorgeht.

Ömer krempelt die Ärmel seiner Jacke soweit es geht hoch. Danach greift er die Frau nachahmend nach der Lehmsäule. Er fühlt seine Fingerspitzen, die raschelnde Drehung, die seine Handflächen kitzelt. Die Säule verändert in erstaunlicher Geschwindigkeit ihre Form, der Hals wird dünner, länger. Und als der Hals zu lang wird, um das eigene Gewicht halten zu können, da greift die Frau ein, drückt mit ihrer Hand die Spitze hinunter, die Säule kommt wieder auf eine angemessene Größe. Ömer ist überrascht, glücklich, froh. Es ist schön, die Erde zu formen. Nun versteht er die Welt, das Leben, die Existenz viel besser.

Als sie der Meinung sind, dass der Krug fertig ist, heben sie ihn von der Arbeitsfläche und stellen ihn in die dafür eingerichtete Ecke des Hofes.

„Er muss trocknen."

„Und dann?"

„Dann kommt er in den Ofen."

„Und dann?"

„Sie können den Krug so benutzen oder, wenn Sie wollen, können Sie ihn glasieren …"

Neugierig betrachtet Ömer seinen hergestellten Krug.

„Das ist aber eine sehr entspannende Arbeit."

„Das ist es."

„Meine ganze Anspannung ist verflogen. Dabei müsste ich jetzt in einer Prüfung sitzen."

„Ach was?"

„Ja. Aber das ist nicht mehr wichtig. Es ist sehr eigenartig. Dieser Ort, dieses Viertel … Plötzlich ist irgendetwas geschehen, meine ganze Lebenseinstellung hat sich verändert."

„Kommen Sie …“

Er folgt der Frau. Sie gehen an der Wand entlang, an der die Töpfe zum Trocknen aufgestellt stehen. Als sie an eine rotbraune Holztür kommen, öffnet die Frau mit einem Riegel die Tür und sie gehen in den Nachbargarten. Er sieht verlassen aus. Ein riesiger Garten. Mit Unkraut überwuchert. Neben dem Brunnen steht ein altes Spinnrad. Auf der Veranda des einstöckigen Steinhauses hängt an der Decke, von Ketten gehalten ein Schaukelsofa für zwei Personen. Dort zu schlafen, muss schön sein. In der Nähe des Gartentores steht ein wilder Feigenbaum. Links davon steht ein Walnussbaum.

„Das ist ein schönes Haus. Es scheint hier niemand zu wohnen?“

„Ja, es steht leer. Ich finde, es ist genau passend für Sie. Wir könnten Nachbarn werden.“

„Steht es zur Miete?“

Anstatt zu antworten lächelt die Frau geheimnisvoll. Ömer betritt die Veranda. Er geht zum Schaukelsofa und setzt sich darauf. Die Ketten sind nicht rostig, sie quietschen nicht. Leicht schaukelt er hin und her. Währenddessen öffnet die Frau das Fliegengitter und die Tür. Als sie merkt, dass Ömer sie misstrauisch anschaut, fühlt sie sich zu einer Erklärung genötigt.

„In diesem Viertel verschließt niemand seine Türen.“

„Wie schön.“

„Schauen Sie sich auch innen um.“

Ömer steht auf und folgt der Frau nach innen.

Man spürt hier nicht den typischen Geruch eines seit langem verschlossenen Ortes. Es ist, als wäre gerade gelüftet worden. Ömer wandert zwischen den Möbeln umher. Es gibt auch einen Kamin. Ja, wirklich. Genau so, wie er es sich immer gewünscht hat: Das Spiel des Feuers betrachtend den Träumen nachhängen. Hier könnte er sehr glücklich sein. Es gibt einen Wandteppich. Er zeigt eine Landschaft, die er bestimmt irgendwo schon mal gesehen hat: Ruinen am Waldrand und eine Karawane von Nomaden davor. Seine Finger kribbeln, als er über die Oberfläche des Teppichs streicht. Könnte er hier wirklich sesshaft werden? Die Sonnenstrahlen, die durch die hölzernen Fensterläden fallen, vertiefen die Atmosphäre.

„Das morgendliche Sonnenlicht ist in diesem Haus wunderschön. Hinten hat es auch noch einen kleinen Garten. Begehbar über die Küche."

Sie betreten die Küche. In der Mitte steht ein Tisch für vier Personen, zwei Stühle und zwei Hocker. Auf dem Tisch steht ein Strohkorb, befüllt mit Rosskastanien, Tannenzapfen und Eicheln. Vor dem Fenster hängt ein leerer Vogelkäfig. Auf dem Herd steht ein blauer Teekessel. Es gibt einen Wandschrank, darin sind erdfarbene Keramikbecher und Teller aufgereiht …

„Hier könnte ich den Rest meines Lebens verbringen."

„Es freut mich, dass es Ihnen gefällt. Von dieser Seite aus kommt man in den oberen Stock."

Ömer findet, dass er sich mit jedem Schritt, mit dem er, sich am Geländer festhaltend die Treppenstufen hochsteigt, weiter von der realen Welt entfernt.

„Hier gibt es zwei Zimmer. Das eine können Sie sich als Arbeitszimmer vorstellen. Es hat auch einen kleinen Balkon."

Das ist wirklich ein niedlicher Balkon, gerade so klein wie ein Vogelnest. Ein kleiner rechteckiger Tisch und zwei Stühle haben dort Platz gefunden. Ömer stellt sich vor, wie er der Frau am Tisch gegenüber sitzt und sie gemeinsam Wein trinken.

„Sehr schön."

Als er im Schlafzimmer das Fenster öffnet, kommt Bewegung in den Garten.

„Sind das Eichhörnchen?"

„Ja. Im Winter streue ich immer ein wenig Futter in den Garten. Das können von nun an Sie machen."

Ömer fühlt sich entfremdet, während er den zwei schüchternen Eichhörnchen nachschaut, wie sie auf die entfernten Äste der Eiche laufen. Er bekommt Magenkrämpfe, er hatte es zur Prüfung schaffen müssen! Er denkt sich, dass der Preis für die Tagträume hier sehr hoch sein wird. Es ist echt verrückt, so zu tun, als ob er sich nach einem

Haus umschaut, dass er kaufen möchte. Ömer ist ein Mann der Tatsachen. Er atmet tief durch.

„Schön wäre es … Aber es ist nicht möglich. Ich habe leider nicht die finanziellen Möglichkeiten, um so ein Haus zu kaufen … Ich könnte es nicht mal mieten."

„Machen Sie sich deswegen keine Gedanken."

„Wie das?"

„Sie haben doch bestimmt schon bemerkt, dass das hier ein besonderer Ort ist."

„Ja, das ist ein himmlisches Viertel."

„Das Viertel wählt aus, wer hierher umzieht."

Ömer schaut der Frau misstrauisch ins Gesicht.

„Das Viertel?"

„Nach mehreren Prüfungen verdient man sich das Recht auf den Aufenthalt hier."

Schon wieder eine Prüfung? Diese Prüfungen hören wohl nie auf. Er hat sich umsonst gegrämt, dass er die Inspektoren-Prüfung verpasst hat. Hier gibt es neue Prüfungen für ihn. Ömer lacht.

„Sie scherzen. Na egal, sogar davon zu träumen ist schön."

„Nein, das ist kein Scherz. Sie haben diese Prüfungen bestanden."

„Welche Prüfungen?"

„Sie sind hilfsbereit, mitfühlend, rücksichtsvoll …"

Ömer erinnert sich, dass die Menschen, mit denen er seit heute früh in Kontakt gekommen war, immer etwas von ihm verlangt hatten. Oh Wunder! Waren das etwa Prüfungen? Die waren einfach.

„Aber wie kann das sein?"

Die Frau zuckt mit den Schultern.

„Jetzt, nachdem wir Nachbarn geworden sind, können Sie meinen Arbeitsplatz benutzen, wann immer Sie wollen. Töpfern hat ihnen gefallen. Ich lasse Sie jetzt allein, schauen Sie sich in Ruhe um. Wenn Sie etwas brauchen, dann rufen Sie einfach."

Ömer ist jetzt allein im Schlafzimmer. Die Bettlaken sind sauber. Draußen ist es ruhig, nur das Rascheln der Blätter ist zu hören. Er setzt sich auf das Bett. Ein bisschen schlafen … Das wäre nicht schlecht. Egal, ob das alles ein Scherz oder ein Traum ist, es ist sehr schön. Da kommt ihm ein Satz seiner Mutter in den Sinn: Fürstlich ist es, für ein Tag Fürst zu sein. Behutsam legt er sich hin. Die Matratze ist perfekt, weder zu weich noch zu hart. Sein Körper scheint in einem salzigen Meer zu schwimmen. Er schließt die Augen. Draußen gurren die Tauben und lassen die Zeit verschwimmen. Wasser. Wenn es doch nur ein Glas Wasser geben würde. Er bemerkt, dass er, seitdem er hier angekommen ist, noch nichts gegessen oder getrunken hat. Wie auch immer das auch passieren konnte. Nun ist er kurz davor, einzuschlafen. Er wird sicher von Wüsten träumen. Er ist kurz davor, in einem ihm unbekannten Viertel, in einem Haus, von dem es heißt, dass es ihm gehören wird, einzuschlafen. Wie war doch gleich der Name der Frau? Wie auch immer, eins steht fest, dies ist ein Ort, an dem außergewöhnliche Menschen leben. Vielleicht wählen die im Ort wirklich ihre Nachbarn selbst aus. Und wenn die Person ihnen gefällt, dann helfen sie bestimmt auch mit der Zahlung. Ja, vielleicht hat Ömer einen Glückstag. Seine Augen schließen sich. Ayça wird es hier auch gefallen. Aber dieser Gedanke verblasst wie ein sehr schwaches Licht in den Tiefen seines Geistes. Ayça ist nun weit weg. Ab und zu hört er die Stimme des Taxifahrers. „Abi, geh nicht, ich werde dich rechtzeitig zur Prüfung fahren." Wie willst du das machen? Wir haben uns sehr verspätet und ich bin sehr müde. Sehr, sehr müde. Ich bin durstig, kann aber nicht aufstehen. Der Schlaf hüllt ihn ein.

Leichtes Klopfen. Es klopft wohl jemand an das Fenster. Ömer dämmert im Halbschlaf. Schwerfällig öffnet er die Augen. Auf dem Sims des offenen Fensters sitzt ein Rabe. Rhythmisch schlägt er mit seinem starken, schwarzen Schnabel gegen das Fenster. Er öffnet seinen glänzenden Schnabel, als er sieht, dass Ömer aufwacht. Seine Zunge ist purpurrot. Sie ähnelt einer menschlichen Zunge. Er wippt mit seinem Kopf auf und ab. Als ob er drohen würde … oder vielleicht will er etwas sagen? Manche Raben sollen sprechen lernen können, wie Papageien. Ist das wahr? Es wird nicht angenehm sein, wenn der Vogel hereinkommt. Ömer setzt sich auf. Er hofft, dass der Rabe vor ihm Angst bekommt und wegfliegt, der aber starrt ihn weiter an. Seine Federn rascheln wie trockenes Laub. Hastig ordnet er seine Schwanzfedern mit dem Schnabel und wendet seine Augen wieder Ömer zu. In seinen Augen ist etwas, ein Verstehen, ein Wissen oder eine Vermutung. Seine schwarzen Augen leuchten, sie erinnern an den Brunnen der alten Frau, die Schlange, den Hund und auf unmögliche Weise erinnert es an seine Tante. Unwillkürlich erschauert Ömer. Plötzlich fliegt der Rabe auf und dreht über seinem Kopf eine Runde. Er muss entkommen. So schnell wie möglich. Er läuft zur Treppe. Hastig rennt er die Stufen hinunter. Er fühlt in seinem Nacken die raschelnden Flügel des Rabens. Unten angekommen bemerkt er gleichzeitig, dass sich die Schlange im Kamin bewegt und der Hund mitten in der Küche steht. Die einzige Lösung ist, dieses Haus so schnell wie möglich zu verlassen.

„Lauf Ömer, beeil dich."

Ömer erschrickt. Er kennt diese Stimme nur zu gut. Fünfer pasch, so geht's rasch.

„Tante? Tante Hale?"

Seine Hand in ihrer Hand. Nun ist Ömer ein Kind.

„Ömer, du musst fort von hier."

„Aber warum?"

„Deine Zeit ist noch nicht gekommen."

„Ich bin zu spät für die Prüfung."

„Das ist nicht wichtig. Beeil dich."

„Warum? Es ist schön hier."

„Nein, hier ist es nicht schön."

„Was meinst du damit?"

„Schau."

Das Kind Ömer schaut hinter sich: Das ganze Viertel erstreckt sich vor seinen Augen, wie eine unendlich große Fotografie. Alle Menschen, die er vorhin gesehen hat, die Männer aus dem Teehaus, die alte Frau, aus deren Brunnen er Wasser gezogen hat, das Kind, mit dem er Murmeln gespielt hat, die Töpferfrau, alle sind sie da, stehen still, erstarrt, die Gesichter aschfahl. Ein hauchdünnes, zweidimensionales Bild. Der Hauch eines Traumes, der beim leichtesten Luftzug zerrinnt.

„Schau, Ömer, was siehst du?"

„Tote."

Eigentlich müsste er Angst haben, denkt sich Ömer, fühlt sich aber äußerst zufrieden. In diesem Bild gibt es auch für ihn einen Platz, er fühlt sich bereit. Er schaut das Kind an, das seinen Murmelbeutel fest umklammert hält. Eigentlich sieht man schon, dass er vor langer Zeit gestorben ist. Seine Eltern müssten noch leben. Das Kind scheint wegen ihm beleidigt zu sein. Vielleicht kommt ihm das aber auch nur so vor.

„Du darfst hier nicht bleiben, du bist noch sehr jung."

„Ich bin aber so müde."

„Nein!"

Sie gehen schnell. Ömer tut sich schwer, mitzuhalten. Seine kindlichen Schritte sind klein. Wie sind sie aus dem Viertel herausgekommen? Wie war er eigentlich hierhergekommen? Wie hat ihn seine Tante gefunden? Egal wie sie ihn gefunden hat. Gut, dass sie hier bei ihm ist. Er möchte ihr alles erzählen, Kinder können nämlich kein Geheimnis für sich behalten. Die Worte sprudeln nur so aus ihm heraus, obwohl er sich bewusst ist, dass er ihr wehtun wird.

„Weißt du, meine Mutter wird heute Lokma für dich machen."

„Ach, wirklich?"

„Ja, sie ist sehr traurig."

„Traurig also."

„Ich glaube, sie hat ein sehr schlechtes Gewissen."

„Vergiss das alles."

„Wieso denn? Es ist wichtig."

„Es ist jetzt nicht mehr wichtig."

„Sie hat deine Krankheit einfach übersehen. Wenn sie dich nur rechtzeitig zum Arzt gebracht hätte … Du hast dich ständig abgerackert, aber deine eigenen Träume hast du nicht verwirklichen können. Du hast so schöne Bilder gemalt. Erinnerst du dich noch an die Aquarelle?"

Er möchte noch viel mehr erzählen. Wie er den Tag nie vergessen hat, an dem man sie auf dem Küchenboden gefunden hat. Wie an dem Tag, in der Stunde eine undurchdringbare Mauer zwischen ihm und seiner Mutter entstanden ist, aber ihm fallen nicht die richtigen Worte ein. Er kann nur weinen. Mehr bringt er nicht zustande. Auf der einen Seite ist er auch um seine Mutter traurig, er liebt sie auch sehr. Er möchte erzählen, wie sie sich die Knie kaputtgemacht hat, als sie die Küchenfliesen geschrubbt hat. Es scheint, dass die Tante seine Gedanken lesen kann.

„Ömer, es ist zu spät, um sich Gedanken darüber zu machen."

„Ich weiß. Ich weiß …"

Deswegen kann er seine Tränen ja auch nicht zurückhalten. Wie schwach doch der Mensch als Kind ist. Er möchte nicht weinen, kann es aber nicht verhindern. Er drückt die Hand seiner Tante fester.

Er kann nicht sagen, wo sie sind, die Farben laufen ineinander. Ömer ist glücklich. Seine kleine Hand liegt in der Hand seiner Tante. An ihren Fingerspitzen sind Spuren von Farbe, blau, rosa, gelb …

„Weißt du, ich habe geheiratet."

„Gut."

„Aber wir sind nicht glücklich."

„Warum nicht?"

„Ich weiß nicht. Irgendetwas fehlt in unserem Leben. Unser Leben besteht aus einem riesigen Loch. Was immer das auch heißen mag … Also, es lässt sich einfach nicht stopfen. Immer nur eine Leere, eine Bedeutungslosigkeit."

„Es liegt in eurer Hand, die Leere auszufüllen."

„Nur wie? Ich finde einfach keinen passenden Weg. Ich strenge mich an, aber es geht nicht. Wir gehen rein und schließen die Tür, und dann bleibt auf einmal alles draußen. In der Wohnung verschluckt uns die bedeutungslose Leere. Wir hatten so viele Nächte, in denen wir keine Worte gefunden haben, um miteinander zu reden …"

„Geh, Ömer, du musst schneller gehen."

„Aber was für einen Sinn soll das denn haben? Was soll schon werden, wenn ich zurückgehe? … Tante, lass uns hierbleiben! Lass mich bei dir bleiben.“

Plötzlich bleibt die Tante stehen. Das Kind Ömer ist verwundert. Noch immer hat er ihr Gesicht nicht gesehen. Er sieht immer nur Ausschnitte von ihrem Kleid, ihrem Arm, ihrer Hand und ihren Schuhen. Er reißt seinen Mut zusammen und versucht, ihr ins Gesicht zu sehen.

Das hätte er besser nicht machen sollen.

Da, wo das Gesicht seiner Tante hätte sein müssen, klafft nur eine riesige Leere.

„Öffne deine Hände.“

Ängstlich öffnet Ömer seine Hände, und seine Tante legt ihm je einen Würfel hinein.

„Nimm diese hier. Du hast nicht mehr viel Zeit.“

Erst jetzt bemerkt Ömer, dass er von der Stelle aus, an der er steht, den Ring sehen kann. Außerdem ist er auch kein Kind mehr und die Tante ist auch nicht mehr bei ihm. Er kann sehr klar die Unfallstelle sehen. Das Taxi ist seitlich eingedrückt. Die schwarzen Bremsspuren des Lastwagens sind wie eine Nachricht aus der Hölle plötzlich auf dem Asphalt aufgetaucht. Das Krankenwagenlicht leuchtet weiß-blau. Die Sanitäter heben Ömers Körper auf die Trage. Er betrachtet seine wie zum Schlaf geschlossenen Augen, seine Stirn hat geblutet. Einer der Sanitäter untersucht ihn, sagt panisch etwas zum anderen. Sie holen ein Gerät aus dem Wagen, schneiden schnell sein Hemd auf und legen seine Brust frei. Ein leichtes Zittern. Ömer ist kalt. Er schämt sich, dass er mitten auf der Straße auf einer Trage liegt und jedem Ärger bereitet. Er hört nur noch die Stimmen. Seine Augen sind geschlossen. Sie legen die Elektroden auf seine Brust, eins, zwei, drei, Schock! Nochmal! Eins, zwei, drei, Schock! Nochmal! Der Schmerz zuckt wie in Blitz durch seinen Brustkorb. Es brennt. Es fühlt sich an, als ob er einen Schlag auf sein Herz bekommen hätte.

„Tante! Tante!“

Keine Antwort.

„Tante, warum? Warum muss das Leben so weh tun?“

Sein Körper wird unter Tonnen von Gewichten erdrückt. Das ist das erste, was er spürt. Er kann vor Schmerzen nicht atmen. Wird ersticken. Die Wucht des Schmerzes raubt ihm fast die Sinne. Er möchte ohnmächtig werden, aber jede Sekunde kommt er mehr zu Bewusstsein. Der Schrei des Taxifahrers: „Abi, geh nicht!", schmerzt in seinen Ohren. Beim Atmen stechen seine Rippen in seine Lungen, sie müssen gebrochen sein. Um ihn herum herrscht ein geschäftiges Treiben. Ob der Sanitäter, der mich ins Leben zurückgeholt hat, einen Bonus erhalten wird? Er versucht, sein rechtes Bein zu bewegen, schafft es nicht. Es fühlt sich an, als ob eine Glasflasche in seinem Bein zerbrochen wurde. Er öffnet seine Augen. Unter Tränen erzählt der Taxifahrer jemandem den Unfall. Er versucht, seine Unschuld zu beweisen. Das Licht brennt in seinen Augen. Es ist ein sonniger Tag im April. Der Morgen am Prüfungstag. Angebots- und Nachfragekurve, Giffen-Gut, Ayça ... Er stöhnt. Diesmal dringt der Schmerz wie ein Schwertstoß aus der Bauchhöhle hoch in seine Brust, etwas zerreißt in ihm. Beruhigendes Gerede der Sanitäter. Seine Zähne klappern. Er hat Schmerzen. Er wird in einen Schockzustand fallen. „Geben wir ihm ein Schmerzmittel, schnell." Die Nadel dringt in seine Ader. Während sich das Schmerzmittel unter seiner Haut ausbreitet, hofft Ömer, dass es ihm bald besser gehen wird. Die Trage wird in den Krankenwagen gehoben. Jetzt ist es nicht mehr möglich, die Prüfung abzulegen. Alles wird noch schlimmer werden. Er wird kein Inspektor werden, sie werden weiter unglücklich sein. Dennoch ist er glücklich, dass er wenigstens nicht mehr in die Prüfung muss. Er möchte das Giffen-Gut für immer vergessen. Sobald er wieder gesund ist, wird er als erstes einen Tontopf herstellen, aus einem Brunnen Wasser hochziehen, mit einem Kind Murmeln spielen, den Alten beibringen, wie man ohne zu würfeln, Tavla spielen kann. Es gibt im Leben so schöne Sachen zu erledigen. Aber er weiß, dass er nichts davon, nicht mal das einfachste machen kann. Deswegen müsste er eigentlich lauthals weinen, aber sein Körper ist jetzt still, das Medikament zeigt seine Wirkung. Der Krankenwagen bahnt sich heulend seinen Weg.

Ende.

Die Geschichte endet hier, Ömer sieht Ayça wieder und sie leben unglücklich bis ans Ende ihres Lebens.

Vielleicht, wenn er das alles Ayça erzählen würde …, sie fragen würde: „Bist du unglücklich, Ayça?“ Und zu ihr sagen würde: „Ayça, ich bin unglücklich. Ayça, wir könnten dieses Leben eigentlich ganz anders leben. Ich bin ja schon einmal gestorben und einmal auferstanden, ich möchte mein zweites Leben nicht so leben.“ Wenn er das zu ihr sagen würde. Jetzt kommt ihm das so vor, als ob das alles möglich wäre. Ein eigenartiger Optimismus durchdringt ihn. Vielleicht, weil er keine Schmerzen mehr hat. Er glaubt, dass er jetzt eine zweite Chance hat.

Er möchte seine Mutter anrufen. Ich habe meine Tante gesehen, möchte er ihr sagen. Es ging ihr gut, sie ist Gemeindevorsteherin im Viertel der Toten geworden, hat den Alten verboten, mit Würfeln zu spielen. Hier hast du den Beweis. Ich habe zwei Würfel in der Hand. Schau das ist penç und das ist se …

Ömer ist sich sicher, dass er die Prüfung bestanden hat.

Schau dir die Sachen im Zimmer genau an, sagt er. Dann geh hinaus. Und wenn wir dich hereinrufen, mal sehen, ob du herausfinden wirst, welchen Gegenstand wir verschoben haben. Während ich draußen vor der Tür stehe, versuche ich mit meinem kindlichen Verstand herauszufinden, was für ein Spiel oder ein Vergnügen das ist. Als ich zurück hineingehe, fühlt sich alles fremd an, sogar die Gesichter meiner Spielkameraden. Ich fühle mich unwohl, als ob ich in ein falsches Zimmer getreten bin, auf allen Gesichtern ist das gleiche seltsame Lächeln zu sehen. Ich bin bereit zu akzeptieren, dass ich das Spiel verloren habe, aber sie sind damit nicht einverstanden. Mit jedem Moment, in dem ich mich nicht erinnern kann, verstärkt sich das befremdliche Gefühl. Sind Menschen unglaubwürdiger oder mein Gedächtnis? Oder ist es der Gegenstand?

TRAPPED

Da sitzt sie, ihr Haar oben zu einem lockeren Dutt zusammengebunden, und um den Hals trägt sie einen langen, hellblauen Schal. Sie ist mit ihren Freunden hier, mit denen sie immer zusammen ist. Ihre Finger wandern auf dem Isolierbecher herum. Ihre Fingernägel sind ein einziger Regenbogen. Jeder Fingernagel in einer anderen Farbe. Ich hocke hinter einer der Säulen, die die Kantine seltsam teilen, vor mir mein Notizbuch und mein Tee. Ich versuche, gedankenverloren zu erscheinen. Ich stelle mir ihr Gerede im Unterricht vor. Sie hat ganz bestimmt im Ausland Englisch gelernt, sonst es nicht möglich, so gut zu sein. Unmöglich. Sie spricht die Worte so natürlich aus, dass sie zu jemand anderem, zu einer Fremden wird. Sogar der Dozent verkrampft sich, das kann ich von meinem Sitz aus spüren. Einführung in die Philosophie. Der Dozent hat sowohl beim Türkischsprechen als auch beim Englischsprechen einen starken anatolischen Akzent. Er erzählt zwar sehr interessante Dinge, aber ich glaube, ich nehme ihn wegen der Akzentsache nicht ernst. Dann überkommt mich ein Schuldgefühl. Denn Zühre ist äußerst respektvoll, interessiert und intelligent. Aber in gleichem Maße auch sorglos. Es ist nicht so, dass sie der Unterricht oder der Dozent nicht kümmert, sondern das Leben, das, was um uns herum geschieht, das kümmern sie nicht. Manchmal sagt sie Sachen, da werden wir und sogar der Dozent einfach sprachlos. Wenn ich an ihre letzte Präsentation über den freien Willen denke … Ich glaube, sie steht auf! Ihren Namen habe ich erst vor kurzem erfahren, aber es fühlt sich an, als ob ich ihn schon immer gekannt habe. Ein sehr schöner Name: Zühre. Ich habe vorher noch keine Zühre gekannt. Sie hat bestimmt schon mehrere Arda kennengelernt.

Ihre Haare sind rabenschwarz, dabei hat sie eine helle Haut. Ob sie gefärbt sind? Möglich. Ihre Augen sind sehr hellblau. Solche gibt es eigentlich nur in Schwarz-Weiß-Filmen, da erscheinen sie auf dem Bildschirm hellgrau. Gleich wird sie an mir vorbeigehen, sie ist stehengeblieben, streichelt eine Katze. Die Katze ist sehr verschmust. Wie verrückt reibt sie sich an Zühre. Ihre Finger gleiten durch das Fell der Katze. Die Regenbogenfarben tauchen auf und verschwinden wieder im Fell. Ich schaue auf meine Uhr, ich kann es noch immer zur Vorlesung zu Wellen und Optik schaffen. Genau in diesem Moment geht Zühre an mir vorbei. Sie ist nicht sehr groß, aber schlank, nicht sehr schön, aber anziehend. Eigenartig, ich verspüre den schwer zu widerstehenden Wunsch, ihr zu folgen. Das ist keine sexuelle Anziehung. Ich möchte, dass sie mich bemerkt. Ich werde von ihr angezogen. ‚Arda, du kannst alles bleibenlassen.' Ich sehe das Gesicht meines Vaters vor meinen Augen. Er ist traurig, die Lesebrille ist auf seine Nasenspitze gerutscht, er döst. ‚Arda bist du es.' ‚Ja Papa.' ‚Wie war dein Tag?' ‚Gut, gut.' ‚Wie sind die Noten?' ‚Gut, was willst du zum Abendessen?' ‚Ich bin satt.' Wieder verzieht er sich beleidigt in sich selbst. Gleich darauf wird er aufstehen und für sich selbst Menemen zubereiten. ‚Papa, du solltest nicht so viele Eier esse.' ‚Von Eiern passiert schon nichts, wäre gut, wenn du auch welche essen würdest.' ‚Nicht, dass sich deine Adern dann wie bei meinem Onkel verengen.' ‚Was kommt, das kommt.' ‚Papa sag das nicht.' ‚Lass mal gut sein, was hast du gegessen?' ‚Ich hab in der Mensa was Kleines gegessen.' ‚Das geht so nicht, ich hau noch ein Ei rein, Hasan Efendi hat auch frisches Brot gebracht, komm setz dich …' Eine einfache, aber richtige Motivation: Ich darf meinen Vater nicht vergrämen. Oh Mann! Ich muss in den Unterricht, muss mich mehr anstrengen, muss meinen Durchschnitt erhöhen, muss endlich das Fach vom letzten Semester bestehen. Oh Mann! Zühre geht vorbei. Ich senke meinen Kopf. Vertiefe mich in das Heft, in welches ich diese Zeilen schreibe. Leidenschaftlich schreibe ich weiter. Die Spitze meines Füllers kratzt über das Papier. Mit einem plötzlichen Entschluss stecke ich das Heft in meine Tasche.

Mein Körper gehorcht mir nicht, blitzschnell laufe ich die Mensatreppe hoch. Während ich laufe, merke ich, dass ich Wellen und Optik verpasst habe. ‚Iss doch dein Ei.‘ ‚Ich esse Papa.‘ ‚Du hast mich drei Eier einrühren lassen, nicht dass ich die allein aufessen muss.‘ ‚Ok Papa.‘ ‚Was hattest du heute?‘ ‚Lineare Algebra, elektromagnetische Theorie, Computerprogrammierung und noch Wellen und Optik.‘ ‚Macht ihr Wellen oder was im Unterricht?‘ ‚Licht und so halt,‘ ‚Arda Bey, Sie sollten Ihren Vater nicht auf die leichte Schulter nehmen, ich bin Autodidakt, habe eine Menge an Physik gelesen.‘ ‚Ja, Papa, ja.‘ ‚Auf dem Gymnasium hast du das aber nicht gesagt, wer hat dir die Spiegel und die Linsen beigebracht?‘ Ich laufe, ich laufe einem Mädchen hinterher, genau in diesem Moment, alle schlimmen Worte, die ihr über meinen kleinen Onkel sagt, verwirklicht euer Sohn eins zu eins, er hat seinen Hochschulabschluss erst nach acht Jahren geschafft, weil er hinter Mädchen hergelaufen ist. Meine Tante nimmt immer ihren kleinen Bruder in Schutz: ‚Was hätte denn der arme Junge machen sollen, es war Anarchie-Zeit, die Schulen waren ständig zu.‘ Ich werde an diesem „armen Jungen“ hängenbleiben und die ganze Nacht darüber lachen, Papa, der arme Arda läuft gerade einem Mädchen hinterher, genau in dieser Minute, das Mädchen nähert sich der Haltestelle, soll mich doch der Teufel holen, was heißt hier Mädchen, in welchem Zeitalter lebst du, sehr geehrte Zuschauer, die Frau Studentin nähert sich der Haltestelle. Arda kontrolliert die Straße, kein Bus in Sicht, er geht langsamer, die Frau Studentin, der er hinterläuft, soll ihn noch nicht bemerken. Arda lässt es sein, sie Frau Studentin zu nennen, er gibt zu, dass er direkt einer Frau hinterherläuft. Die Frau holt aus ihrer Tasche ein kleines Buch, während sie an der Haltestelle wartet. Arda atmet wieder normal, je näher er der Haltestelle kommt, desto mehr verblassen die Bilder von seinem Vater, seiner Tante, seinem kleinen Onkel und allen Familienmitgliedern. Die junge Frau, die sich beim Näherkommen in seinen Gedanken wieder in eine hellblaue Zühre verwandelt, bemerkt ihn plötzlich und lächelt.

„Hallo“, sage ich.

„Der Physiker?“

„Arda."

„Und ich bin Zühre. Aus der Vorlesung für Philosophie …"

„Ich weiß."

Eine Augenbraue hat sich erhoben. Ich bin in ihren Augen. Hellblau. Fast weiß.

„Ich habe mich gefragt, wer das wohl war, der den Dozenten so in die Mangel genommen hat."

„In die Mangel? Wie kommst du darauf?"

„Ich meine... Was du über Willensfreiheit, neue Studien und so gesagt hast. Woher soll er das wissen? Als du funktionelles MR gesagt hast, da hat es ihm die Sprache verschlagen. Er erzählt halt das klassische Lehrbuch. Du überforderst den Dozenten."

„Das hatte ich nicht beabsichtigt."

Wir schweigen. Es gibt nichts zu sagen. Soll ich zurück zur Willensfreiheit? ‚Lass gut sein Arda.' Mein Vater ist in jedem Bereich ein Fachmann. ‚Arda Efendi, auch wir sind diese Wege gegangen.' Es gibt nichts mehr zu sagen, Papa, wir schweigen. Ich werde nervös. Die Haltestelle wird voller. Sie hebt ihren Kragen. Auf den Ärmeln und dem Rücken ihrer Jeansjacke gibt es bunte handgemalte Zeichnungen. Kleine Streifen in lila, orange, grün, rot und weiß. Sieht aus wie eine mexikanische Arbeit, von den Inka oder Maya inspiriert. Ich kann das nicht auseinanderhalten. Die Luft ist kühl. Es kann jederzeit regnen oder die Sonne kann scheinen. April eben. Das alles plane ich, ihr zu sagen. So lächerlich! Das nennt man Smalltalk über das Wetter. Das kannst du viel besser, Arda. Streng dich an.

„Gehst du zum Filmfestival?"

„Ja, zu manchen Filmen."

„Heute Abend gibt es einen sehr schönen Film."

„Echt? Welchen?"

„Trapped heißt der Film. Das haben sie als Falle übersetzt."

Sie steckt das Buch in den Rucksack und holt das Programmheft für das Festival heraus. Schnell blättert sie in den Seiten. Sie liest die Seite, auf der der Film vorgestellt wird.

„Ich habe noch nie von diesem Regisseur gehört. Aber das Thema scheint interessant zu sein. Ein modernes Gothic-Märchen."

„Das würde mich auch interessieren. Ob es wohl noch Tickets gibt?"

Sie verzieht den Mund, denkt nach.

„Eigentlich bekommt man schon welche, am Eingang. Außerdem ist das auch kein so berühmter Film. Man findet bestimmt Tickets."

Jetzt ist der Moment. Es ist noch ein Anlauf nötig, um über die Schwelle zu kommen. Wollen wir zusammen hingehen? Zusammen? Arda, bist du dir sicher? Wir haben ja bisher nicht mal zusammen Tee getrunken. Zusammen? Ok, wie hört sich das an: Willst du mit mir hingehen? Ich meine, ich gehe, willst du auch kommen? Nein, das hört sich gar nicht gut an.

„Nimmst du mich mit ins Kino?"

Was!?

„Wie bitte?"

„Nimmst du mich mit ins Kino … hätte ich fragen können! Das wäre schon unsinnig, oder?"

Sie lächelt und schaut weg. Vermasselt. Was soll denn das heißen: „Hätte ich fragen können?? Als ob. Wie abgedroschen, wie gespielt. Das sind Witze der Generation meines Vaters. Das bleibt immer von ihnen an mir hängen. Das ist natürlich der Wochenendeffekt. Den ganzen Sonntag über machen sie ihre unsinnigen Witze. Ich höre es, egal, wie sehr ich mich auch fernhalte. Normalerweise würde man über die Dinge nicht lachen, nur wenn sie sie machen, dann ist es lustig. Und dann habe ich den Ohrwurm, wie Lieder, die an einem hängenbleiben. Zühre schaut jetzt in meine Richtung.

„Zühre …"

Sie hat sich umgedreht, schaut mich an. Ein hellblaues Meer. Würde sie mich doch nur ständig anschauen! Aber wäre das denn möglich?

„Eigentlich bin ich schon sehr gespannt auf den Film, willst du auch mitkommen? Kein Witz …"

Diesmal lacht sie herzlicher.

„Ok."

Ich hatte nicht erwartet, dass das so einfach sein würde.

„Wirklich?"

„Ja. Aber …"

Sie schaut auf ihre Uhr. Ihre Stirn wirft Falten. Sie wird nein sagen. Natürlich hat sie erst ein Ja geheuchelt, jetzt wird sie irgendeinen Vorwand finden und sich von mir entfernen. Sehr klug. Mein lieber Arda, du kannst mit dieser Frau nicht zurechtkommen, ich will ja nicht mit ihr zurechtkommen, nur … Ja, nur? Wir hören dir zu, schau, das ganze Stadion ist mausestill, atemlos schauen wir uns diesen Augenblick an. Zühres Stirn ist immer noch in Falten, sie denkt nach. Rede nicht unnütz, wir hören dir zu, was möchtest du mit Zühre machen? Ich weiß es nicht, ich fühle mich nur zu ihr hingezogen, ich möchte in ihrer Nähe sein, mit ihr reden, es schaffen, dass sie mich sieht … Das ist alles. Ich überprüfe mein Spiegelbild an der Werbefläche der Haltestelle. Leider erlaubt mir das Bild eines mit weißen Zähnen lächelnden Mannes, der sich auf dem blassrosa Hintergrund des Bretts ausgebreitet hat, nicht, mich so richtig zu sehen. Keine Zahnpasta schafft es, die Zähne so weiß zu machen.

„Ich muss heute zu meinem Onkel. Ich mache für ihn die Einkäufe. Ich weiß nicht, ob wir es schaffen. Aber wenn du mir beim Einkaufen hilfst, könnten wir vielleicht früher fertig werden …"

„Klar, natürlich helfe ich dir."

Unglaublich, aber wahr. Ich bin nicht mehr ich, ich bin jemand anderes, noch klüger, noch gutaussehender, charismatisch, sensibel, stark, ein Gentleman, Ritter und alles. Meine Haltung hat sich verändert. Ich bin kurz davor, breit zu grinsen. Schnell nehme ich mich zusammen. Wie schnell sich alles entwickelt. Es ist gerade 15:30 – Die Hälfte der Wellen und Optik-Vorlesung ist schon Geschichte – und unsere Beziehung hat gerade angefangen. Mit dieser Geschwindigkeit sollten wir so um 18:30 rum ein Pärchen werden, und nach dem Film könnten wir für eine Blitzhochzeit einen betrunkenen Geistlichen finden. Der Schluss passt natürlich nicht, wir sind in Istanbul, nicht in Las Vegas. Noch wichtiger ist, dass dies das wirkliche Leben und keine romantische Komödie ist. Aber es wäre so schön, wenn …

Außerdem wurde der Film, den wir ansehen wollen, als moderner Gothic beschrieben. Was das bedeutet? Horror eben, es ist eine Horrorgeschichte, die sich in unserer Zeit abspielt. Man muss es dennoch von der positiven Seite betrachten. Zühre und Arda, Arda und Zühre … A&Z oder Z&A? Ich denke über ein Tattoo nach. Natürlich sagt man von A bis Z, das ist die gewohnte Reihenfolge. Von Z bis A klingt seltsam. Rückwärts zu laufen macht den Menschen nervös. In der modernen Welt ist die Zeit wie ein Vehikel, das mit einer konstanten Geschwindigkeit geradeaus fährt. Eine endlose Reise, ohne anzuhalten, ohne mal zu pausieren, immer nur nach vorne, ein in die Zukunft geschossener Pfeil. Du kannst im gleichen Fluss kein zweites Mal baden. Ich habe ja nicht umsonst Philosophie belegt. Während sich der Bus der Haltestelle nähert, fühle ich, wie sich mein Körper bei der Idee, mit Zühre zu reisen, verändert und aufblüht. Meine Muskeln spannen sich an, meine Haltung verbessert sich. Heute bin ich sehr glücklich, Gestern war so leer, letztes Jahr war wie eine Wüste, mein Leben davor war nur ein großes Nichts.

***

Meine Hände tun weh. Lebensmittel und Putzmittel für eine Woche. Die schweren Tüten schneiden in meine Finger.

„Zühre, wie schafft du das sonst allein?“

„Ich habe dir eine Menge Ärger bereitet, tut mir leid …“

„Ich habe es nicht deswegen gesagt. Ich meine, ist es nicht schwer, wenn du es allein machst?“

„Dann gehe ich mehrmals einkaufen.“

„Ist dein Onkel krank?“

„Ja und nein.“

„Wie jetzt? Ist es psychologisch?“

„Nein, nein … allergisch. Zuhause gibt es kein Problem. Aber die Welt draußen ist nicht gut für ihn.“

„Gegen was ist er allergisch?“

„Staub, Rauch, Pollen, Krabbelviecher, kurz gesagt hat er gegen alles eine Allergie."

„Scheint schwierig."

„Das ist es. Das Haus ist staubdicht."

Ich schaue mit leerem Blick, sie hält eine Erklärung für nötig.

„Alle Fenster des Hauses sind fest verschlossen. Man kann sie niemals öffnen. Das ganze Haus wird mit einem speziellen System belüftet. Es gibt eine Menge von Staubsaugern und Luftbefeuchtern. Das Haus ist immer konstant warm, staubfrei und sauber."

„Wie schön."

„Natürlich ist das schön. Aber wenn er nach draußen geht, dann geht es ihm schlecht. Nach so viel gefilterter sauberer Luft rebellieren die Lungen gegen die Stadtluft."

„Geht er denn nie raus?"

„Sehr selten. Natürlich mit spezieller Maske und nur in Kleinbussen, die eine spezielle Belüftung haben."

Ich schaue Zühre von der Seite an. Ich hätte es wissen müssen, denke ich mir. Ihre gesamte Kleidung besteht aus besonderen Stoffen, sehr schick, Designs, die ich noch bei keinem anderen gesehen habe, nicht auffallend, aber elegant. Aber wieso tragen wir dann diese Tüten?

„Zühre, eine Frage, hat dein Onkel keine Bediensteten, die das machen können?"

„Nein, er vertraut niemandem. Außerdem will er auch niemanden in seinem Haus haben. Er ist ein obsessiver Typ."

Eine seltsame Sache. Ich denke mir, dass ich auf dem falschen Weg bin. Ich werde nervös, ja wirklich an dieser Sache ist etwas eigenartig. Ich hätte in diesem Moment aus der Vorlesung für Wellen und Optik gekommen sein und in der Kantine einen Tee trinken sollen, stattdessen trage ich jetzt die Einkaufstüten für einen Verrückten. Na, Arda, läufst du hinter Frauen, dann kannst du wie Sisyphus tragen. Er war doch nicht in das Stein-Geschäft wegen einer Frau gestiegen. Bist du dir sicher?

„Wir sind da."

„Hier?"

„Ja. Ist es nicht wunderschön? Schau dir die Gravuren auf der Fassade an. Es heißt, früher hätten hier die Angestellten des deutschen Konsulats gewohnt, dafür wäre es gebaut worden, jetzt lebt nur mein Onkel in dem Wohnhaus."

„Im ganzen Wohnhaus?"

„Ich habe doch gesagt, dass er obsessiv ist. Er hat alle Wohnungen gekauft und miteinander verbunden."

Ich werfe einen flüchtigen Blick auf das Haus, ich möchte die Tüten in meiner Hand vor der Tür abstellen und verschwinden. Aber Zühres Dasein lässt mich all meine Müdigkeit vergessen.

„Möchtest du ihn kennenlernen?"

„Natürlich, natürlich …"

***

Wir treten ein. Obwohl wir noch im Eingangsbereich des Hauses sind, fallen mir die saubere Luft und die tiefe Stille auf.

„Wohin soll ich die abstellen?"

„Stell sie fürs erste hier hin."

„Wenn du willst, kann ich sie rein …"

„Nein, nein, das geht nicht so schnell …"

Ich stelle die Tüten an der gezeigten Stelle ab. Im Flur gibt es zwei große Türen, eine der Türen öffnet sich automatisch, als sie links am Tastenschloss den Code eingibt. Vor uns erscheint eine Stahlwand, in deren Mitte öffnet sich eine Klappe und Zühre legt die eingekauften Sachen einzeln in das Fach. Während ich denke, dass das eine Art Aufzugssytem ist, rutschen die Sachen voran, werden mit irgendwelchen Flüssigkeiten besprüht und verschwinden dann am Ende des blau beleuchteten Tunnels.

„Zühre, was ist das denn?"

„Nur ein automatisches Reinigungssytem. Okay, ich gebe zu, es ist etwas übertrieben, aber …"

„Es ist sehr ausgefallen."

„Ich sagte doch, er ist etwas obsessiv. Jetzt sind wir dran."

„Wir?"

Wir gehen durch die andere Tür hinein, nachdem sie am anderen Schloss den Code eingegeben hat. Sobald wir eingetreten sind, schließt sich die Tür automatisch. An einer Wand des quadratischen Raums stehen Schränke, alles ist blassblau, genau wie Zühres Augen. Neben den Schränken gibt es eine andere Tür, eine Schiebetür. Es ist unglaublich still hier.

„Wir ziehen uns jetzt aus und legen die Kleidungsstücke in diese Schränke. Hinein gehen wir von hier aus. Nach einer kurzen Dusche müssen wir die Sachen anziehen, die am Ausgang hängen."

„Das ist ein Witz, oder?"

Sie macht keine Witze, lächelnd zieht sie sich aus. Ich weiß nicht, was ich machen soll, und ziehe auch meine Jacke aus, lege meine Tasche und die Schuhe in die entsprechenden Stellen im Schrank. Ich drehe Zühre den Rücken zu, als sie mit einer großen Selbstverständlichkeit ihre Unterwäsche auszieht. Laut pumpt mein Herz das Blut. Ich höre, wie sie die Schiebetür öffnet. Sobald Zühre den Duschraum betreten hat, geht die automatische Beleuchtung an, dadurch sehe ich, wo sie durchgegangen ist. Ihre durch das matte Glas zu sehende Silhouette raubt mir den Atem. Schnell ziehe ich mich auch aus und folge ihr in die Desinfektionskabine. Als ich in den Duschraum komme, ist Zühre schon längst weg. Ich spüre, wie ein lauwarmer, wohlriechender Dampf meinen ganzen Körper umhüllt. Unter aufreizenden Gefühlen denke ich an Zühre. Nach dem Dampfbad bemerke ich, dass mein Körper frisch, aber trocken ist. Ich trete durch die automatische Tür und finde in einem mit Bambusmatten ausgelegten kleinen Raum ein Paar ordentlich zusammengelegte Hosen aus leichtem Stoff, ein Hemd ohne Kragen und weiche Lederpantoffeln. Ich ziehe mir die Sachen an und folge der grünen Beleuchtung am Boden. Wie im Flugzeug, denke ich mir.

Von Weitem höre ich Zühres Stimme, sie spricht wohl zu ihrem Onkel. Ein Mann mit tiefer Stimme spricht unverständlich. Im letzten Moment fällt es mir ein, die Bilder an der Wand im Flur zu betrachten. Es sind alles originale Ölgemälde, Istanbuler Landschaften aus verschiedenen Epochen.

***

Am Ende des Flurs komme ich in eine weite Diele, vier Türen gehen von diesem Raum ab, in der Mitte ist ein Tisch, auf dem eine knieende, weinende Engelsstatue aus weißem Marmor steht. Zühres Stimme ist aus der rechten offenen Tür zu hören, ich gehe hinein.

„Hallo."

„Onkel, das ist mein Freund aus der Uni. Arda, das ist mein berühmter Onkel."

„Schön, Sie kennenzulernen."

„Willkommen, Arda."

„Danke."

Der Onkel ist nicht wie von mir erwartet ein schwerhöriger alter Mann, der im Rollstuhl sitzt. Ganz im Gegenteil: er ist Anfang fünfzig und ein sehr kräftiger, breitschultriger, langhaariger und gutaussehender Mann. Seine Haare sind ergraut, aber er hat keine einzige Falte im Gesicht. Seine hellblauen Augen sind ein Beweis, dass er Zühres Onkel ist. Er sieht beunruhigend gesund aus.

„Zühre hat bestimmt schon erzählt, dass ich eine Allergie gegen Staub habe, deswegen dieser ganze Unfug. Es tut mir leid."

Ich zucke mit den Schultern und setze ein Gesicht auf, als ob das alles für mich vollkommen normal wäre. Jetzt bemerke ich, wie groß der Raum ist, in dem wir uns befinden. Der Raum hat eine ungewöhnliche Form, weil die Wände der anderen Zimmer abgerissen und der Raum dadurch erweitert wurde. Klassische, sogar als antik zu bezeichnende Gegenstände geben dem Raum das Gefühl einer Hotellobby. Er lächelt, ich lächle auch. Und gleichzeitig bin ich erstaunt, wie schnell ich diese abnormalen Sachen verinnerlicht habe. Sohnemann Arda, du lässt dich sehr leicht beeinflussen, Papa, wie kommst du auf so was, ist so, ist so, du bist genau wie deine Mutter, die selige war genauso. Ich schüttle meinen Kopf, mein Vater verschwindet.

„Ich mag auch keinen Staub und so."

„Gut, da haben wir noch eine Gemeinsamkeit. Außerdem heißt es, dass du wie ich auch Physik studierst."

„Ja."

„Na, mal sehen, ob du die Geheimnisse des Universums lösen wirst?"

Klatsch ihm doch die Antwort hin, haben Sie denn die Lösung gefunden?

„Erst muss ich das Fach Quantenphysik bestehen."

„Natürlich … Natürlich … Wer hält derzeit die Vorlesungen?"

„Ayhan Bengi."

„Ayhan ist ein guter Mann, ist denn sein eigentliches Fachgebiet nicht Astrophysik?"

Ach was? Ich bin überrascht. Mein Gesicht läuft rot an, weil ich nicht viel über die Uni weiß. Wir setzen uns in den Ledersesseln gegenüber.

„Ayhan war ein paar Semester über mir. Wir sind gleich nach der YÖK-Prüfung auf die Uni. Übergangszeitraum. So hieß das damals. Ayhan war ein ungewöhnlicher Junge. Damals hatte er einen Schachklub, vielleicht gibt es den immer noch. Da hing ich auch rum, von dort kenne ich ihn. Ein sehr talentierter Junge. Er hatte viele Auszeichnungen."

„Ich habe noch nie gehört, dass er Schach gespielt hat."

„Das kannst du auch nicht gehört haben, er hat nämlich aufgehört."

„Warum denn?"

„Wir hatten eine Wette."

„Was für eine Wette? Hat er gegen Sie verloren?"

„Nein, verloren hat die Menschheit."

Ich schaue zu Zühre. Sie schien uns nicht zuzuhören, hatte die Glastür des Bücherschranks geöffnet, streifte wie suchend durch die Regale, während sie die Rücken der gebundenen Bücher berührte. Offensichtlich hatte sie diese Geschichte schon mal gehört.

„Er vertrat den Standpunkt, dass Computer, also Maschinen, niemals den Menschen würden schlagen können."

„Wieso denn? Auf welcher Grundlage konnte er so etwas rechtfertigen?"

„Er war der Meinung, dass Schach sehr viel Kreativität erfordert und dass es Maschinen niemals gelingen wird, kreative Arbeit zu leisten. Das war die Meinung vieler Menschen. Also haben wir eine Wette abgeschlossen. Ich habe gesagt, dass die Maschinen in naher Zukunft gegen den Menschen gewinnen werden. Wir haben einen Zeitraum von fünf Jahren abgemacht. Der Verlierer würde dann nie wieder eine Schachfigur in die Hand nehmen."

„Natürlich haben die Maschinen den Menschen besiegt."

„Natürlich, es waren gerade drei Jahre nach unserer Wette vergangen, als IBM ein Programm namens Deep Blue entwickelt hatte. Dieses Programm hat mit dem damaligen Meister Kasparow gespielt und zwei von sechs Partien gewonnen. Ich habe sofort Ayhan angerufen. Er war damals gerade in Amerika für seine Doktorarbeit. Ich erinnere mich, wie er laut gelacht hat, als ich sagte: „Falls du willst, können wir die Wette fallenlassen. Eine der Maschinen wird auf kurz oder lang gewinnen." Um ehrlich zu sein, ich war schon wütend. Es war ein unangenehmes Gespräch. Vielleicht, weil ich mit der Uni noch nicht fertig war und mich vor ihm wie ein Versager fühlte. Wie auch immer, Rache ist ein Gericht, das am besten kalt serviert wird. Derweil hatte ich das Studium abgebrochen, damals war ich von der Börse besessen und versuchte, verschiedene Algorithmen zu entwickeln."

„Scheint funktioniert zu haben."

„Ja, hat es, ich habe viel Geld verdient. Jedenfalls spielte Kasparow im Mai 1997 mit einer verbesserten Version dieser Maschine und verlor alle sechs Partien. Den Tag vergesse ich nie. Ich habe eine Weile gewartet, um zu sehen, ob sich was tun wird, aber natürlich hat Ayhan aus Stolz nicht angerufen."

„Hat er also mit dem Schach aufgehört?"

„Er hätte nicht aufgehört … Natürlich, wenn ich nicht auf ihn losgegangen wäre, hätte er irgendeinen Weg gefunden, sich selbst zu überreden."

„Was haben Sie gemacht?"

„Ich habe ihm einen Brief geschrieben. Dass die Wette zwischen uns aufgelöst wurde und dass es keinen Grund für ihn gibt, mit dem Schach aufzuhören."

„Wie jetzt?“

„Ich habe ihm sogar ein speziell angefertigtes, elegantes Schachspiel geschenkt.“

„Und dann?“

„Natürlich habe ich im Brief als Grund für die Auflösung der Wette angegeben, dass diese Wette unethisch war, ich seine Unwissenheit ausgenutzt habe, dass es bei so einer klaren Realität nur das Ausnützen der Schwäche meines Gegenübers wäre, dass man nicht den Schach-Sport für sein ungenügendes Wissen in Technologie und Wissenschaft bestrafen könne, und dass unser Land ihn zwar nicht als Wissenschaftler, aber doch als Schachspieler brauche.“

Ich war erstarrt. Ich habe in sein Gesicht geschaut, es gab kein Anzeichen von Wärme. Seine Blicke waren wie Eis. Es schien, dass er Ayhan Hoca gegenüber so Hass erfüllt war, dass er sich deshalb noch immer erinnerte, was er in dem Brief geschrieben hatte.

„Danach soll ihn niemand je wieder die Schachfiguren anfassen gesehen haben. Du siehst, an dem Tag habe ich euren Ayhan Hoca kastriert. Er war zwar ein bisschen eingebildet, aber ein guter Junge, grüß ihn von mir.“

Ich kann ihn nicht fragen: Wie war Ihr Name nochmal? Ich werde später Zühre fragen. Zühre liegt auf einem der Sessel, liest ein Buch, die nackten Füße baumeln von der Sesselkante, Regenbogenfarben an den Fingern. Wurde Kastration auf diese Weise verwendet? Ich bin verwirrt.

„Was hättest du gerne zum Tee? Schau, das habe ich selbst aus getrocknetem Obst gemacht. Äußerst gesund. Es ist auch gut für den Darm. Junger Mann, dessen Bedeutung wirst du natürlich erst begreifen, wenn du unser Alter erreicht hast.“

Zühre mischt sich ins Gespräch, ohne ihre Sitzposition zu verändern.

„Onkel, deinen Worten nach würde man dich für achtzig halten.“

„Nach fünfzig ist man nur noch Gast auf dieser Welt, meine liebe Zühre. Das ist etwas, was ihr jungen Menschen nie verstehen werdet.“

Während ich das Dessert auf meinem Teller in kleinen Bissen esse, versuche ich die Umgebung in Augenschein zu nehmen. Das ist ein Wohnzimmer, das mindestens dreimal so groß ist wie unsere ganze

Wohnung. Vielleicht fünfmal sogar. Oder zehn. Es ist schwer zu schätzen. Zwischen all der Menge von Sesseln, Tischen und Stühlen stehen Statuen, Kerzenständer, Lampen, Beistelltische, Vasen und riesige Spiegel. Eine Wand besteht komplett aus einem Fenster. Draußen wiegen sich die einen halben Meter hohen Gräser im Wind, in der Ferne ist etwas zu sehen, die Wand eines Gebäudes … Als der Onkel bemerkt, dass ich konzentriert nach draußen schaue, beginnt er zu erklären.

„Dieses Fenster ist auf den Hinterhof der Kirche gerichtet. Eine Aussicht, die sich niemals verändern wird. Von den oberen Etagen kann man auch das Meer sehen, aber ich mag am liebsten diese Aussicht."

„Da die Fenster nicht geöffnet werden, begnügen wir uns – dank meines Onkels – nur mit dem Ausblick."

„Aber meine liebe Zühre, wir filtern die Außenluft und holen das Beste heraus."

„Onkel, trotzdem ist es nicht das dasselbe, das weißt du."

Der Onkel öffnet seine Arme nach beiden Seiten, um seine Ratlosigkeit zu zeigen.

„Was sollen wir machen, das ist halt mein Schicksal … Noch ein bisschen Tee? Arda, hat er dir geschmeckt?"

„Ja, er ist sehr ungewöhnlich."

„Das ist weißer Tee. Außerdem habe ich noch meine eigene Spezialmischung hinzugefügt."

„Eine spezielle Mischung, die von meinem Onkel patentiert wurde."

„Wie auch immer … Wie hast du Zühre kennengelernt? So schnell fühlt sie sich nicht jedem nahe."

„Wir sind in der gleichen Vorlesung."

„Welches Fach ist das? Studierst du denn nicht Physik?"

„Wir müssen ein geisteswissenschaftliches Wahlfach belegen. Ich habe die Einführung in die Philosophie gewählt. Weil ich die Grundlagen lernen will."

„Jetzt passt es. Da habt ihr euch also kennengelernt. Habt ihr schon Sex gehabt?"

Ich glaube, ich habe mich verhört. Ich schaue zu Zühre, sie ist verschwunden. Kann es sein, dass sie vor Scham im Boden versunken ist? Ich schaue mich um. Vielleicht hat sie es gar nicht gehört.

„Schach?"

Ich habe einen Druck im Kopf. Habe ich mir die Frage, die er vorhin gestellt hat, eingebildet oder bin ich in eine eigenartige Familie geraten, in der man über solche Sachen sprechen kann? Ich schaue auf die seltsame Kleidung an mir und bin überrascht, dass ich alles noch immer als normal annehmen kann. Der Onkel setzt sich an einen kleinen Marmortisch, gibt mir mit seiner Hand ein Zeichen. In der Mitte der Tischplatte befindet sich ein Schachbrett aus vierundsechzig kleinen Quadraten, die Quadrate sind aus weißem und schwarzem Marmor, die Figuren natürlich auch …

„Die Weißen überlasse ich dir."

Ich schaue ihn an. Ich weiß nicht, was ich sagen oder denken soll. Noch immer denke ich an die „Hattet ihr schon Sex?" Frage. Wir wollten ins Kino, in die Abendvorstellung, denke ich mir und schaue währenddessen aus dem Fenster. Die Sonne steht noch hoch, es ist noch lange hin bis zum Abend, es muss um fünf Uhr rum sein, kein Problem, wir schaffen es bestimmt bis zur Vorstellung.

„Ich bin ein friedliebender Mensch, ich bin immer gern in der Defensive, sogar im Spiel."

Öffnete man dem König oder der Dame den Weg? Ich kann mich nur daran erinnern, dass man einen Bauern zwei Felder nach vorne spielen muss. Nebenher sehe ich Zühres nackten Körper vor meinen Augen. Hattet ihr schon Sex? Diese Frage hat auf mich eine erregende Wirkung, weil sie die Möglichkeit eines Liebesaktes zu Tage fördert. Mein Glied wächst, die Hose aus leichtem Seidenstoff spannt sich. Ich ziehe meinen Stuhl näher an den Tisch und versuche, meinen Unterkörper zu verstecken. Ich stehe kurz davor, mich zu blamieren, meine Blicke treffen sich mit denen des Onkels. Er lächelt. Ich werde nervös. Ich spüre, dass er auch mich ganz leicht kastrieren kann. Meine sexuelle Erregung weicht demütiger Angst. Ja, er ist ein absolut skrupelloser Mann. Das Blau seiner Augen gleicht denen von Zühre.

Eigentlich ähneln sich auch die Gesichtszüge. Zühre ist noch immer nicht zu sehen. Wohin sie wohl verschwunden ist? Die Spannung in meiner Hose hat sich aufgelöst, ich bin erleichtert. Ich blicke auf das Spiel. Wir haben drei Züge hinter uns. So schnell … Er hat seinen Springer herausgeholt und seinen Läufer gezogen. Ich werde wohl bald Schäfermatt sein. Der Onkel seufzt. Es ist offensichtlich, dass ich verlieren werde, aber ich sollte wenigstens ein bisschen Widerstand leisten.

„Seltsam, nicht? Dieses Spiel wird seit Tausenden von Jahren gespielt. Diese Steine zu berühren ist für mich, wie Geschichte zu berühren. Es geht eigentlich nicht um Sieg oder Niederlage. Dass das Spiel weitergeht …"

„Ja."

„Aber manchmal bedeutet die Niederlage im Spiel, alles zu verlieren."

Ich verstehe nicht, was er meint. Ich muss wohl besorgt geschaut haben, denn er lächelt.

„Wie in der Geschichte vom verliebten Derwisch."

„Verliebter Derwisch?"

Der gutaussehende Onkel krempelt die Ärmel seines weißen Hemdes bis zu den Ellbogen hoch. Die gebräunte Haut dieses Mannes, der selten das Haus verlässt, lässt darauf schließen, dass sich irgendwo in diesem Haus ein privates Solarium befindet.

„Es war einmal ein neugieriger Derwisch, der die Wahrheit wissen wollte. Er lief von einem Derwisch-Orden zum nächsten. Keiner der Gelehrten konnte ihm befriedigende Antworten auf seine Fragen geben. Schließlich sagten sie zu ihm, dass ihm nur der blinde Gelehrte die Antworten auf seine Fragen geben kann. Der Derwisch wollte aufgeregt wissen, wo er den blinden Gelehrten finden kann. Man antwortete ihm, dass sich der blinde Gelehrte an einen Ort zurückgezogen hat, wo kein Vogel fliegt und keine Karawane vorbeikommt, und dass ihn zu finden genauso schwierig ist, wie die Wahrheit zu finden. Aber unser sturer Derwisch gab nicht auf. Er erklomm jeden scheinbar heiligen Hügel, lief jeden Pfad, blieb an jedem Wasser stehen und steckte die Nase in die Luft, sprach mit jedem Hirten und erzählte sein Begehren, aber nein, nein, nein. Eines Nachts träumte er von seinem Vater und der alte Mann zeigte mit seinem Finger auf einen Hügel. Als der Dervisch aufwachte, erinnerte er sich an den Ort, den sein Vater ihm gezeigt hatte. Dort gab es eine Höhle, in der ein großer Bär lebte, dessen Geschichte er als Kind oft gehört hatte. Wird schon einen geheimen Grund geben, dachte er sich und machte sich auf den Weg. Schließlich bestieg er den Hügel, und tatsächlich war die Höhle dort, aber ein riesiger Felsen blockierte ihren Eingang. In der Nähe des Felsens fand er einen Krug mit Wasser und einen frischen Brotlaib, der in ein sauberes Tuch gewickelt war. Da er sehr hungrig war, aß er die Hälfte des Brotes und trank die Hälfte des Wassers. Weil schon einige Zeit vergangen war, entschied er sich, dort zu übernachten. Er zündete ein kleines Feuer an und hing seinen Gedanken nach. Er versuchte herauszufinden, warum sein Vater auf diese Höhle gedeutet und welche Bedeutung dieser Traum hatte. Dann hatte er wieder Hunger. Ich esse noch ein wenig von dem Brot, dachte er sich und als er das Tuch öffnete, fand der das Brot als ganzen frischen Laib, als ob noch nie davon gegessen worden wäre und der Krug war auch bis zum Rand mit eiskaltem Wasser gefüllt. Da war er sich dann sicher, dass der blinde Gelehrte hier in der Höhle lebte. Aber er verstand nicht, wie ein Gelehrter in dieser Höhle, die mit einem riesigen Felsen verschlossen war, leben konnte. Die Sonne ging unter, die Nacht brach herein, das Feuer des Derwisches wurde kleiner, Raubtiere begannen umherzustreifen. Der Derwisch hatte erst Angst, doch dann glaubte er an sein eigenes Schicksal. Dass ich hier bin, muss einen Grund haben. Ich werde den blinden Gelehrten finden, bevor mich die Wölfe packen, dachte er sich, ließ das Feuer auflodern, setzte sich gerade hin und fing an, zu singen. Die Volkslieder aus seiner Kindheit kamen ihm eins nach dem anderen über die Lippen, und er sang sie alle fehlerfrei. Der Mond ging auf, die Wolken verzogen sich, die Nacht wurde hell, und plötzlich stand fünfzehn bis zwanzig Schritte entfernt ein Reh vor ihm und hörte ihm zu. Aus seinen schönen Augen flossen Tränen. Auch der Derwisch wurde traurig, seufzte und auch ihm flossen zwei Tropfen Tränen. Das Reh kam zu ihm, berührte mit seiner samtweichen Nasenspitze die Wange des Derwisches und ihre Tränen liefen ineinander. Liebe, sagte das Reh, so kam es dem Derwisch vor. In dem Moment war ein beunruhigendes Geräusch aus der Ferne zu hören, ein Ast brach oder trockene Blätter raschelten. Das Reh stürzte wie ein Blitz in die Dunkelheit. Überrascht wischte sich der Derwisch die Tränen vom Gesicht. Als er sich umsah, kam ein Jäger aus dem Wald heraus. Er grüßte und setze sich ans Feuer. Öffnete seine Tasche und teilte seine Mahlzeit mit dem Derwisch. Was sucht du hier auf dem Berg, wollte der Jäger wissen. Ich suche den blinden Gelehrten, antwortete der Derwisch. Was willst du mit dem Gelehrten machen, wenn du ihn gefunden hast, wollte der Jäger wissen. Ich will die Wahrheit lernen. Und was willst du danach machen? Auf diese Frage hatte der neugierige Derwisch keine Antwort. Ihm wurde klar, dass ihm diese Frage bis zu diesem Tag nie in den Sinn gekommen war. Er sagte, er wisse es nicht. Vielleicht werde ich verstehen, was zu tun ist, wenn ich herausfinde, was die Wahrheit ist. Vielleicht ist das ein Geheimnis, das man niemandem verraten sollte, sagte der Jäger, den Blick auf das Feuer gerichtet. Der Derwisch blickte ebenfalls ins Feuer. Zwischen den Flammen sah er ein Reh fliehen und einen Jäger es jagen, und er schaute ängstlich zum Jäger auf. Hast du es etwa gesehen, fragte der Jäger? Ja antwortete der Derwisch traurig, erschieß es nicht, es hatte so schöne Augen … Was heißt hier erschießen, sagte der Jäger, es ist meine Frau! Ein Zauberer hat sie in ein Reh verwandelt. Er hat sie vergessen lassen, dass sie ein Mensch ist, jetzt läuft sie mir davon, sag, in welche Richtung ist sie gelaufen? Der Derwisch war dabei zu sagen, in welche Richtung das Reh gelaufen war, als er sich an die samtweiche Nase und die warme Stimme, die „Liebe“ gesagt hatte, erinnerte … Der Derwisch bemerkte in dem Moment, dass er sich in das Reh verliebt hatte. Der Jäger verstand sofort die Schatten, die über des Derwischs Augen zogen. Ich habe deine Sorge verstanden, Derwisch, wirklich das habe ich, aber du hast meine Sorge überhaupt nicht verstanden. Wenn dich mein Reh so verzaubert hat, dann müssen wir das lösen. Wie, wollte der Derwisch wissen. Der Jäger holte aus seiner Tasche eine Lederrolle hervor. Auf dem Leder waren helle und dunkle Quadrate. Er breitete sie zwischen ihnen aus, dann nahm er kleine Figuren heraus und begann sie auf den Quadraten anzuordnen. Weißt du, was Schach ist, wollte er wissen."

Zühres gutaussehender, allergischer Onkel mit einem Sportlerkörper redet mit mir mit einer hypnotischen Stimme, während er meine Figur besiegt. Während mein armer König hinter zwei Bauern zittert, denke ich, dass es angebracht wäre, eine Niederlage einzugestehen. Meine Augen suchen in diesem seltsam großen Raum vergebens nach Zühre, damit sie mich aus dieser misslichen Lage rettet.

Unter dem Vorwand, mein Gesicht waschen zu wollen, stehe ich auf. Der Onkel ruft mir nach.

„Bist du nicht neugierig auf das Ende der Geschichte?"

Ich werde es mir anhören, wenn ich zurück bin, denke ich mir, aber in der Stimme des Onkels ist etwas Dunkles, dass mir sagt, dass das nicht möglich sein wird. Ein bedrückendes, ja beängstigendes Zeichen.

***

Ich verlasse das große Wohnzimmer und gehe eine Weile den Flur entlang. Ich öffne die erste Tür, von der ich denke, dass dahinter die Toilette ist. Ich erwarte eine kleine Toilette und ein Waschbecken, aber wieder befinde ich mich in einem großen Raum. Ich atme im automatisch beleuchteten Badezimmer die exotischen Düfte ein. Es ist ein fensterloses Badezimmer, dass durch die Beleuchtungspaneele geräumig wirkt. Ich wasche mein Gesicht, betrachte mich im Spiegel, der die ganze Wand bedeckt. Mit dem langen Leinenhemd und der Hose sehe ich aus, als ob ich hierher gehören würde … Leicht, flüchtig, hochwertig. Auf der hölzernen Theke, auf der sich das Waschbecken befindet, gibt es in unterschiedlich farbigen Keramikschalen Seifen, kleine Handtücher, Räucherstäbchen und glänzendes Meeresgestein von fernen Stränden. Ich nehme jede Seife einzeln in die Hand, rieche an ihr und versuche, die Essenz zu erraten. Da sie alle aus reinem Olivenöl hergestellt sind, riechen sie nicht nach den industriell hergestellten Seifen, die ich gewohnt bin. Mitten an der Wand hängt ein Warnschild, das gar nicht an solch einen Ort passt: „Bitte werfen Sie nichts in die Toilette, Ihr unnatürlicher Abfall kann dazu führen, dass das Mahlwerk ausfällt“. Selbst in den luxuriösesten Häusern ist die Kanalisation ein unlösbares Problem.

Ich werfe auch einen kurzen Blick in das Badeabteil, das durch eine Glaswand abgetrennt ist, dort steht eine Badewanne, in der mindestens vier Personen zusammen Platz haben. Aufgrund der überall angeordneten und zum Spritzen von Wasser konzipierten, komplizierten Armaturen gehe ich davon aus, dass das ein hochmoderner Whirlpool ist. Gleich daneben stehen Liegesessel aus speziellen Matten, um sich nach dem Bad auszuruhen. Auf dem Beistelltisch liegen schwarze Weintrauben, beschlagen, als ob sie gerade aus dem Kühlschrank kommen, und das zu dieser Jahreszeit … Ich frage mich, was für ein Gefühl das wohl wäre, in dem Whirlpool zu sein, aber ich bemerke, dass es spät ist und beschließe, ohne weitere Verzögerung ins Wohnzimmer zurückzukehren. Wir müssen noch das Schachspiel beenden, es rechtzeitig ins Kino schaffen, vielleicht haben wir dazwischen noch Zeit, zu essen …

Ich komme aus dem Badezimmer, doch der Flur, durch den ich vorhin gegangen bin, kommt mir seltsam fremd vor. Ich schaue auf die Türen rechts und links. Versuche, mich zu erinnern, aus welcher Richtung ich gekommen bin. Ich bin so unvorsichtig … Auf der linken Seite befindet eine mindestens drei Meter lange Konsole aus Walnussholz, darauf stehen alte Bücher. Auf der rechten Seite aber stehen sich zwei khakifarbene Sessel gegenüber und dazwischen gibt es einen Beistelltisch. Wie habe ich das Badezimmer erreicht, ohne all dies bemerkt zu haben? Ich kontrolliere mein Gedächtnis und erinnere mich nur daran, dass an den Wänden einige Gemälde hingen, womöglich Ölgemälde, ich kann mich nicht an die Motive erinnern. Aber diese Gegenstände kommen mir überhaupt nicht bekannt vor. Ich kann nicht sagen, dass es sie nicht gab, aber ich habe auch keine einzige Erinnerung an ihre Existenz. Mein Instinkt sagt mir, dass ich von links kam. Ich gehe in diese Richtung. Zühre hat dir den Kopf verdreht, ‚Du hattes eh nur einen Verstand wie ein Vogel und der ist weggeflogen,' Mensch, Papa, der Onkel hat mich verwirrt mit seinem Schach und den Geschichten, wie gerne du dich mitreißen lässt, hast du denn keinen Charakter, mein Sohn, schau dich mal an, es reicht nicht aus, dass du den Unterricht schwänzt, da trägst du diese eigenartige Kleidung und läufst in der Wohnung eines verrückten Brokers herum, Papa, woher weißt du, dass er Börsenmakler ist, ja hat er denn nicht gesagt, dass er sich mit der Börse befasst hat, denkst du, ich bin dumm? Mich nervt es, dass mein Vater regelrecht zu einer inneren Stimme geworden ist. Ich hätte keinen Charakter. Das sagt er jedes Mal, wenn er an mir was auszusetzen hat. Seit meiner Kindheit schon. Was bedeutet, einen Charakter zu haben? Von niemandem beeinflusst zu werden, seinem eigenen Wissen treu bleiben, von nichts überrascht sein, nicht staunen, nicht begeistert werden? Nennt man das Charakter? Also, ein Zombie zu sein. Ein seelenloser Automat. Also Ayhan Hoca war ein ehemaliger Schachmeister. Als Kasparow besiegt wurde, galten wir als besiegt, die ganze Menschheit. An diesem Onkel ist was faul, aber ich habe noch nicht herausgefunden, was. Vielleicht liegt das wahre Geheimnis in Zühre. Ja, natürlich, sicher liegt es in Zühre. ‚Wie gut hast du sie denn kennengelernt, dass du ihr nachgelaufen bist und dich auf dieses Theater eingelassen hast?' Ja, Vater. ‚Dein Onkel war auch so, wärest du doch nur ein wenig nach mir gekommen.' Oh Mann!

Als ich schließlich zur Tür des großen Wohnzimmers komme, atme ich erleichtert auf. Hier ist die Fensterwand und der verlassene Garten der Kirche, die windschiefen Gräser sagen mir, dass ich am richtigen Platz bin. Jedoch merke ich, während ich eintrete, dass ich mich in einem ganz anders eingerichteten Salon befinde. Das ist nicht der Raum, in dem ich vorhin mit dem Onkel Schach gespielt habe. Die einzige Ähnlichkeit ist der Blick aus dem Fenster. Ich habe diese Gegenstände noch nie gesehen, nein, das hat nichts mit einer Unachtsamkeit zu tun. Zum Beispiel gab es diesen riesigen türkis-farbenen Sessel ganz sicher nicht. Auch die mit afrikanischen Masken vollbehängte weinrote Wand ist definitiv neu. Der Tisch, an dem wir Schach gespielt haben und auch der Onkel sind nirgends zu sehen. Zühre hatte gesagt, dass sich ihr Onkel über das ganze Gebäude ausgebreitet hat. Also ist dieses Gebäude viel größer, als ich mir vorgestellt habe. Verblüfft verlasse ich den Salon.

Aufmerksam betrachte ich die Gemälde an den Wänden, während ich durch den Flur gehe. Es gibt so viele Details, die mir vorhin nicht aufgefallen waren. Ein zwischen grünen Kristallapplikationen aufgehängtes Ölgemälde zieht meine Aufmerksamkeit auf sich. Ich betrachte es aus der Nähe. Von einem Hügel aus ein Blick hinunter in die Ebene. Unten gibt es Bäche, bebaute Felder und Obstbäume. Links sieht man einen immer dunkler werdenden Wald. Zwei Männer sitzen an einem Feuer auf dem Hügel, einer von ihnen scheint Pfeil und Bogen zu haben, man kann es nicht genau erkennen. Für mich ähneln sie dem Derwisch und dem Jäger aus der Geschichte des Onkels. Mein Blick sucht nach einer Höhle, deren Eingang von einem großen Felsen versperrt ist, aber in dem Gemälde gibt es keinen solchen Ort oder zumindest nicht von diesem Blickwinkel aus.

Ich werde bestimmt im Salon erwartet, ich laufe hier schon seit einer Weile herum. Aber wie viele Stunden sind denn nun vergangen, seitdem wir hier angekommen sind? Da die Sonne noch nicht untergegangen ist … Zwar sind die Tage jetzt länger. Es kann fünf sein, oder sechs Uhr. Wir wollten ins Kino gehen, aber das fühlt sich jetzt an, als ob es ein Plan für einen anderen Tag, ja sogar der eines anderen Lebens wäre.

***

Lustig, aber wahr: Ich glaube, ich habe mich im Haus verirrt. Ich wandere seit fast einer Stunde durch die verschiedenen Säle. Etwas Dümmeres kann ich mir nicht vorstellen. Das kann ich niemandem erzählen. Unmöglich. Wehe mein Vater hört das. Der würde bis zu seinem Tod seine Witze darüber reißen. Der Gedanke an den Tod macht mich traurig. Soweit ich mich zurückerinnern kann, bedeutete Tod für mich immer die Abwesenheit meiner Mutter. Ich habe den

Tod früher kennengelernt als alle anderen. Deswegen fällt mir der Gedanke schwer, mein Vater könnte sterben. Manchmal betrachte ich ihn morgens im Schlaf. Ich warte, bis ich ihn leise schnarchen höre, dann erst entspanne ich mich. Aber manchmal gibt er gar kein Geräusch von sich, als ob er nicht atmen würde. Da will ich dann zu ihm gehen und ihn rütteln, ihn aufwecken und mich vergewissern, dass er lebt. Ich halte mich dann sehr schwer zurück. Soll er doch, soll er seine Witze machen, Hauptsache er lebt. In diesem Moment, in dieser Sekunde bin ich in einer komischen Stimmung, wie wenn ein Flugzeug ins Leere fällt.

Soll doch passieren, was passieren soll, denke ich mir.

„Zühre! Zühre!“

Ich erkenne meine eigene Stimme nicht. Da ist etwas in den Wänden, auf dem Boden, es verschluckt sofort das Geräusch, wieder diese samtweiche Stille.

„Zühre! Zühre!“

Meine eigene Stimme schwingt in meinen Ohren.

„Zühre!“

Mein Hals tut weh.

„Zühre!“

Ich bin durstig. Mit gesenkten Schultern betrete ich eines der großen Zimmer. Ich gebe mich geschlagen: Wieder ein großes Fenster die ganze Wand entlang, mit Blick auf das Unkraut im Garten der Kirche. Ich weiß nicht mal, ob man diese durchsichtige Wand, die sich weder nach innen noch nach außen öffnen lässt, als Fenster bezeichnen kann. Und wieder gibt es verschiedene Möbel. Sofas, Ohrensessel, Sitze, Schaukelstühle, Sitzecken mit kleinen Tischen, Divane, Stehlampen, Lampenschirme, Wandlampen, Kerzenhalten und Skulpturen … Diesmal schaue ich genauer hin. Es ähnelt sehr dem Zimmer, in dem wir mit dem Onkel Schach gespielt haben, aber hier gibt es weniger Möbel. Dieses Haus ist riesig. Wirklich riesig. Wirklich zu groß, um wahr zu sein. Wie ein Scherz. Das kann doch sein, oder nicht? Natürlich, ich erinnere mich an einen Scherz mit einer versteckten Kamera, wo sie einem Typen, der sich um einen Job beworben hat, sagen, er solle nach oben gehen und eine Fotokopie eines Belegs anfertigen. Oben angekommen, was sieht der Mann: Er ist in der gleichen Etage angekommen, gleiche Möbel, gleiche Personen. Er ist total verwirrt, er denkt sich, hier geschieht etwas Seltsames, aber was? Da sagt man ihm, dass es hier eine versteckte Kamera gibt. Während er in die gezeigte Richtung winkt, hat er sich immer noch nicht erholt. Der Trick ist eigentlich ganz simpel. Es ist einfach, identische Büros zu schaffen, die mit denselben Möbeln ausgestattet sind, die eigentliche Sache ist, eineiige Zwillinge zu finden und auch die Büroangestellten identisch darzustellen. Natürlich hat dieser Scherz den Zweck, die Leute zum Lachen zu bringen und sie zu unterhalten. Kann also dieser Quatsch, den ich hier durchmache, auch ein Kamerascherz sein? Wieso aber? Und diese Scherze dauern auch nicht stundenlang. Ich schaue aus dem Fenster. Die Sonne scheint sich etwas geneigt zu haben, aber es ist noch nicht Abend. Ich bin in einer seltsamen Situation. Ich weiß nicht, was ich denken soll und ich weiß auch nicht, wie ich mich fühlen soll.

‚Ach, hier bist du. Wir haben dich gesucht. Dieses Haus ist halt so, man geht hier unter.‘ Ich erwarte, dass Zühre jeden Moment dies sagend eintritt. Was kann es denn sonst sein? Aber niemand kommt. Minuten vergehen. Vergehen sie wirklich? Natürlich vergehen sie … Aber mir ist nicht klar, wieviel Zeit vergeht. Mir kommt es so vor, als ob Stunden vergangen sind, aber das ist nicht möglich, denn draußen ist immer noch dieselbe Helligkeit. Ich berühre das Fensterglas, es ist kalt. Ein Teil der Gräser ist vertrocknet, dabei ist es noch April. Auch im Garten dieser Kirche scheint die Zeit nicht zu vergehen. Eine leichte Brise zieht auf, streicht über das Gras und ebbt ab. Eine Welle. Man kann von meinem Blickwinkel auf die Rückseite der Kirche sehen. Sie besteht nur aus einer Wand, die einem, wie ein alter Mann, schmollend den Rücken zugekehrt hat, wenn der Onkel nicht gesagt hätte, was es ist, wäre ich nie darauf gekommen. Eine pechschwarze Krähe fliegt, findet keinen Platz zum Landen und verlässt die Szenerie. Ein Flugzeug fliegt vorbei, hinterlässt eine wolkige lange Spur, die Vergangenheit schmilzt langsam weiß dahin. Von draußen ist kein

Geräusch zu hören. Nicht nur Staub, auch Geräusche gelangen nicht ins Innere. Da Schallwellen besser durch Festkörper dringen, halte ich mein Ohr ans Fenster und hoffe, etwas zu hören, aber es gibt nur ein tiefes Summen. Dieses Fensterglas, das ich berühre, könnte genauso gut ein riesiger Monitor sein. Ich laufe am Fenster entlang, die Details der Außenansicht ändern sich je nach Blickwinkel. Ja, aber am Ende sind es wieder nur die sich im Wind wiegenden Gräser und die Rückseite der Kirche. Vielleicht ändern sich die Wolken ein wenig, aber das ist auch alles.

***

Seitdem ich mich entschlossen habe, das ganze Haus zu untersuchen, laufe ich umher. Hinter jeder Tür, die ich öffne, sehe ich unterschiedlichste Gegenstände. Ich verstehe, dass manche einer Logik folgen, zum Beispiel gab es im Flügelsaal eine Büste von Mozart, an der Wand ein Ölgemälde mit Musikinstrumenten, bequeme Stühle zum Musikhören, Biografien von Komponisten und Bücher über verschiedene Musikschulen. Und jetzt schmücken in dem Raum, in dem sich diese Waffen befinden, ausgestopfte Füchse, Eichhörnchen und Kaninchen, Vögel, die wie beim Landen erstarrt zu sein scheinen, und an den Wänden montierte Hirschköpfe, die Umgebung. Hier kann ich nicht lange bleiben. Waffen sind Objekte, die ich nicht mal sehen mag. Mir kommt es immer so vor, als ob sie von selbst losgehen könnten. Dank der Geschichten vom Teufel, die mein Vater erzählt hat. Da habe ich mir immer kleine Teufel mit gelben Augen, winzigen Hörnern, spitzen Schwänzen und Ziegenfüßen vorgestellt, die die Gewehre mit Blei füllen und dieses grinsend in den Lauf treiben, während die Menschen sich weggedreht haben. Nervige kleine Kreaturen, die jeden Moment unter einen Sessel rutschen und sich verstecken können. Nun, in diesem Haus gibt es unnötig viele Sessel und Sofas. Die ausgestopften Tiere sind beängstigend, unheimlich, als könnten sie jeden Moment zum Leben erwachen.

Die Zimmer öffnen sich zu Fluren, Flure zu anderen Zimmern, Zimmer zu Dielen. Während ich nach Zühre rufe, laufe ich im Haus herum. Ich bin mir sicher, dass der Onkel und Zühre mich hier zurückgelassen haben. Das ist kein Scherz, nein, ganz im Gegenteil, das ist ein Experiment. Aber natürlich, dass ich so angezogen wurde, ist auch ein Teil des Experiments. Aber was untersuchen sie denn an mir? ‚Junge, sie haben in dir ein Versuchskaninchen gefunden, da werden sie alles Mögliche versuchen, schau erst mal, ob deine Nieren noch da sind.' Vaters Stimme klingt diesmal besorgt. Auf eine schwachsinnige Art werde ich stutzig. Schnell ziehe ich mich aus und betrachte in einem großen Spiegel meinen Körper. Es gibt keinen einzigen Kratzer, meine Organe sind intakt. Mein Glied schlummert verschrumpelt, wie der faltige Hals einer alten Schildkröte. Dieser Anblick gefällt mir nicht, ich ziehe mich wieder an. Vielleicht gibt es irgendwo eine versteckte Kamera. Natürlich können die Zuschauer nicht erraten, was ich denke. Die Versuchsperson hat eine Weile nach Zühre geschrien. Nachdem er den Raum mit den Waffen verlassen hat, hat er sich ausgezogen und seinen nackten Körper im Spiegel betrachtet. Was hat die Versuchsperson damit bezweckt? Was könnte die Forschungsfrage sein? ‚Die Laborratte kann das Experiment niemals verstehen, mein Sohn.' Danke Vater, du hast mir sehr geholfen.

Diesmal gehe ich in die Richtung, aus der ich gekommen bin. Wieder zurück. Ich bin äußerst gelangweilt und hungrig. Was, wenn ich pinkeln muss? Werde ich die Toilette wieder finden können? Genau an das hätte ich nicht denken sollen! Ich spüre den Druck auf meiner Blase. Dass dies eine durch Gedanken aktivierbare Körperfunktion ist, haben wir nun auch gelernt. ‚Aber natürlich mein Kind, schwänze du nur den Unterricht, die Lebensschule wird dir noch viel beibringen.' Ja, Vater, drangsalier mich nicht ständig damit, da habe ich halt einen Fehler gemacht, ich bereue es, ok? Jetzt sind mir Zühre und ihr Onkel egal. Ich möchte so schnell wie möglich aus diesem Haus heraus. Und wenn ich es zum Film rechtzeitig schaffe, dann schaue ich ihn halt allein an. Aber Zühre werde ich morgen in der Schule schon zu Gesicht bekommen … ‚So, und was willst du machen, wenn du sie siehst? Hallo Zühre, die Wohnung deines Onkels ist ganz schön groß, ich habe euch ja regelrecht verloren, ha, ha, ha … Mein lieber Arda, es hatte noch gefehlt, dass du dich zum Idioten machst.‘

***

Ununterbrochen gehe ich weiter. Ständig gehe ich durch Räume, die sich ähneln, aber den Ausgang kann ich nicht finden. Draußen ist immer die gleiche Landschaft, drinnen sind die unterschiedlichsten Gegenstände. Aber es gibt keinen Ausgang. Meine Blase platzt bald. Meine Zunge klebt mir auch am Gaumen. Wie kann so etwas denn nur sein? Mein Kind, bist du denn nicht von draußen reingekommen? Ja. Bist du nicht durch eine Tür gegangen? Ja. Also gibt es eine Tür. Ja. Wieso kannst du sie dann nicht finden? Weil …, weil es hier riesig ist. Kann das denn sein, Kind, du bist doch Physiker. Natürlich nicht. Kann ein unendlich großer Raum existieren? Also in Gümüşsuyu, in der uns bekannten Welt sollte es das nicht geben. Wie kommt es dann, dass dir dieser Raum unendlich groß vorkommt? Es könnte eine Schleife sein. Ich könnte zwischen verschiedenen Etagen kommen und gehen, natürlich müssten sie dann nach mir in allen Zimmern die Möbel wechseln. Nicht sehr wahrscheinlich. Außerdem habe ich auch keine Treppe benutzt. Vielleicht gibt es eine Steigung, die ich nicht bemerkt habe. Versuch es, Arda, versuche es. Ich schaue mich um. Ich suche nach einem runden Gegenstand. In diesem Raum steht ein Schreibtisch, ein Bücherregal voller alter gebundener Bücher, ein Holzglobus, ein Fernrohr, ein Astrolabium. An den freien Wänden hängen Landkarten, Fotografien früherer Entdecker in den Polar-regionen. Ich will raus aus diesem Raum, der zu einer anderen Zeit meine Aufmerksamkeit angezogen hätte, und so schnell wie möglich eine Toilette finden. Mein Blick fällt auf einen Briefbeschwerer auf dem Schreibtisch. Ich nehme den gläsernen Briefbeschwerer, in den das Bild der Titanic eingebettet ist und stelle ihn vorsichtig auf dem Boden ab. Die Form des klobigen Zylinders sollte sich leicht in

Richtung der Neigung bewegen lassen, aber sie bewegt sich keinen Millimeter, egal in welche Richtung ich sie auch drehe. Das bedeutet, dass es keine Neigung in diesem Raum gibt, vielleicht gibt es sie in den Korridoren. Ich entscheide mich, den Briefbeschwerer mitzunehmen. Wir haben dieses Gebäude mit Zühre durch eine Tür betreten, ja, aber jetzt finde ich die Tür nicht. Denn die Tür ist versteckt. Ja, ganz einfach, die Tür ist hinter einem Möbelstück oder einer Wand versteckt. Möglich. Ja. Von jetzt an werde ich mit dem Briefbeschwerer die Wände abklopfen und durch die veränderten Geräusche den Ausgang finden … aber erst mal auf die Toilette.

***

Hinter den Türen, die ich öffne, gibt es keinen Ort, der nach einer Toilette aussieht. Gerade als ich merke, dass ich mich nicht mehr zurückhalten kann, pinkle ich ganz schnell in eine der chinesischen Vasen, auf denen blaue Drachen gezeichnet sind und die links und rechts von einem großen Spiegel stehen. Da gibt es nichts zu machen, ich bin ein Mensch. Je mehr sich meine Blase entleert, desto mehr erweitert sich mein Inneres und mein Geist strahlt.

Ich bin wieder in einem der großen Zimmer mit Blick auf den verlassenen Garten der Kirche. Mir wird schlecht von dem Uringestank, der aus der Vase aufsteigt. Ich schwanke zwischen der Angst „Was, wenn Zühre jetzt von irgendwoher auftaucht“ und dem Entsetzen „Zühre wird nie wieder auftauchen, du kommst hier nie raus und den Grund dafür wirst du niemals erfahren“. Sobald ich mit meinem Geschäft fertig bin, verlasse ich den Raum und komme in ein Zimmer, das ich vorher nicht gesehen habe, aber gesehen haben sollte, denn in dieses große Zimmer war ich durch diese Tür eingetreten. Ich komme in eine andere Diele und von dort aus in ein anderes Zimmer. Ich komme jetzt nicht mehr in Säle, die mit antiken Gegenständen vollgestopft sind, ich sehe nur noch größere Zimmer. Diese Orte haben eine eher normal häusliche Atmosphäre. Aber die Landschaft außerhalb des Fensters ist immer gleich.

***

Ich fühle mich erschöpft, als ich in ein Zimmer trete, in dem eine dieser Sitzgruppen steht, welche ich in den Filmen aus den 1960'ern gesehen habe, mit dünnen hölzernen Armlehnen, die so bodennah und breit sind, dass man sich darauf ausbreiten will. Ich setze mich auf einen der Sessel. Ich habe Kopfschmerzen, so durstig bin ich. Das Hungergefühl steigt ab und zu als saure Welle in mir auf, aber ich komme damit zurecht. Ich muss meinen Kopf freibekommen. ‚Wollen wir mal Bilanz ziehen, Söhnchen?' Das ist die Stimmlage, die er früher benutze, wenn er mir Nachhilfe gab. Geduldig. Ja, Papa.

Ich bin in der Wohnung von Zühres Onkel, der eine Stauballergie hat.

Ich habe mit dem Onkel Schach gespielt.

Nachdem ich den Salon verlassen habe, konnte ich sie nicht mehr finden.

Das Haus ist sehr groß.

Ich bin kein zweites Mal am selben Ort vorbeigekommen.

Alle großen und kleinen Zimmer haben die gleiche Aussicht.

Die Ausgangstür muss getarnt worden sein, denn sie ist nicht zu finden.

Ich bin dann wohl in einem Haus eingesperrt, wo es nicht möglich ist, ein Zimmer ein zweites Mal zu betreten.

Das stimmt so nicht ganz, denn man kann nicht sagen, dass ich eingesperrt bin, nur weil ich die Tür nicht gefunden habe.

Ich muss mir nun diese Frage stellen: Wie komme ich aus diesem Haus hinaus?

***

Ich betrachte eine Weile das dürre Gras, das sich hinter dem Fenster im Garten der alten Kirche sanft wiegt. Wieder fliegt eine Krähe vorbei. Ihr Schnabel öffnet und schließt sich, ich höre kein Geräusch. Draußen läuft ein bunter, aber stummer Film. Ich nähere mich dem Fenster und berühre das kühle Glas mit meiner linken Daumenspitze, als würde ich ein Zeichen setzen. Ich halte den Titanic-Briefbeschwerer fest und haue ihn voller Kraft auf diesen Punkt. Genau in dem Moment, in dem das Objekt die Glasoberfläche erreicht, bereue ich es wie verrückt. Ich schätze, ein Schlag gegen die Wand hätte weniger weh getan. Am Fensterglas entsteht kein einziger Kratzer, aber der gläserne Briefbeschwerer bricht entzwei. Meine Hand schmerzt. Ich wage keinen zweiten Versuch. Voller Verzweiflung wickle ich den Stoff der Sofapolsterung ab, den ich mir bis zum Ellbogen umgebunden hatte, damit ich mir nicht in die Hand schneide, falls das Fensterglas zersplittern sollte. Ich gehe weiter in einen anderen Raum und hoffe, dort einen schwereren und härteren Gegenstand zu finden.

***

Im nächsten Zimmer finde ich keine nennenswerten Möbel. Dieses Zimmer scheint insbesondere für Yoga oder Sport freigelassen worden zu sein. Auf dem Boden liegen ausgebreitete Matten, Bälle, alles ist weich. Keines ist nützlich.

***

Dieses Zimmer ist komplett leer. Außerdem ist es das kleinste Zimmer, das ich bisher betreten habe. Ungefähr zwei auf zwei Meter. Außerhalb des Fensters sind nur die Gräser zu sehen. Derweil ist es immer noch hell. Wie spät es wohl schon ist? Wieso ist es noch nicht dunkel geworden? Wieso wird es nicht Abend?

***

Gerade dann, als ich es nicht brauche, komme ich an eine Toilette. Diese ist kleiner, als die erste, die ich betreten hatte. Aber wenigsten kann ich meinen Durst stillen, denke ich mir. Völlig verdurstet trinke ich aus dem Wasserhahn. Plötzlich richte ich mich auf. Mir geht ein

Licht auf. Ich fühle mich viel besser. Hätte ich doch nur ein paar Früchte aus dem Bad mit dem Whirlpool mitgenommen … Denn hier gibt es weder einen Whirlpool noch eine Badewanne noch eine Sitzgelegenheit oder einen Obstteller. Das ist eine gewöhnliche Toilette, wie sie in jedem Haus zu finden ist.

Ich muss eine Nachricht nach draußen schicken. Plötzlich kommt mir diese Idee.

Wie?

Was macht ein Mensch, der auf einer einsamen Insel landet? Er schreibt eine Nachricht, steckt sie in eine Flasche, verschließt sie und wirft die Flasche in den Ozean. Natürlich ist das absurd, aber es ist wenigstens eine Hoffnung.

An diesem Punkt haben wir ein ernstes Problem: Wir haben weder Schreibwerkzeug noch eine Flasche. Sagen wir, dass wir beide Sachen erfunden haben, wie bringen wir sie nach draußen? Und außerdem wer ist dieses „wir"?

Ich drücke auf die Spülung, die Hoffnung, die in mir aufkeimt, während ich das Wasser wirbelnd durch das Toilettenloch in die Kanalisation fließen sehe, erstickt in dem Moment, in dem ich das vor mir hängende Schild bemerke: „Bitte werfen Sie nichts in die Toilette, Ihr unnatürlicher Abfall könnte dazu führen, dass das Mahlwerk ausfällt."

***

Ich habe keine Hoffnung mehr. Ich stecke in einer unerklärlichen Situation. Ich laufe weiter. Ich weiß nicht, wo ich ankommen werde.

Es gibt keine Möbel mehr in den Zimmern.

Ich kann mich nicht genau erinnern, ob es vorher überhaupt Möbel gab.

Nackte, leere Zimmer.

Die Zimmer werden immer kleiner.

***

Das ist kein Zimmer mehr, nur ein Raum, der groß genug ist, dass ich aufrecht stehen kann. Das Fenster ist so breit wie mein Gesicht. Notgedrungen schaue ich hinaus. Die gleiche Landschaft. Gelbe, grüne Gräser … Wie ein Ölgemälde, dass unter den schrägen Strahlen der Nachmittagssonne hängt. Es bewegt sich sanft im Wind. Da ist die Wand der Kirche, der Rücken des beleidigten alten Mannes. Ich rufe die Stimme meines Vaters. Sie kommt nicht. Es ist niemand da. Ich versuche mich umzudrehen, um rauszugehen, aber es geht nicht. Es gibt keinen Ausgang. Voller Entsetzen bemerke ich, dass sich das Haus in einen Sarg verwandelt hat, der meinen Körper umschlingt.

***

„Hat es dir gefallen?"

„Erdrückend. Es war einfach nur erdrückend."

Zühre lächelt. Ich warte, dass sie zuerst aufsteht, weil es sonst unhöflich wäre, sofort das Kino zu verlassen, während noch der Abspann läuft.

„Das Ende habe ich auch nicht recht verstanden. Was ist jetzt passiert? Wieso ist der Junge darin steckengeblieben?"

„Müssen Sie denn alles verstehen, Herr Physiker?"

„Ja, Frau Philosophin, ich möchte es verstehen."

„Es ist nicht alles leicht zu verstehen, leider." Sie runzelt ihre Stirn, fährt sich mit den Fingern durch die Haare. Die Regenbogenfarben verschwinden und tauchen wieder auf. „Vielleicht sollte ich sagen, Gott sei Dank … Ich bin mir gerade nicht sicher. Denn ich kann vor Hunger nicht nachdenken."

„Ich bin auch am Verhungern."

„Mein Onkel hat bestimmt schon leckere Sachen gekocht. Nur gut, dass wir zuerst ins Kino gegangen sind, jetzt wird er uns gefangennehmen und uns stundenlang nicht gehen lassen. Hatte ich dir schon gesagt, dass auch er seinen Abschluss an deiner Abteilung gemacht hat?"

Mir gefällt das Leuchten in Zühres Augen nicht.

„Ja, ich glaube, das hast du."

Wer hat als Kind nicht gedacht, dass er oder sie etwas Besonderes sei? Eigentlich war das keine Frage, die auf eine Antwort wartet, es war eine ausgesprochene Lebensweisheit, von deren Wahrheit ich überzeugt bin. Ich, hatte er aber gesagt, ich habe es nicht gedacht, ich habe weder für mich noch für andere über solche Sachen nachgedacht. Was bedeutet denn, Besonders zu sein, fragte er. Ich schäme mich. Als ob ein Geheimnis, von dem ich nicht wusste, dass es ein Geheimnis ist, gelüftet wurde … Ganz offensichtlich habe nur ich das gedacht … Ach, wie konnte ich nur das einfache Wissen, dass der Mensch alles an sich selbst misst, übersehen?

AUSERWÄHLT

ALS SICH DIE BANDENMITGLIEDER IN VERSCHIEDENE RICHTUNGEN ZERSTREUTEN
hat sich der Bruder von Kara Mehmet ergeben.
C. Yıldırım beschuldigte seinen Bruder und sagte: „Ich bin ein Opfer von ihm."

EINE PREISERHÖHUNG FÜR KRAFTSTOFFE, EINSCHLIESSLICH GAS, HAT GESETZESKRAFT ERLANGT.

Wieso ist dieses Kind zwischen all diesen fröhlichen Kindern so traurig? Es hat keine Spardose.

EINE BEISPIELLOSE PROPAGANDAMETHODE
Er hat an seine Wähler Streichhölzer, Glückwunschbriefe und spezielle Kalender mit seinem eigenen aufgedruckten Foto geschickt.
Şadi Binay, der Sprecher des Verkehrsausschusses der Nationalversammlung: „Die Menschen wollen mit sich selbst beschäftigt sein. Das Interesse, das ich gesehen habe, hat diese Wahrheit offenbart."

DER WETTBEWERB GOLDENES MIKROFON
hat die Anwohner von Kadıköy begeistert.

VON ISTANBUL, DAS ER BESICHTIGEN WOLLTE, BEKAM ER ERST DAS GEFÄNGNIS ZU SEHEN
Österreichischer Skifahrer wegen Schmuggels inhaftiert. Bei der Untersuchung des Autos der Marke Chevrolet wurden in seinen Geheimfächern 20.250 Pistolengeschosse im Wert von 90.000 Lira gefunden.

Ein Parfüm, dass sogar den Teufel betört
Auf jeder Versammlung eine Anhängerschar, in jedem Saal ein Liebhaber.

SELBSTMORD, WEIL DIE NEUGEKAUFTE WOHNUNG KEIN SONNENLICHT HATTE
Bünyamin Yani, 43 Jahre alt, erlitt einen Nervenzusammenbruch, weil er traurig war, dass die kürzlich neugekaufte Wohnung in Pangaltı kein Sonnenlicht hatte. Er betrat gegen 11 Uhr die Toilette seines Arbeitsortes, der Tankstelle an der Çırağan Straße und beendete sein Leben, indem er sich erhängte.

* * *

Midas' Ohren, Eselsohren! Midas' Ohren, Eselsohren! Midas' Ohren, Eselsohren! Midas' Ohren, Eselsohren! Midas' Ohren, Eselsohren! Midas' Ohren, Eselsohren! Midas' Ohren, Eselsohren! Midas' Ohren, Eselsohren! Midas' Ohren, Eselsohren! Midas' Ohren, Eselsohren! Midas' Ohren, Eselsohren!

Wie oft muss ich das wiederholen, um mich zu beruhigen? Als ich das erste Mal die Geschichte von der Bürde, ein Geheimnis nicht tragen zu können hörte, da hatte ich gespürt, dass das etwas mit mir zu tun hat. Ich war klein. Ich erinnere mich nicht an den Moment, an dem ich es das erste Mal gehört habe, aber später habe ich so oft darüber nachgedacht und diese Gedanken haben sich in so frühen Jahren in mein Gehirn eingebrannt, dass ich sie von meinen wirklichen Erinnerungen nicht mehr unterscheiden kann. Wir sitzen auf unserem grünen samtenen Sofa, ich liege auf dem Schoß meiner Mutter, mein Kopf lugt unter ihrem Arm hervor, ich schaue auf das Buch, aus dem sie laut vorliest. Das Buch besteht hauptsächlich aus Texten, dazwischen gibt es farbige Seiten. Meine linke Wange ist warm. Mein Vater sitzt in unmittelbarer Nähe, hat seine Füße auf dem Hocker ausgestreckt und schält einen Apfel. Der Apfel ist rot, man hört ein schabendes Geräusch. Auf einer der Buchseiten ist das Bild eines Barbiers zu sehen, der in einen Brunnen spricht, die im Mondlicht leuchtenden Felsen und die Schatten der Bäume sehen so echt aus … Der Mond ist ein Tropfen Milch auf dem dunkelblauen Himmel. Der Barbier hat eine glänzende Schere in der Hand. Verzweifelt flüstert er in den Brunnen. Brunnen. Mond. Geheimnis. Die kühle Süße des Apfels zergeht in meinem Mund.

Ich muss still sein. Niemand darf es jemals erfahren.

***

Janset lächelt. Wir sind auf einer der Stadtfähren, in zehn Minuten werden wir in Kadıköy ankommen. Die Sonne geht langsam unter. Janset fotografiert uns, wir haben schwarze Sonnenbrillen auf. Ich halte ihre Hand. Warm und stark greift sie meine Hand. Ihre langen Fingernägel kreisen auf meiner Hand. Ich fange ein Gespräch an, um nicht zu zeigen, dass es mich stört.

„Hast du Hunger?

Sie antwortet mit einer Gegenfrage.

„Magst du Gerichte aus Antakya?“

Ich habe keine Ahnung, aber da Janset sie mag, werde ich sie wohl auch mögen.

„Ich liebe sie!“

„Ich kenne da einen Laden.“

Wenn ich mit Janset zusammen bin, dann befinde ich mich in einem süßen Ballon, in einer riesigen Seifenblase aus Träumen. Alles, was beunruhigt, alle Probleme und Zweifel bleiben immer draußen.

Als sich die Fähre dem Land nähert, stehen wir auf. Wir sind gleich groß. Von Weitem kann man uns für Geschwister halten: Gleiche Sonnenbrillen, gleiche Jeanshosen, gleiche Lederjacken, gleiche blonde Haare, kurz geschnitten … Ich vertraue ihr.

Nein, denke nicht mal daran. Nein. Nein. Nein.

Janset hält meine Hand noch fester.

„Weißt du, das ist super, total abgefahren."

Ich schaue ihr ins Gesicht. Ein unendliches, laues Leben. Glücklich. Ihr Gesicht scheint heilig, fast wie die Sonne. Sonne. Sonne.

Sie sagt: „Die Sachen, die ich bisher gemacht habe, fühlen sich jetzt … ganz anders an. Als ob alles das erste Mal geschehen würde …"

„Ganz genau."

Natürlich. Denn es ist viel früher passiert. Es passiert und wird wieder passieren. An diesen Punkten herrscht große Verwirrung. Das muss ich lösen.

Tauben wallen, grau. Wir gehen, gehen durch sie hindurch. Gehen leichtfüßig. Ein vages Jucken an meinen Schulterblättern. Flügel … Wir bleiben kurz bei der singenden Gruppe auf dem Platz stehen, alle haben sie wie wir schwarze Brillen auf. Als der blinde Sänger mich bemerkt, unterbricht er sein Lied. Janset bemerkt das nicht, wir gehen weiter. Atatürk schaut uns durch die Statue an. Ich kann mich nicht umdrehen.

***

Mein Vater sitzt in unmittelbarer Nähe, hat seine Füße auf dem Hocker ausgestreckt und schält einen Apfel. Der Apfel ist rot, er raschelt. Mein Vater setzt eine Scheibe auf die Messerspitze und reicht sie meiner Mutter. Aufmerksam schaue ich. „Dann hat dieser Barbier dieses Geheimnis nicht länger tragen können." Ohne mit dem Lesen aufzuhören, streckt meine Mutter ihre Hand aus, ganz langsam, zieht die Apfelscheibe ab, die Messerspitze glänzt nackt. „Da mein Vögelchen." Ich öffne den Mund, der Apfel ist kühl, süß. Ich drücke die riesige Scheibe Apfel mit meiner Hand in meinen Mund, möchte alles auf einmal hinunterschlucken. Mein Vater lächelt. Noch ist er nicht gestorben. Später erst … Sehr viel später. Dann wird er plötzlich verschwinden. Die grüne Couch aber wird weiter hier stehen. Ich werde auf ihr schlafen. Werde an meinen Vater denken. Die Couch indessen war unsterblich. Das verstehe ich, jetzt, genau in diesem Moment. Aber gleichzeitig ist mein Vater immer noch hier vor mir. Er zwinkert. In Midas' Geschichte gibt es ein Geheimnis für mich zu lösen. Mein Vater kennt es, ich noch nicht. Ob es meine Mutter weiß? Sie wird auch verschwinden. Sie streicht mir mit ihren Fingern durch die Haare.

Janset bestellt das Essen. Ich betrachte die Broschüre über Antakya, die für die Kunden zum Lesen auf dem Tisch liegt. Ich verstehe, warum wir hier sind. Sie ist dreizehn Meter tief in eine Höhle eingehauen, die älteste Kirche der Welt. Geheime Treffen. Ich kann meinen Augen nicht trauen: „Auf dem Altar in der Mitte der Kirche gibt es ein Podest, welches am 21. Januar zu Ehren des Sankt Pierre benutzt wird." Ich schaue zu Janset. Ob sie es längst weiß? Hat sie es herausgefunden? Hat sie mich deswegen in dieses Restaurant gebracht? Vielleicht spielt sie, die ihr auferlegte Rolle ohne es zu wissen. Das nicht zu wissen, ist mein größtes Problem.

Der 21. Januar ist mein Geburtstag. Dann ist das hier, dass wir uns hier befinden und ich diese Broschüre gesehen habe, kein Zufall. Die wollen mir den Verstand rauben. Mein Verstand hat alle Optionen berechnet und ich habe alle Diplome bekommen, doch mein Geist stößt in mir an die dunklen Wellen eines anderen Oceans. Die Geschwindigkeit meiner Gedanken, die sich in den Leerräumen zwischen den Organen bewegen, wird so stark verringert.

„Schmeckt es dir?"

„Ich liebe es. Alles schmeckt sehr gut."

„Wollen wir auch Wein bestellen?"

„Natürlich."

Dabei werde ich meinen Magen als Vorwand zeigen und nicht trinken. Niemals. Mein Verstand darf nicht benebelt sein.

***

Ich öffne meine Augen.

In meinem Traum war ich irgendwer. Was für ein beruhigendes Gefühl. Ich lief durch eine sehr bekannte Straße, ich war wie jeder, deswegen lief mir auch niemand heimlich hinterher. Ich bin frei, sagte ich zu mir. Ich muss Janset finden, jetzt können wir alles machen. Alle Hürden zwischen uns sind aufgehoben. Aber ich konnte sie einfach nicht finden in meinem Traum. Was bedeutete das?

Janset schläft neben mir. Ich höre ihrem Atem zu. Tastend stehe ich im Dunkeln auf.

Im Badezimmer betrachte ich meinen nackten Körper. Ich untersuche meine Muttermale. Ich finde unter meiner linken Brust ein braunes, zwei Millimeter großes neues Muttermal. Das existierte vorher nicht. Schnell verbinden meine Augen die Punkte miteinander: Da sind die zwei dunklen Muttermale auf beiden Seiten meines Bauchnabels, mit diesem neuen auf der linken Seite stellen sie den heiligen Altar dar. Meine Erlebnisse werden auf meinem Körper verewigt. Ein Brief. Das muss ich mir merken. Ich werde es notieren, wenn ich wieder zu Hause bin. Ich hätte diese Nacht nicht bei Janset bleiben dürfen.

Sie meldet sich von drinnen. Sie ist durstig.

„Wieso schaltest du das Licht nicht an?“

„Es schmerzt mir in den Augen. Die Dunkelheit ist besser.“

Ich lege mich zu ihr. Höre ihr zu, wie sie das Wasser trinkt. Wenn sie meine Muttermale sieht, wird sie es dann verstehen? Sie kann es fühlen. Das weiß ich. Manche Sachen weiß ich mit großer Bestimmtheit.

Sie umarmt mich. Unsere Lippen finden sich. Sie möchte, dass ich sie streichle. Manchmal ist Janset eine große Katze. Ich mag Katzen und sie mögen mich.

***

Wie lange werde ich das noch durchhalten? Wie viele Jahre oder wie viele Monate? Ich bin es leid, die Person zu spielen, die auf meiner ID an meinem Hals hängt. Aber noch ist die Zeit nicht gekommen. Wenn die Zeit reif ist, werde ich das ohne den kleinsten Vorbehalt wissen.

Bilgehan nähert sich, ich schaue auf meinen Bildschirm, natürlich wird er nicht weitergehen, auch er wartet auf seine Zeit.

„Hast du die Daten zwischen 20:30 und 20:45 gesehen?"

„Habe ich. Sieht aus, als ob sie sich absprechen und auf einen anderen Kanal wechseln."

„Ist das deine Erklärung?"

Ich schaue ihm ins Gesicht. Er lächelt spöttisch. Sein Bauch ist gewachsen. Während er spricht, entstehen geometrische Formen auf seinem karierten Hemd, die Knöpfe stehen kurz vor dem Bersten. Er wartet, dass ich ihn frage, was seine Meinung ist. Wir wissen beide, dass das nicht das eigentliche Thema ist. Das ist das offen ersichtliche Spiel. In unserer eigentlichen Welt ist er mein Gegner. Das war er mein ganzes Leben lang. Unter anderen Namen und Erscheinungen. Nur der Glanz in seinen Augen und dieses hässliche Lächeln sind gleich. Er schaut mich an. Eigentlich ist er neugierig, ob ich herausgefunden habe, wer er ist. Nicht mehr lange, Bilgehan, oder wie auch immer sein Name ist. Das Spiel muss noch eine Weile so weitergehen.

„Du scheinst eine bessere Idee zu haben?"

Er fühlt sich geschmeichelt. Das Hyenenlächeln wird breiter. Die Karos auf seinem Hemd werden runder.

„Das wirst du beim Meeting sehen."

Ich sehe ihn an, als ob ich überrascht wäre. Dabei bin ich vorbereitet. In der Nacht lade ich die umwerfende Grafik, die ich mir habe zeichnen lassen, auf das System hoch. Darin habe ich Daten der Kanalwechselgeschwindigkeit und der einschlägigen emotionalen Route der Segment-Zuschauer mit den monatlichen Einkaufspara-metern verbunden. Da ich nicht auffallen möchte bin ich unschlüssig, ob ich alles vorstellen soll oder nicht. Es reicht, dass ich so viel zeige, dass ich am Leben bleibe.

***

Janset liest mir aus einem Buch vor. Wir sitzen unter einem Baum. Ich liege auf dem Rücken und betrachte, wie hastig die sich Wolken im Wind auflösen und wieder sammeln. Von Weitem hört man Kinderstimmen. In dem Buch geht es um die Liebe auf den letzten Blick, das wirft einen Schatten auf den Moment, den wir leben. Nur gut, dass Janset nebenher mit meinen Haaren spielt. Wieso liest sie mir dieses Buch vor? Zu was für einem Schluss muss ich kommen? Und außerdem: Was heißt denn „Liebe auf den letzten Blick?“ Still wiederhole ich den Namen des Autors …

„Und die Liebe lächelt in den Himmel und in die Hölle.“Ich setze mich auf und lehne mich an den Baum. Janset ist immer noch am Lesen. Ich schaue in die Ferne. Am Hang des Hügels, der sich mit einer leichten Steigung krümmt, machen Mais-, Waffel- und Ballonverkäufer fröhlich ihre Geschäfte. Unter Baldachinen schlummern Gruppen vor sich hin. Auf einem freien Feld versuchen ein Mann und ein Kind einen Drachen fliegen zu lassen. Der sechseckige Drachen ist mit bunten Papieren bedeckt und auch an den Schwanz sind regenbogenfarbige Papiere angebunden. Das Kind läuft mit dem Seil in der Hand, der Mann ihm hinterher. Plötzlich hebt der Drachen ab. Der Schwanz erwacht voller Freude zum Leben. Das Kind schreit voller Aufregung, der Mann stämmt die Hände in die Hüften, sieht dem Kind zu, ist zufrieden.

Janset liest weiter.

„Dies ist ein Abschied für immer, und in der Poesie fällt er mit dem Moment der Faszination zusammen.“

In diesem Moment wird mir klar, dass der Mann in der Zukunft des Kindes tot sein wird. Weder der Mann, noch das Kind, noch der Drachen sind sich dessen bewusst. Mir steigen Tränen in die Augen. Ich lege meinen Kopf in Jansets Schoss. Die Wolken haben sich verändert, was vorhin existierte, gibt es nicht mehr. Nur die Finger, die durch meine Haare streichen. In meinem Mund der süße, kühle Geschmack eines Apfels.

***

Im Meeting spricht der Leiter, spricht Bilgehan, wieder der Leiter, dann ein anderer Bilgehan, danach noch jemand anderes. Als ich an der Reihe bin stehe ich auf und präsentiere. Es wird gefallen, das weiß ich. Die Bilgehans werden schrumpfen und ineinander zergehen.
„Die Welt ist eine Bühne, mein Sohn. Sind wir an der Reihe, dann gehen wir raus und spielen unseren Part, und bevor wir die Gelegenheit haben, uns zu verneigen, sind wir schon fertig." Jahrelang sollte ich denken, dass diese Worte meinem Vater gehören, weil ich sie das erste Mal aus seinem Mund gehört hatte. Er gibt mir beim Abendessen Lebensweisheiten, die aus ähnlichen Worten bestehen. Pustend isst meine Mutter, die immer tiefer ihren eigenen Gedanken nachhängt, ihre Yayla-Suppe. Hört sie uns zu? Oder weiß sie schon längst alles?

Das Meeting läuft, der Leiter, Bilgehan, ein anderer Bilgehan, der andere, noch einer, der daneben, alle ergreifen sie nacheinander das Wort. Hin und wieder bin ich dran. Manchmal sage ich Pass, manchmal Bop, manchmal eine Karte. Sie lachen. Sie finden mich schlau. Sie sind mit meiner Arbeit zufrieden. Sie wollen, dass alles läuft.

„Jeder kommt auf die Welt, um eine Mission zu erfüllen." Anspielend zwinkert mein Vater. Ich schaue zu meiner Mutter, die desinteressiert ihre grünen Bohnen in Olivenöl auf ihrem Teller betrachtet. Ich finde, dass ihre Pflicht nicht nur darin besteht, den Tisch zu decken. Wieder taucht sie ab. Muss ein weitentfernter Ort sein, ein Land, aus dem man schwer zurückkommt. Vielleicht ist es ein Land, in dem alle Aufgaben verteilt und die Rollen festgelegt werden. Ob ich jemals dorthin gehen werde? Diese Frage erschreckt mich, weil ich spüre, dass die Antwort ein Ja ist, ja, ganz sicher. Es soll nicht sein! Ich will keine Angst haben. Angst ist ein schmutziges, nasses Tier.

Das Meeting geht zu Ende. Bilgehan kommt zu mir.

„Du, Menschenskind… Du bist ein Teufelskerl…“

„Das ist meine Arbeit, Bilgehan.“

Das sage ich. Aber was ich wirklich sagen sollte, versinkt in meinem inneren Meer. Die dunklen Gedanken, große giftige Quallen, weich, unsterblich.

***

Wer bin ich wirklich?

Falsch.

Die richtige Frage lautet: Was bin ich in Wirklichkeit?

Mein Vater wusste es. Aber er ist gestorben, bevor er es mir gänzlich erklären konnte. Er machte nur Anspielungen mit Aphorismen aus zweiter Hand. Er steckt den Apfel auf die Messerspitze und reicht ihn ihr, aber meine Mutter ist in einem Krankenhaus und kann ihn nicht annehmen. Ihr Gedächtnis ist jetzt sauber wie ein leeres Blatt Papier. Wieso und wie wurde es gelöscht? Weg ist es. Nur eine Schale ist übriggeblieben, zwar lebendig, aber es ist niemand drin. Sie ist nie wieder aus dem Land zurückgekehrt, in das sie sich sehnend vertieft hatte. Der Apfel, das Messer, der Vater, sie verschwinden.

Ich schaue mir die alten Fotografien an.

Die einzige Veränderung, die ich zu Hause vorgenommen habe, war, diese Fotos aus den Alben zu nehmen und sie an die Wand zu kleben. Und den Ficus Benjamina habe ich versetzt. Da wo er jetzt steht, herrscht ein Herbsttraum, die Blätter auf dem Parkett hebe ich nicht auf. Ich habe alle Fotos den ganzen Flur entlang nebeneinander geklebt. Während ich woanders hinschaue, trocknen die Blätter und fallen ab. Die dünnen Äste sind anmutig, vielleicht sollte ich einfach auf ihn hören? Vielleicht sind die Antworten auf meine Frage direkt vor meinen Augen? Liebe auf den letzten Blick! Wann ist dieser Benjamini nach Hause gekommen? Sofort schaue die Fotografien an. Ich untersuche die Fotos, die in der Wohnung aufgenommen wurden. Hier sieht man ihn, hier auch, noch ganz klein, und hier sieht man ihn an der Seite stehen, aber der Blumentopf sieht anders aus. Der Blumentopf sieht anders aus!

Ich ziehe den Benjamini in die Mitte des Zimmers. Greife ihn fest am Stamm und ziehe mit voller Kraft daran. Die Erde hat sich mit dem Topf fest verbunden. Ich schneide behutsam mit einem Obstmesser zwischen der Erde und dem Topf entlang. Ich bin ruhig, als ob ich diese Arbeit schon mehrmals gemacht hätte. Vielleicht habe ich das. Das Zeitgefühl ist eine andere Sache. An dem Stamm ziehend kommt die Erde jetzt in einem Stück heraus. Der Benjamin liegt nackt mit seiner Erde auf dem Parkett, ohne Topf. Ich lächle. Ich wühle noch ein bisschen in der am Topfboden verbliebenen Erde und finde etwas! Eine Zeitungsseite. Wer die wohl hierhin gesteckt hat? Und Warum?

Ist der Grund denn nicht klar?

Es gibt kein Datum auf der Seite. Ich muss alle Nachrichten untersuchen. Als sich die Bandenmitglieder in verschiedene Richtungen zerstreuten … Preiserhöhung für Kraftstoffe … Skifahrer wegen Schmuggels inhaftiert … Nachrichten eines Tages, der gewöhnlich zu sein scheinen. Aber hier, da ist der Beweis: In der Nachricht über den Selbstmord steht der Name des Autors des Buches, aus dem Janset vorgelesen hat, und alles verbindet sich miteinander. Es beweist sich, warum und wie jeder und alles in meiner Umgebung existiert. Ich muss die Fotografien, die Überschriften, die Texte, ja sogar die Werbung genau untersuchen. Da ich die ganze Nacht durcharbeiten werde, entscheide ich mich, mir einen starken Kaffee zu machen.

***

Ich stehe kurz davor, einzuschlafen. Am nächsten Tag ist Schule, ich habe die Vormittagsschicht. Bevor ich einschlafe, betrachte ich die Wand. Mein Blick wandert an den haarfeinen Rissen der Wandfarbe entlang, es gibt ein Bild an dieser Wand, ich weiß, dass ich es bald sehen werde. Alles ist voller Zeichen, alle sind sie für mich, eines Tages werde ich alle Geheimnisse erfahren. Genau in diesem Moment merke ich, dass die Leute da drinnen nicht meine Mutter und mein

Vater sind. Nein, das sind gemeine Sterbliche. Ihre Aufgabe ist es, mir eine Weile zu helfen, dass ich mich auf die Umstände auf der Erde gewöhnen kann. Wie kann man ein gewöhnliches Kind sein? Langsam bringen sie es mir bei. Die ganzen Belehrungen meines Vaters, die Geschichten, die meine Mutter mir vorliest, all das ist dazu da, dass ich für die Zukunft, für meinen eigentlichen Auftrag vorbereitet werde … Voller Grauen weiten sich meine Augen. Ich weiß jetzt, dass ich jemand anderes bin. Irgendwann wird es die ganze Welt erfahren. Mir fließen die Tränen, diese Welt, in der sie, meine Mutter und mein Vater nicht echt sind, ist sehr traurig. Ich bin so sehr allein. Ein Lebewesen ohnegleichen. Mutterseelenallein.

Irgendwann wird es die ganze Welt erfahren.

Aber wie?

Wann?

Und am wichtigsten, was?

Was ist mein Auftrag?

Ich habe viele Filme gesehen, in der die Welt des Helden eine gefälschte Realität ist. Jedes Jahr mindestens einen Film. Ich weiß, auch das ist ein Teil des Spiels. Sie prüfen mich. Ununterbrochen erzählen sie mir meine Geschichte. Sie schauen, ob ich sie verstanden habe. Wer? Das weiß ich noch nicht. Außerdem gibt es noch andere, Feinde. Kräfte, die darauf warten, dass ich vorzeitig hervortrete und mich preisgebe. Die mir von Anfang an die Bilgehans auf den Hals geschickt haben. Das sind einfache Kreaturen. Aber wer sind die, die sie geschickt haben? Vor denen habe ich Angst! Sie verstecken sich hinter Vorhängen und unter den Betten. Hinter Worten, die verschiedene Bedeutungen haben. Sie verstecken sich. Man sieht sie nicht, aber sie sind dort.

Ich hatte es viel früher verstanden. Eigentlich war es unmöglich, dass ich es in diesem Alter verstehe, aber ich hatte es trotzdem verstanden und das zeigt, wie einzigartig und außerordentlich mein Verständnis ist. Ein Beweis unter vielen anderen.

Ich brauche niemandem einen Beweis zu erbringen.

Ich kann es niemandem erzählen, nicht bevor ich mir ganz und gar sicher bin. Niemals. Würde jemand anderes so etwas erzählen, ich würde es niemals glauben. Auch sollte niemand anderes das glauben. Ich glaube eh an nichts. Ich glaube an nichts, was erzählt wird. Ich glaube an nichts, was auf dieser Welt zu sehen ist und was erzählt wird. Nur manchmal passiert etwas …

Es gibt Momente, die mich verwirren.

***

Janset ist am Erzählen. Familiengeschichten, Tscherkessen, Adygesen, Abchasen, Stämme, Prinzen, Prinzessinnen ... Erst lacht sie. Dann steigen ihr die Tränen in die Augen. Der fremdgehende Vater, die unglückliche Mutter, der verdächtige Tod ihres Bruders.

„Er hat ganz bestimmt Selbstmord begangen, aber sie verheimlichen es. Ein riesiges Geheimnis, das jeder weiß, aber niemand wagt, es laut auszusprechen! Kein Mensch fällt mit achtundzwanzig Jahren versehentlich vom Balkon herrunter! Erst recht nicht, wenn sich diese Person seit zwei Jahren weigert, mit der Familie in Kontakt zu treten."

Ich wische ihr die Tränen weg. Janset verstummt.

Ihr Kaffee wird kalt. Ziellos sieht sie zu, wie ein Frachtschiff vorbeifährt. Ich sehe den schwarzen Sarg ihres Bruders, als ich das Schiff anschaue. Es hat einen pechschwarzen Rumpf, ein unbemanntes Deck, aufeinander gestapelte Container in verblichenen Farben. Es nimmt alles mit, was sie hatte. Janset schweigt. Ich greife nach ihrer Hand. Ich weiß, was ich zu tun habe. Ich habe gelernt, wie ich sie beruhigen kann. Manchmal kommen diese Krisen und verziehen sich wieder, als ob es sie vorher nie gegeben hätte. Nach den Wellen bleibt nur übrig, was der Sturm hinterlassen hat, versetzte Steine, durchgeschüttelte Schalentiere, in der Umgebung zerstreut herumliegende Algengruppen.

Ich könnte mit ihr reden. Ich könnte es ihr erzählen. Sie ist mir jetzt so nah. „Ich kenne den Grund für den Selbstmord deines Bruders, er wurde mir viel vorfrüher berichtet. Aber ich weiß die Bedeutung noch nicht.“ Das könnte ich sagen. Würde sie mir glauben?

***

Ich tue so, als ob ich Bilgehan zuhöre. Nur gut, dass ich vorhersagen kann, was er zu sagen hat. Im Verlauf des Gesprächs lasse ich zustimmende oder ablehnende kleine Sätze fallen. Aber er scheint nicht vorzuhaben, mich in Ruhe zu lassen.

„Du hast die Universität mit einem guten Durchschnitt abgeschlossen.“

Er hat nicht das Bedürfnis zu verbergen, dass er Nachforschungen über mich angestellt hat.

„Und?“

„Du siehst nicht so aus, als ob du …“

Wieder dieses hässliche Grinsen. „Was als ob …?“ sollte ich ihn fragen, darauf wartet er. Ich frage, weil ich fragen muss.

„Wie sehe ich nicht aus?“

„Also … Ich meine, deine Performance hier ist nicht so überragend. Ich meine, obwohl ich nur ein zweijähriges Studium absolviert habe, schaffe ich wenigstens so viel Arbeit wie du. Deswegen meine ich …“

Ich gebe ihm die erwartete Antwort.

„Studium und echtes Leben, das sind zwei Paar Schuhe.“

Jetzt passt sein Grinsen nicht mehr in sein Gesicht. Er ist glücklich.

„Nicht wahr! Aber sie zahlen halt immer nur das Diplom.“

So viel Glück reicht für ihn.

„Bilgehan, wenn ich machen würde, was ich alles machen kann, dann würdet ihr alle ohne Job dastehen. Deswegen bin ich dem echten Leben gegenüber etwas nachsichtig.“

Das Grinsen auf seinem Gesicht erstarrt. Er weiß, dass das, was ich gesagt habe, die Wahrheit ist. Aber er hat das Recht, es jetzt erst mal als Scherz aufzufassen, somit können wir noch eine Weile zivilisiert weiter machen.

„Du bist echt … Du bist echt …"

Er winkt mit seinem Finger.

„Eigentlich bist du einer Super-Kerl."

Ich lächle. Super ist so ein ungenügendes Wort. Ich mache mich lustig.

„Nicht wahr! Nicht wahr!"

Ich möchte laut loslachen. Alles wurde vorher geschrieben, berichtet, unter den Wurzeln des Benjamini zur Ruhe gebettet, aber am Ende habe ich es gefunden! Das kannst du nicht verstehen, nicht mal dir vorstellen. Nein, du bist nicht Bilge, nicht weise wie dein Name, überhaupt nicht. An diesem Punkt höre ich auf. Die Schlucht zwischen dir und deinem Namen ist so tief … Du bist der reinste Witz. Das darf doch nicht so einfach sen. Ja wirklich, nichts ist so einfach wie es scheint, nicht mal für mich.

***

Meine Mutter und mein Vater reden untereinander über mich. Ich höre es. Meine Mutter erzählt, was am Elternabend gesagt wurde. Alle sind sie zufrieden, nur einer nicht. Der Betreuungslehrer. Eines Tages kam er mit einer Frau an, sie haben mich behandelt, als ob ich etwas Eigenartiges wäre. Als die Frau mich fragte, was ich in den Tintenflecken sehe, habe ich nicht erraten können, was die richtige Antwort hätte sein können. Glaube ich zumindest.

Meine Mutter senkt ihre Stimme:

„Gehen sie mal zu einem Spezialisten, hat sie gesagt."

„Warum?"

„Sie meint, es gebe Abweichungen."

„Was für welche?"

„Ich weiß es nicht."

„In allen Fächern bekommt der Junge die besten Noten. Er treibt keinen Unfug, ist nicht ungehorsam. Was wollen die?"

„Ich weiß es nicht, ich sage nur, was der Betreuungslehrer gesagt hat. Die würden verschiedene Tests machen."

„Ja und?"

„Die Frau hat halt was gesehen, sonst hätte sie es nicht angesprochen."

„Da kommt sie mit irgendwas an. Die wollen, dass alle gleich sind."

„Aber was, wenn er was hat?"

„Nein! Nichts hat er. Er ist ein toller Junge. Es freut sie, wenn sie jeden so hinbiegen können, dass er ihnen ähnelt."

Die Zeitung meines Vaters raschelt. Er blättert eine neue Seite auf, das Thema ist beendet. Denn mein Vater weiß es. Ich bin anders. Ich unterscheide mich nicht nur von den Kindern in der Schule, ich unterscheide mich von den anderen Kindern, von allen. Ich bin für einen bestimmten Zweck auf die Welt gekommen, wenn die Zeit reif ist, werde ich dies erfahren. Jetzt muss ich nur versuchen, mich wie die anderen zu verhalten und nicht aufzufallen.

Die Tintenkleckse verraten mich, ich muss ihr Rätsel herausfinden, denke ich und schlafe ein.

***

Einige der Leute aus Kadıköy, die begeistert beim Wettbewerb um das Goldene Mikrofon mitgetanzt haben, warten Jahre später im Park auf mich. Dieser Gedanke erscheint in meinem Gehirn wie eine klare Fernsehsendung. Natürlich will die Öffentlichkeit, dass man sich mit ihnen beschäftigt. Ich fühle mich bereit.

Vor dem Blumenhändler hat ein Mann einen Stand eröffnet. Vor ihm steht ein kleiner Käfig. Rotgesichtige Vögel mit gelben Flügeln flattern hoffnungslos umher. Dutzende. Die Gitter rasseln. Der Mann verkauft die Vögel. Die gegen die Gitter schlagenden Flügel schmerzen. Ich nähere mich dem Mann. Ich strecke meinen Rücken durch, feine Nadeln stechen in meine Schulterblätter. Ich frage nach dem Preis der Vögel. Er nennt ihn mir. Ich sage ihm, er soll mir einen Preis für alle nennen. Meine Stimme klingt ein wenig hart. Der Mann zuckt zusammen. Er nennt einen Preis, nur um mich loszuwerden. Ich greife in meine Hosentasche und hole einen Batzen Geldscheine hervor, mehr als er verlangt hat. Der Mann ist baff. Ich nehme den

Käfig, öffne die Klammern und trenne das Gitterteil vom Boden. Die Vögel riechen die Freiheit. Einer nach dem andern verlassen sie den Käfig, der keiner mehr ist. Sie schaffen es auf die obersten Äste des nächsten Baumes. Ich spüre in meiner Brust, wie ihre Herzen schlagen.

Der Verkäufer murmelt verlegen.

„Abi, das, was du gemacht hast, war das Beste."

Jeder auf dem Markt sieht mich an. Sie spüren, dass etwas seltsam ist. Aber sie können nicht benennen, was es ist. Dieser Mann ist anders, er ist nicht einer von uns, so denken sie. Ihre Pupillen flackern vor Angst. Denn sie spüren, dass ich auch sie befreien könnte. „Es gibt nichts Beängstigenderes als die Freiheit." Mit der ständigen Wiederholung dieses Gedankens weben sie die Gitter ihrer Käfige.

Für heute reicht das. Ich bin mir dessen ziemlich sicher.

***

Janset und ich gehen spazieren. Das ist, was wir am besten können. Wir gehen als zwei Liebende. Sind wir ein Liebespaar? Wir nennen uns gegenseitig nicht Liebling. Auch die bekannten Koseworte sprechen wir nicht aus. Janset tut so, als wären wir in einem Zauber, der sich auflösen würde, wenn wir diese Worte benutzen würden. Deshalb bin ich angetan. An ihre Vorgängnerinnen möchte ich mich gar nicht erinnern. Ich möchte vergessen, wie sie essen, um satt zu werden, und wie sie Liebe machen, um ihre Körper zu beruhigen. Ich muss mich nicht groß anstrengen.

Während Janset bei mir ist, scheint alles seine wahre Bedeutung zu finden. „Die wahre Bedeutung," diesen Ausdruck habe ich von meinem Vater geerbt. Ein Haus und einige verschiedene Worte sind das, was von ihm übriggeblieben ist. Aber er ist gegangen, ohne das Wichtigste gesagt zu haben. Mit großer Wahrscheinlich hat er auf meinen achtzehnten Geburtstag gewartet. Bis dahin gab es immer nur Anspielungen, Geschichten …

Janset hält meine Hand. Erinnert mich an ihre Existenz. Sie zieht mich mit zu einem Second-Hand-Buchladen. Es ist niemand drin, außer der Ladenbesitzerin, die schwitzend unter dem Ventilator sitzt und Berechnungen in das Heft vor ihr kritzelt. Und es gibt eine Katze, rot getigert, sie liegt schlafend auf einer der Stufen zum mysteriösen Zwischengeschoss.

Wir schauen uns alte Zeitschriften an. Die meisten bestehen aus Fotografien und Schriften von Menschen, die vor meiner Geburt gelebt haben. Wir stehen am Rande zur Welt der Toten. Einer Welt, die Tag für Tag voller wird.

„Ich fühle mich dieser Zeit nicht zugehörig."

Ich mag die alten Zeiten, meint Janset, dennoch bin ich gekränkt. Ich befinde mich in dieser Zeit … Auch mich möchte sie nicht, ich bin ihr egal. Scheint, dass ich nicht wichtig genug bin, um sie an diese Zeit zu binden. Aber andererseits steigt ein Gedanke aus tiefen Gründen in mir auf, der mein gebrochenes Herz heilt. Auch ich bin nicht auf diese Zeit begrenzt. Auch Janset muss das fühlen, denn es ist unmöglich für jemanden, der in meiner Nähe ist, das nicht zu fühlen. Selbstbewusst beantworte ich den Satz, der keine Frage ist.

„Ich auch."

Sie blättert gedankenverloren in einem großformatigen Fotoalbum. Es muss einen Grund geben, warum sie mich hierhergebracht hat. Sie will, dass ich rede, ihr erzähle. Der Luftzug des Ventilators streift regelmäßig über uns hinweg. Ich bin mir einfach nicht ganz sicher.

„Janset, ich …"

Sie betrachtet den Blauen Engel, Marlene Dietrich inmitten von Zigarettenrauch. Mir fehlen die Worte. Was soll ich sagen? „Janset, ich bin auserwählt." In Worte gefasst verliert es seine Bedeutung. Worte können diese Art von Wahrheit nicht tragen. Dabei will ich mich im wahrsten Sinne ausdrücken. Ich schwitze. Hätte ich doch nur eine Definition, einen Namen. Der Luftzug des Ventilators streicht über mein Gesicht, der Schweiß verflüchtigt sich. Die rotgetigerte Katze beobachtet mich im Halbschlaf. Die dicke Verkäuferin trinkt banal vergesslich ihren kalten Tee, verzieht das Gesicht. Marlene Dietrich kniff vor Jahren schon die Augen zusmmen. Ich schaue zu Janset. Es ist ihr nicht bewusst, nein, ihr ist nichts bewusst!

„Was ist mein Vögelchen, langweilst du dich?"
Habe ich richtig gehört?

***

Die Wände werden dünner. Mit jedem Atemzug verursachen durchsichtige Membranen Wellen. Das Haus atmet mit mir. Alles wird sichtbar, alles wird hörbar. Die ganze Stadt. Und die Welt. Wartet auf mich. Mitten in der Nacht. Ich öffne meine Augen.

Die Gegenstände sind noch nicht erwacht. Eine Unförmigkeit, die in einer verschwommenen, grauen, schlammigen Soße der Zeit schwimmt. Offenbar habe ich zur falschen Zeit meine Augen geöffnet, habe die Welt unvorbereitet erwischt, die Leere muss sich füllen, die Gegenstände müssen zu sich kommen, man muss warten.

Warum wache ich so oft auf? Früher, viel früher war der Schlaf eine dichte, beruhigende, warme Wolke, die die Lücke zwischen Nacht und Morgen füllte. Aber jetzt …? Seit einiger Zeit ist der Schlaf ein Vorbote von etwas anderem …

Drinnen fällt noch ein Blatt vom Benjamini. Urplötzlich fangen die Hunde unserer Straße an, zu bellen. Der Kühlschrank erwacht keuchend aus seinem Schlaf und kühlt weiter. Der Kleiderschrank knackt: ganz offensichtlich ist der Schlaftrunkene erstaunt, dass er mich an Stelle meines Vaters sieht. Ich liege in der Dunkelheit des dreiarmigen Kronleuchters, der von der Decke hängt. Auch ohne auf die Uhr zu schauen, weiß ich es: Drei Uhr. Ich bin am dunkelsten Punkt der Nacht. Es muss einen Grund geben, dass ich jede Nacht um diese Zeit aufwache. Möglich, dass das Zeichen um diese Zeit kommen wird. Das Stück Zeitungspapier, welches ich aus Benjaminis Blumentopf genommen habe, war nur ein Beweis. Das kann nicht die eigentliche Botschaft sein. Ja, aber woher wird sie kommen? Was für ein Zeichen ist das? Was wird passieren, wenn es ankommt? Ich weiß es nicht. Vielleicht muss ich die Zeitung noch besser untersuchen.

Ich fange an, von Anfang an nachzudenken. Seit Jahren, noch bevor ich wusste, was was ist, fühlte ich, dass ich anders bin. Auch andere spüren das von Zeit zu Zeit. Ich sehe das an ihren Blicken. Außerdem gibt es viele Anzeichen, Beweise, dass ich jemand bin, der auserwählt ist. Ich mag das Wort auserwählt nicht, aber mir fällt kein anderer Begriff ein. Speziell. Das könnte ich sagen, aber das wird, glaube ich, für manche Kinder verwendet, die geistig behindert sind. Obwohl, dieser Begriff würde eher zu mir passen. Speziell. Auch im Wörterbuch meines Vaters hatte dieses Wort eine Entsprechung, etwas Besseres: außergewöhnlich.

Was bin ich? Ein Prophet? Vielleicht. Kann es einen Propheten geben, der an keinen Gott glaubt? Warum nicht? Vielleicht hat Gott beschlossen, an dem Tag ironisch zu sein. Ich kann nicht über meine eigenen Witze lachen, das ist der größte Beweis, dass ich nicht verrückt bin. Ich glaube sowieso an nichts Irrationales … Die Geschichte, dass Superman fliegen kann, weil er von einem anderen Planeten kommt, erscheint mir realistischer. Andererseits habe ich in den von mir gelesenen Büchern und gesehenen Filmen bemerkt, dass, wenn es keine übernatürlichen Erschaffungskräfte gibt, an ihrer Stelle intelligente Aliens auftauchen. Schwachsinnig. Ich glaube auch nicht an Aliens. Ja, aber an was dann? An keines von denen, aber es ähnelt allen. Ich bin weder ein Beauftragter, ein Retter, ein Messias oder Antichrist, ein Engel oder ein Teufel, aber ich ähnele allen. Wen sollten diese 20.250 Geschosse treffen? Nur das ist für mich interessant.

Der dreiarmige Kronleuchter möchte etwas sagen. Wenn ich mit Gegenständen reden könnte, dann könnte ich alles verstehen, aber meine Augen schließen sich langsam.

***

Janset schweigt. Sie hat Tränen in den Augen. Es ist, als würde sie sich nicht trauen, die Papiere anzusehen, die ich auf dem Tisch ausgebreitet habe. Ich habe einen Fehler gemacht. Ich hätte es nicht erzählen sollen. Wie konnte ich nur nach so langer Zeit so einen Fehler begehen? Der Benjamini wartet still mit angehaltenem Atem.

„Hast du schon mal jemanden konsultiert?“

Ich verstehe die Frage nicht. Ich will sie nicht verstehen. Sie räuspert sich und wiederholt die Frage.

„Ich meine, jemand Professionellen."

Ich schaue weg. Die Äste des Benjamini scheinen dünner als sonst zu sein. Ich hätte die Zeitung nicht aus dem Topf herausholen sollen!

„Schau, mein Lieber, das, was du gesagt hast … wie soll ich es sagen, es ist sehr … ungewöhnlich. Ich meine, du sagst, du hast Beweise … All das kann man auch ganz anders interpretieren. Deswegen sollte man …"

Ich werde emotional.

„Deswegen habe ich ja bis heute niemandem davon erzählt. Nur dir. Du kannst es verstehen."

„Warum ich?"

„Weil … Ich weiß nicht. Meine Intuition sagt es. Schau, Janset, das ist der Punkt: Mit mir ist was. Ich weiß nicht, was es ist, aber du siehst, es hat seine Konsequenzen. Seit damals, seit meiner Kindheit … weiß ich es. Ich habe mir selbst immer gesagt, dass ich auserwählt bin. Natürlich hätte das niemand geglaubt, wenn ich es erzählt hätte. Deswegen habe ich es niemals erzählt. Es ist ein absurdes Wort, auserwählt … Es ist nicht klar, wer warum erwählt hat. Aber ich finde keinen anderen Ausdruck. Du kannst mich verstehen, ich weiß es."

Meine Nervosität steigt. Sie wird es verstehen! Ich ziehe sie zum Spiegel. Presse meine Wange an ihre.

„Schau! Siehst du denn nicht, wie sehr wir uns ähneln?"

In ihren Augen leuchten Gefühle, die ich nicht entziffern kann.

„Jetzt sehe ich es."

„Du verstehst es, oder?"

Janset redet wie in einem Traum.

„Du siehst meinen Bruder sehr ähnlich."

Ich schrecke auf.

„Er hatte auch einige Obsessionen. Vielleicht habe ich dich gefunden, weil du ihm so ähnelst?"

Ihre Worte haben etwas Unheimliches, Schlechtes, Beängstigendes, aber ich versuche, hoffnungsvoll zu sein.

„Genau! Siehst du? Sogar das zeigt, dass ich recht habe. Nichts ist zufällig. Komm … schau, schau dir diese Zeitung an. Die war in diesem Blumentopf. Weißt du, wie ich sie gefunden habe? Durch dich."

Janset schaut mich überrascht an.

„Wie, durch mich?"

„Erinnerst du dich noch an das Buch, das du vorgelesen hast? Das, was von Liebe auf den letzten Blick erzählte. Eben. Der Name des Autors war ein Zeichen."

Janset murmelt wie im Traum:

„Walter Benjamin."

„Ja, dieser Benjamin, der seit Jahren hier ist, war das einzige Objekt, dass ich versetzt hatte. Ich wollte die Wohnung nicht verändern. In der Nacht habe ich das bemerkt. Im Benjamini musste ein Geheimnis verborgen sein, und ich hatte recht. Innen, ganz unten lag ein Stück Zeitungspapier. Schau dir mal die Nachrichten an: Hier steht alles klar und deutlich: Bünyamin Yani, 43 Jahre alt, erlitt einen Nervenzusammenbruch, weil er traurig war, dass die kürzlich neugekaufte Wohnung in Pangaltı kein Sonnenlicht hatte … Hörst du mir zu? Er heißt Bünyamin. Benyamin. Benjamin. Der Ring schließt sich. Noch ein Beweis, dass ich auf der richtigen Spur bin."

Janset schüttelt traurig den Kopf.

„Schau dir die Nachricht an: der Wettbewerb Goldenes Mikrofon in Kadıköy. Erinnerst du dich an den Tag? Die Schwarzbebrillten machten Musik. Alles ist miteinander verbunden. Der Selbstmord deines Bruders, dass ich dich gefunden habe, die Schwarzbebrillten, die Sonne! Alles ist verbunden. Es gibt eine tiefe Bindung zwischen all dem, etwas, das nicht jeder sehen kann, das aber da ist. Wie sonst könnte die Welt so zusammenhalten? Sag doch, Janset! Du spürst das alles doch auch? Es kann von dir nicht unbemerkt geblieben sein. Du siehst, wie anders ich bin, du weißt es."

„Es reicht!"

Janset schreit mit überraschender Stimme. Es reicht, es reicht, es reicht … Meine Ohren sausen.

„Noch einmal halte ich das nicht aus! Das ist eine Krankheit, ok? Du musst zum Arzt! Du musst Medikamente einnehmen, du musst behandelt werden. Dies alles, alles musst du dir aus dem Kopf schlagen."

Janset verschwindet. Es kann sein, dass sie die Tür hinter sich zugeschlagen hat und gegangen ist, oder es hat sie gar nicht gegeben … Ich bin im Schlafzimmer. Dunkelheit. Der Kleiderschrank dreht sich um, will meinen Zustand nicht sehen. Die knochigen Arme des Kronleuchters reichen nicht bis zu mir. Will er mich umarmen oder erwürgen, ich weiß es nicht …

***

Ich drücke noch einmal die Türklingel. Kann es sein, dass Janset gar nicht zu Hause ist? Was, wenn ich sie nicht finden kann? Ich muss es reparieren. Gestern gab es einen großen Riss in der Realität. Realität? Ich weiß nicht, wie ich es sonst verstehen soll. Ich habe meine Ergebnisse zu früh preisgegeben. Ich hatte die Illusion, dass jemand anderes mir sagen kann, wer ich bin. Dabei ist das nicht möglich. Natürlich weiß Janset nicht, wer ich bin. Sie würde es nicht verstehen, selbst wenn ich es ihr sagte. Selbst ich weiß es ja nicht mal genau. Woher soll sie es dann wissen? Dass sie eine sehr wichtige Rolle innehat, das spürt sie natürlich, kann sich aber keinen Reim darauf machen.

„Wer ist da?"

„Ich bin es."

Die Tür wird einen Spalt geöffnet. Ich bin erleichtert.

„Können wir reden?"

„Ich fühle mich heute nicht so besonders gut. Können wir ein anderes Mal reden …?"

„Ich wollte mich für gestern entschuldigen."

„Entschuldigen?"

„Ja. Ich habe ein wenig schwachsinnig geredet. Eigentlich nicht ein wenig …"

Sie zögert.

„Was meinst du damit?“

„Können wir drinnen reden?“

Sie öffnet die Tür. Ich spüre ihre Nervosität. Mein Herz ist gekränkt und voller Wut. Ich weiß nicht, auf wen ich wütend bin.

„Janset, es tut mir wirklich leid.“

Ich setze mich auf den zu ihr am weitesten entfernt stehenden Sessel. Sie darf keine Angst vor mir haben. Sie hält mich zu Recht für verrückt. Gemäß den Daten der Realität, in der sie lebt, kann jemand, der wie ich redet, nur ein Verrückter sein. Es macht keinen Sinn zu sagen, dass ich es nicht bin. Janset muss Mitleid mit mir haben. Sie muss immer bei mir sein. Sie ist meine Weggefährtin. Wir sind gleich groß, gleich blond, die gleichen kurzen Haare … Janset schaut mich mit großen Augen an und wartet gespannt.

„Ich kann mich manchmal nicht gut ausdrücken. Eigentlich wollte ich gestern etwas ganz anderes erzählen. Ich wollte dir sagen, wie „außergewöhnlich“ du für mich bist. Sagen, dass alles, was wir machen, jedes Wort aus deinem Mund, einen tiefen Eindruck bei mir hinterlässt … Denn ich liebe dich im wahrsten Sinne des Wortes. Ich möchte keinen Moment ohne dich verbringen. Gestern habe ich so eine blöde Inszenierung vorbereitet, um dir einen Antrag zu machen …“

„Ja, und was ist mit der Zeitung?“

„Die kam zufällig heraus, als ich letztens die Erde vom Benjamini ausgetauscht habe. Es ist eine sehr alte Zeitung. Ich habe die Nachrichten gelesen. Dann ist mir das Buch eingefallen, dass du gelesen hast.“

Ich dachte, das ist ein Zeichen. Nein, sag das nich!. Lass dich nicht von Jansets Gesichtsausdruck täuschen.

„Ich habe an dich gedacht. Wieso redest du nicht mit Janset, habe ich mir gesagt.“

„Was willst du damit sagen?“

„Ich versuchte, dir gestern einen Antrag zu machen.“

„Einen Antrag?“

„Wollen wir unser Leben vereinen, wollte ich sagen. Ich will immer mit dir sein, Janset.“

Ich zwinge mich, in ihre Augen zu schauen. Ich warte. Janset nickt mit dem Kopf, ohne zu wissen, was sie sagen soll. Sie räuspert sich.

„Unter einer Bedingung.“

***

„Er hat sehr gut auf die Behandlung angesprochen. Solche psychotischen Episoden können jedoch von Zeit zu Zeit wieder auftreten. Daher werden wir unsere Behandlung fortsetzen.“

„Sie sagen also, dass sich das wiederholen kann?“

„Nicht unbedingt. Aber es besteht ein Potenzial dafür. Es kann viele Auslöser dafür geben. Mein Vorschlag wäre, dass er die Therapie zusätzlich zu den Medikamenten fortsetzt.“

Ich mische mich ein.

„Ja, Janset, der Herr Doktor hat vollkommen recht. Die Medikamente haben mir gutgetan. Ich habe nicht mehr diese verrückten Gedanken. Dennoch scheint die Therapie effektiver zu sein. Ich meine, dank der Medikamente kann ich meine Gedanken sammeln“. Reg dich nicht auf, sprich langsamer. „Davor … schien alles, was mir in die Quere kam … etwas mit mir zu tun zu haben … Das versuchte ich, zusammenzureimen. Natürlich ist das lächerlich …“

Ruhig, noch ruhiger.

„Ja, sie hatten neulich eine schöne Analogie aufgestellt.“

Ich schaue dem Arzt mit meinem unschuldigsten Blick in die Augen.

„Das mit dem Verbinden der Punkte …“

„Ach, ja, ich wollte ein Rätsel lösen, dass aus unendlichen Punkten besteht. Ich dachte, wenn man die Punkte richtig verbindet, würde ein sinnvolles Bild entstehen. Dabei war das nur ein Spiel meines Gehirns …“

Janset atmet tief ein.

„Meinen Sie, dass er entlassen werden kann?“

„Ja, wir entlassen ihn jetzt. Er soll sich einige Tage zu Hause ausruhen. Natürlich darf er nicht vergessen, die Medikamente einzunehmen. Leichte Mahlzeiten, viel Spazierengehen. Er soll ruhige Musik anhören. Er soll sich von Anspannung und Stress fernhalten."

Es ärgert mich, dass der Arzt über mich redet, als ob ich nicht mit im Zimmer wäre. Ich versuche meine Wut mit einem Lächeln zu verbergen. Heimlich atme ich tief ein. Mein Lächeln erstarrt mir erschöpft in meinem Gesicht, weil ich meine ganze Energie dafür verbraucht habe, sein Namensschild zu ignorieren. Nur gut, dass Janset nichts davon bemerkt. Die Worte auf seiner Brust, Psychiater Dr. Cem Yıldırım, machen sich förmlich über mein Hirn lustig. Janset, nichts ist vorbei. Es fängt gerade erst an. Wir kennen C. Yıldırım! Es wurde vor Jahren über ihn berichtet.

Janset hält meine Hand.

„Er hat mich sehr erschreckt."

Doktor Cem Yıldırım lächelt verständnisvoll.

„Es ist alles wieder gut. Sie können nächste Woche in meine Praxis kommen. Das ist unsere Adresse."

Janset nimmt die Karte und gibt sie mir.

„Es ist ganz in der Nähe."

Voller Entsetzen lese ich die Adresse. Pangaltı Nummer 43. Wohnung Nr. 11.

„Danke."

Ich glaube, ich habe es unterdrücken können, dass mir die Stimme zittert. Der Arzt schaut mir ein letztes Mal in die Augen. Dort sucht er nach einem letzten Funken Verrücktheit. Ich weiß es. Ich setze ein klares Lächeln auf. Ich werde nicht dein Opfer. Ich werde hier gesund rausgehen. Ihr könnt noch so viele Zeichen schicken … Pangaltı Nummer 43, pah … Ich werde mich nicht verraten. Ihr werdet mich niemals in die Hände bekommen.

Wir lächeln uns an. Für einen Moment habe ich den Verdacht, dass dieser Doktor Cem Yıldırım mir eine Falle von den Bilgehans gestellt hat. Ich glaube, dass der Name und auch die Adresse auf der Visitenkarte nicht echt sind. Kann es sein, dass sie die Namen in der Zeitung dafür benutzt haben, um mir etwas vorzuspielen? Vielleicht wollen sie mich ja provozieren? Mal sehen, ob du immer noch Zeichen siehst oder nicht. Aber habe ich denn mit dem Ignorieren nicht gezeigt, dass ich alles nur gespielt habe? Das sind doch offensichtliche Zeichen. Welchen Zug sollte ich machen? Wenn ich so tue, als ob ich es nicht gesehen hätte, dann werden sie denken, dass ich insgeheim immer noch glaube, ich sei auserwählt und nur so tue, als ob ich normal wäre. Dann werden sie mich an der Türschwelle am Arm packen und wieder an dieses Bett fesseln. Schweiß bricht mir aus. Aber was soll ich tun? Wieso reicht Intelligenz nicht aus? Es muss doch einen Weg geben, die Bilgehans zu besiegen! Du bist doch nicht so sehr …, hatte er gesagt. Genau jetzt glänzt ein spöttischer Blick hinter den Brillengläsern des Arztes.

Janset nimmt meinen Rucksack.

„Wollen wir gehen?"

Wenn ich ja sage, werden sie mich wieder einweisen, da bin ich mir sicher.

„Janset, ich … mir ist etwas schwindlig. Soll ich nicht doch noch ein paar Tage hierbleiben? Was meinen Sie, Herr Doktor, vielleicht bin ich noch nicht bereit?"

Der Arzt sieht ernst drein.

„Was ist passiert? Haben Sie irgendwelche Fragen?"

„Nein, aber es ist, als ob … Ich weiß nicht. In meinem Kopf scheint immer noch eine Verwirrung zu herrschen."

„Wie?"

„Diese Adresse. Die Adresse Ihrer Praxis."

„Ja?"

„Die hat mich wieder an die Zeitungsnachrichten erinnert. Vielleicht erinnere ich mich auch falsch."

Der Arzt schaut zu Janset. Janset schaut betrübt. Der Arzt seufzt, als ob er einen Sack voller Feigen hat vergammeln lassen. Ich möchte es unbedingt beweisen.

„Janset, du hattest die Zeitung abfotografiert, du musst das Foto haben …"

Genervt holt Janset das Bild der Zeitung hervor und zeigt es. Ich kann mich nicht zurückhalten, kann nicht ruhig sein, ein Feuert flammt von meinem Bauch aus nach oben. Mein Mund ist staubtrocken.

„Diese Nachricht über den Selbstmord …"

Der Arzt liest mich ausdrucksloser Stimme vor.

„Selbstmord, weil die neugekaufte Wohnung kein Sonnenlicht hatte. Bünyamin Yani, 43 Jahre alt, erlitt einen Nervenzusammenbruch, weil er traurig war, dass die kürzlich neugekaufte Wohnung in Pangaltı kein Sonnenlicht hatte. Er betrat gegen 11 Uhr die Toilette seines Arbeitsortes, der Tankstelle an der Çırağan Straße und beendete sein Leben, indem er sich erhängte."

Ich bin neugierig auf die Reaktion des Arztes. Was ist dabei, fragt sein Gesicht. Ich versuche es zu erklären.

„Pangaltı ... 43 ... 11 …"

Auf Jansets Gesicht erscheint ein überraschter Ausdruck. Der Arzt hebt seine Augenbrauen. Ich kann nicht sagen, ob er sieht, was ich sehe. Und Janset? Ich schaue von einem zur anderen. Ich möchte, dass jemand etwas sagt. Der Arzt verzieht den Mund.

„Ja, ein merkwürdiger Zufall."

Janset kann ihr Unbehagen nicht verbergen.

„Herr Doktor, was meinen Sie, was das bedeutet? Kann es so einen Zufall denn geben? Wie können Sie das erklären?"

Der Arzt verzieht den Mund.

„Es gibt keine Erklärung. Zufälle haben keine Erklärungen. Ich meine, wenn es eine Erklärung gäbe, dann wäre es eben kein Zufall."

Janset scheint mit dem, was der Arzt gesagt hat, nicht zufrieden zu sein. Der gleichgültige Gesichtsausdruck des Arztes bringt auch sie fast aus der Fassung.

„Unsinn. Wie auch immer… also, können wir jetzt gehen?"

Der Arzt lächelt diesmal wirklich wie eine Hyäne.

„Natürlich. Falls es einen Ort gibt, zu dem Sie gehen können."

Janset schaut mich verängstigt an. Ich weiß nicht, was ich sagen soll, ich zittere voller Angst. Wütend dreht sie sich zum Arzt.

„Was meinen Sie damit?"

Das ist kein Arzt, das ist eine Hyäne von den Bilgehans.

Dabei ist Janset so unschuldig … Sie versteht überhaupt nichts.

Wir sind uns so sehr ähnlich.

Sie ist mein Spiegelbild.

Fast.

Jetzt ist sie weg.

Auch der Arzt ist weg.

Ich bin nur ein Punkt, umgeben von leerem, weißen Papier.

All der Schmerz hat sich in mir verknotet.

Konzentriert.

Intensiviert.

Ich bin in einem Punkt unendlichen spezifischen Gewichts gefangen.

Die Wände, die Decke, das Bett blau-weiß. Die Eisengitter sind weiß, der Himmel blau. Die Bettwäsche ist weiß. Sie kommen und gehen, ihre Kleidung ist komplett weiß. Ich liege. Ich schwimme in meinem Körper. Der Ozean zwischen meinen Organen ist heute sonnig, ruhig. Ein friedlicher Schlaf umhüllt langsam meinen Körper.

Ich fühle, wie einer meiner Kindheitstage in meiner Handfläche lebendig wird: es ist ein Stück eines kühlen süßen Apfels, geschält, aber rot, ich weiß das vom Geschmack. Nadeln stechen in meinen Arm. Ist heute Impftag? Nein, diese Medikamente sind anders. Ein warmes Gefühl breitet sich zuerst von meinem Arm bis zu meinem Herzen aus. Während die Wirkung so schnell verfliegt, wie sie gekommen ist, lässt sie eine riesige Wolke aus Zuckerwatte zurück, die sich überall ausbreitet. Der Schlaf ist ein Thron, der auf einem fliegenden Teppich steht ...

Ein süßes Zwitschern zieht meine Aufmerksamkeit auf sich.

Ich öffne meine Augen.

Die Zeit kann vergangen sein, oder wir sind im kurz danach vom kurz vorher. Es gibt hier niemanden mehr, der das misst.

Es gibt mich, aber ich bin keine Uhr.

Ich bin seit längerem in einem flüssigen Zustand.

Das Zwitschern hört sich vergnügt an.

Ich kann meine Augen kaum öffnen.

Das Licht blendet mich. Überall ist es weiß.

Sie landen auf dem Eisengeländer.

Eine Gruppe rotgesichtiger Finken.

Ich zähle sie, es sind genau einundzwanzig. Vollständig.

Sie sind frei.

Sie sind gekommen, um mir zu danken.

Ich habe meine Pflicht als „außergewöhnlicher“ Mensch erfüllt und schließe nun in Frieden meine Augen.

So einfach war das also …

Menschen werden meistens in zwei Gruppen geteilt. Das passiert natürlich durch diverse Besserwisser. Die meisten dieser Unterteilungen sind unsinnig, aber einige schaffen es, zu nerven. Zum Beispiel: „Es gibt zwei Gruppen von Menschen: die einen, die Tote gesehen haben und die anderen, die sie nicht gesehen haben." Konkreter gesagt: „Menschen, die eine Nacht mit einem Toten unter dem gleichen Dach verbracht haben und die, die das nicht gemacht haben." Die Person, mit der Sie früher geredet, gelacht und Spaß gehabt haben, vielleicht auch deren Autorität gefürchtet haben, liegt jetzt drinnen unter gespannten weißen Laken, immer kälter werdend, und es ist so, als ob diese Person Sie irgendwohin mitnehmen will. Sie scheint eine Macht zu haben, die vom Gestorben sein, vom Überschreiten einer Grenze herrührt. Ihr wurden einige göttliche Geheimnisse offenbart. Angst übermannt den Körper sehr leicht, insbesondere, wenn man jung und unerfahren ist. Alles, was danach erlebt wird, ist zwielichtig.

EUER VATER IST HIER

Ich weiß nicht mehr, wie ich mich ins Auto gesetzt habe. Unsere Mutter war verrückt geworden, und ich hatte keinen blassen Schimmer, was bei einer verrückt gewordenen Person zu tun sei. Gleichzeitig rief ich Suna an. Eines Tages werden wir alle verrückt. Das hatte Suna an ihrem Geburtstag gesagt. Sie hatte pessimistischer als sonst geklungen. Sie schien zu scherzen, doch ich konnte sehen, dass sie tief in ihrem Inneren daran glaubte. Ich werde doch meine vierzigjährige Schwester kennen! Ich weiß ganz genau, was das Auf und Ab ihrer Stimme, alle ihre Bewegungen zu bedeuten haben. Seit ihrer Kindheit hatte sie einen pessimistischen und aggressiven Charakter. Ich dagegen war immer sanftmütig, die kluge Tochter ihres Vaters, Sunas reife ältere Schwester Tuna. Endlich ging sie ans Telefon.

„Suna, guten Morgen."

„Abla? Hast du von mir geträumt, oder was?"

„Ach nein … Es geht um unsere Mutter …"

An diesem Punkt habe ich meiner Stimme halb bewusst einen bewegten Ton gegeben. Vor allem das Zittern in meiner Stimme, als ich zum Schluß unsere Mutter gesagt habe … Meine Stimme hat wirklich gezittert, weil war wirklich panisch bin, aber gleichzeitig folge ich mir selbst wie in einem Film. Suna ist ungeduldig.

„Was ist mit Mutter passiert?"

„Sie hat gerade vorhin angerufen. Sie war etwas panisch."

„Warum? Ist denn etwas passiert?"

„Sie kam mir etwas verwirrt vor."

„Wirklich? Bekommt sie etwa Alzheimer?"

„Ich weiß es nicht, Suna, ich weiß es nicht … Kannst du kommen, falls du kannst?"

„Zu Mama?"

Sie wird nicht kommen. Man merkt es ihr an der Stimme an. Sie hat es nicht ernst genug genommen. Sofort zieht sie Bilanz, meine Schwester ist Mathematikerin, Architektin … Was wäre, wenn ich gehe … Was, wenn ich nicht gehe … Wie viele Stunden werde ich verlieren … alles bedenkt sie. Tränen wollen mir aus den Augen quellen, aber ich kann nicht weinen. Ich hasse mich selbst. Meine Nerven sind labil. Sofort wechselt sie zu einem nachdenklichen Ton.

„Ich bin gerade in Tuzla. Auf der Baustelle. Auch wenn ich sofort losfahren würde … es gibt bestimmt auch viel Verkehr. Das wird einige Stunden dauern."

„Nun gut, ich bin unterwegs, bin auf dem Weg. Aber die Situation ist ernst, Suna. Du musst wirklich kommen. Ich weiß nicht, was ich tun soll."

„Abla, da ist doch etwas, was du nicht sagst. Was ist passiert? Hat sie einen Schlaganfall gehabt? Es ist irgendetwas Ernstes passiert und du verheimlichst das vor mir! Ganz bestimmt!"

„Nein, nicht so etwas."

Gleich wird sie schreien.

„Was ist denn dann passiert! Mach mich nicht verrückt!"

Meine Stimme wird wieder zittern, genau wie bei meiner Mutter.

„Dein Vater ist hier, er sitzt drinnen, hat sie gesagt."

„Was? Ist das dein Ernst?"

„Ja."

„Oh nein… nein!"

***

Zäh fließt der Verkehr. Auf beiden Brücken herrscht Stau. Da gibt es nichts zu machen. Mir wird bang ums Herz. Ich habe mich etwas beruhigt, nachdem ich aufgelegt habe. Wenigstens ist der Drang zu weinen verschwunden. Ich kann eh wegen dieser Antidepressiva nicht weinen, auch wenn ich es gewollt hätte. Oder soll ich sagen ‚Gott sei Dank'? So oder so, es hält den Menschen vor Tiefgang ab. Ich muss so schnell wie möglich zu meiner Mutter und die Situation in die Hand nehmen, aber gleichzeitig weiß ich nicht, was ich machen soll, je später ich ankomme, desto besser … Ich habe das Radio eingeschaltet. Zwischen all den unsinnigen Sendern suche ich nach einem, der klassische Musik sendet. Wie viele neue religiöse Radiosender es schon gibt … Endlich habe ich einen gefunden. Ich sollte diesen Sender speichern, der spielt gute Musikstücke. Was war das? Es liegt mir auf der Zunge. In dicken Samt gehüllte Schlägel schlagen die Trommeln, eine orientalische Melodie wirbelt wie schwerer Opiumrauch durch die aufreizende Dunkelheit. Herzschläge, die sich in Begierde beschleunigen ... Sich windende Körper ... Es ist nicht normal, Auto zu fahren, während man Musik hört. Nein, ich habe das Radio ausgeschaltet. Das Schuldgefühl verflüchtigt sich langsam. Bald wird es ganz verschwunden sein, als ob es das Gefühl nie gegeben hätte. Schon ist es weg. Ob das auch die Wirkung der Antidepressiva ist oder war ich schon immer so? Wäre ich bloß nicht in meinen Jogginganzug los. Ich war auf dem Laufband, als meine Mutter anrief, ich bin in Panik geraten. In dem Moment habe ich an nichts denken können. An was hätte ich denn auch denken können, als meine über siebzig Jahre alte Mutter um neun Uhr morgens anrief, um mir zu sagen, dass mein Vater, der vor über einem Jahr gestorben ist, zurückgekommen ist und drinnen im Fernsehzimmer auf seiner gewohnten Couch sitzt. Ans Umziehen? Ich bin ja froh, dass ich wenigstens meine Schuhe gefunden habe. Ich habe das Haus so verlassen, wie es ist. Habe die Tür abgeschlossen. Ich habe doch abgeschlossen, oder? Ja, ja, ich sperre immer ab, komme was wolle. Nur gut, dass noch von gestern Essen übrig ist. Wenn ich bis heute Abend nicht zurückkomme, dann kann Hakan die gefüllten Zucchini aufwärmen, es gibt auch noch Bulgur-Reis, aber er mag die beiden ja nicht gemeinsam essen … Dann isst er mit Deniz zusammen, Vater und Sohn. Und wenn es ihnen nicht gefällt, dann können sie sich eine

Pizza bestellen. Ach, sollen sie doch essen, was sie wollen. Es ist klar, dass ich heute Abend nicht zuhause sein werde. Was macht man, wenn jemand den Verstand verloren hat? Müssen wir sie ins Krankenhaus fahren? Wann Suna wohl kommen wird? Wie auch immer, Suna ist eine geschickte Person. Architektin ist sie, hat überall Verbindungen, kennt jeden und alles, passt sich jeder Situation an. Wäre ich doch auch nur arbeiten gegangen. ‚Brauchen wir denn Geld?' hat Hakan gesagt, ‚amüsiere dich', hat Hakan gesagt. Mir kam das natürlich recht. Keiner kann sagen, dass ich es nicht versucht hätte. Aber ich hatte kein Glück. Ich war bei drei Unternehmen, bei allen dreien hatte ich es mit Durchgeknallten zu tun. Suna würde lachen, wenn ich es ihr jetzt erzählen würde. ‚Die Welt ist voller Bastarde, über was du dich da aufregst!' würde sie sagen. Suna hat in diesem Geschäftsleben einen ganz wüsten Wortschatz bekommen. Sie ist irgendwie maskuliner geworden. Vielleicht muss man wie sie sein, damit man mit ihnen auskommen kann. Ich konnte es nicht. Ich habe überhaupt einen ganz anderen Stil. Meine Hüften sind breit, die Brüste groß. Ich ziehe unweigerlich die Blicke auf mich, egal, wohin ich auch gehe. Das Geschäftsleben kennt man ja. Suna ist drahtig, dürr. Fast Größe Null. Sie isst ja fast nichts. Sie hatte früher schon keinen Appetit, jetzt ist sie Veganerin und läuft erst recht hungrig rum. Würde man sie fragen, würde sie erzählen, wie viel sie doch isst, von wegen Jogurt aus Mandelmilch, Köfte aus Soja-Hack … Aber ohne Fleisch werde ich nicht satt, wallahi. Da gibt es nichts zu machen. Man würde uns eh nicht als Geschwister sehen. Wir sehen aus wie Mutter und Tochter. Oh Mann. Sie würde jeden Tag um sechs Uhr aufstehen und am Bosporus laufen. Ich laufe auf dem Laufband, aber es bringt nix. Es ist eben eine Frage der Statur. Ich gehe eher nach meiner Mutter, ist wohl eine Sache der Genetik … Suna sieht meinem Vater ähnlich … Mein lieber Vater. Plötzlich ist er eines Nachts im Schlaf von dannen. „Er war ein sehr reiner Mensch, ihm wurde der schönste Tod zuteil," so wurden wir von allen getröstet. Er war wirklich ein reiner Mann. Von allem Bösen hat er den Blick abgewendet, hat woanders hingeschaut. Seine größte Sorge war immer, ob seine Azaleen dieses Jahr wohl blühen werden. Er war pensionierter Lehrer. Manchmal kamen seine ehemaligen Schüler und fragten ihn, wie es ihm ginge, dann wurde er zum glücklichsten Menschen auf der Welt. Meine Mutter hat zu solchen Zeiten aber immer Stress gemacht. Abends gab es garantiert einen Streit, eine Unannehmlichkeit. ‚Unsere Mutter ist eifersüchtig auf Papa', hatte Suna gesagt. ‚Du bist böswillig', hatte ich dann zu Suna gesagt. Innerlich natürlich. Mit Suna ist nicht gut Kirschen essen. Auch wenn ich nichts gesagt hätte, hätte sie meine Gedanken lesen können. Abla, verdreh nicht so die Augen, sie ist halt eifersüchtig, sie wird rasend, weil Vater für die Menschen wichtig ist. ‚Aber warum?' hatte ich stotternd gefragt. Eigentlich fühlte ich die Antwort, aber ich hatte nicht den Mut, die Worte dafür zu finden und sie zu Sätzen zu formen. Suna dagegen hatte keine Angst zu denken, und ihre Gedanken würde sie knallhart aussprechen: In solchen Zeiten fühlt sie, dass sie eine unwichtige Person ist. Sie fühlt sich wohl, wenn niemand nach Vater fragt. Sie möchte, dass er nur sie braucht. Hoffentlich geht es Mama besser, bis ich bei ihr ankomme. So etwas passierte meiner Oma auch, der Mutter meiner Mutter. Von Zeit zu Zeit verstopfte ein Gerinnsel ihre Gehirngefäße, sie konnte da plötzlich nicht mehr richtig reden. Wir brachten sie ins Krankenhaus, eine Infusion und ein Blutverdünner, dann ging es gleich besser. Meine Mutter kommt wohl nach ihr. Und wenn ich ihr ähnele, dann haben wir ein Problem. Wie viele Jahre habe ich noch? Ich habe schon wieder Bauchschmerzen. Verdammt. Ich will nicht zu meiner Mutter, ich will nicht ins Krankenhaus. Was, wenn ich da eine Kehrtwende mache und danach einfach verschwinde? Ich würde so aufs Gas treten, so schnell fahren, dass alles hinter mir bleibt, sogar mein Körper, der jeden Tag noch weiter seine Form verliert. So wie in den Zeichentrickfilmen. Das waren so schöne Zeiten damals. Deniz war noch klein, ich packte ihn in seinen Strampler, nachdem ich ihn blitzblank gebadet hatte und setzte ihn dann hin, wie eine Schaufensterpuppe. Der Zeichentrickfilm lief ganz leise, unserer beider Augen wurden schwerer. Der Schlaf war ein Meer und wir, Mutter und Sohn, saßen in einem warmen Boot, die Welt war schön, das Leben war schön. Alle ist so schnell vergangen. Jetzt sitzen Vater und Sohn zusammen und schauen sich Fußballspiele an. Je älter er wurde, desto mehr wurde er wie sein Vater. Er war so schön, als er noch kleiner war, der Kopf kugelrund. Schnell ließ er immer die Wangen hängen, gerochen hat er wie ein Engel. Jetzt hat er ein spitzes Kinn, die Wangen sind weg und die Nase verändert sich langsam in die herrschaftliche Rabennase des Vaters. Ach. Alles nur leere Träume eben. Man kann nicht einfach weggehen. Man bleibt, wartet, hört zu, hört zu, wie die Stunden, Monate und Jahre vergehen. Und bemerkt dann mit einem Mal, dass alle gegangen sind. Meine Mutter ist genauso vereinsamt. Ganz allein. Der Tod meines Vaters hat ihr sehr zugesetzt. Ob ich sie anrufen soll? Ich traue mich nicht. Sie sagt so eigenartige Sachen … unsinnig, verrückt … Aber das Entsetzen in ihrer Stimme macht mir Angst. Ich habe Bauchschmerzen. Ich bekomme schon lange keine Periode mehr, es fühlt sich etwas wie dieser Schmerz an. Psychologische Darmbewegungen. Bestimmt gibt es ein Buch, das so heißt. Immer, wenn ich nervös werde, muss ich auf die Toilette. Ob ich Hakan anrufen und ihm Bescheid geben soll? Er hat jetzt bestimmt ein Meeting. ‚Eine koreanische Gruppe kommt', hatte er gesagt und mir im Internet viele Restaurants gezeigt, weil er nicht wusste, wohin er sie zum Essen ausführen sollte. Wir hatten ein Restaurant mit Blick auf den Bosporus ausgewählt. Hakan vertraut meinem Geschmack. ‚Lass uns einen Abend zusammen gehen', habe ich gesagt, er hat zwar ja gesagt, aber irgendwie dabei das Gesicht verzogen. Und ich habe dann nicht drauf beharrt. Ich habe sowieso nichts mehr, was ich anziehen kann. Ich muss mindestens vier Kilo abnehmen, damit ich unter Leute gehen kann. Zehn Kilo wären eigentlich super. Aber dann werden meine Brüste immer kleiner. Mein Magen knurrt. Ich habe die Aprikosen, die ich zum Kaffee gegessen habe, wohl schon verdaut. Jetzt noch einen Kaffee und Bitterschokolade dazu, das wäre fein. Das ist das beste Duo auf der Welt Das Einzige, was so gut ist, wie Sex. Es ist auch nicht aufwändig. Man macht die Verpackung auf, bricht ein schmales Stück ab, führt es in den Mund und fühlt, wie es auf der Zunge langsam zergeht … Zum tausendsten Mal klappe ich das Handschuhfach auf und zu, natürlich gibt es keine Schokolade, man sollte für solche Notfälle immer welche im Auto haben. In die Erdbebentasche habe ich Schokolade gepackt. Ich wechsle sie jede Woche mit frischen Packungen aus. Aber welche ins Auto zu legen, daran habe ich noch nicht gedacht. Natürlich fahre ich nicht viel. Wenn ich zur Arbeit fahren würde, dann hätte ich bestimmt daran gedacht. Ob ich wohl Tante Güler anrufen sollte? Die Frau ist zwar älter als meine Mutter, aber sie ist noch bei Sinnen. Ob ich sagen sollte: Tante Güler, meine Mutter hat angerufen, sie hat etwas eigenartig geredet. Ich bin unterwegs, kannst du nach ihr sehen? Liebend gern wird sie zu meiner Mutter gehen. Freundin für schlechte Tage. Aber im negativen Sinne. Sie genießt es, wenn es anderen schlecht geht. Dafür soll es ein deutsches Wort geben. Ich sehe es manchmal im Internet, aber ich kann es mir einfach nicht merken. Was würde es mir auch bringen, wenn ich es mir merken würde? Zu wem will ich es sagen? Zu Tante Güler, zu meiner Mutter? Würde ich es zu meiner Mutter sagen, wäre sie nicht überrascht. Die ist so, würde sie sagen. Wie oft die sich schon mit meiner Mutter gestritten hat. Gott weiß, wie lange sie schon Nachbarn waren, aber verstanden haben sie sich noch nie. Wie Katz und Maus sind sie. Eigentlich halten sie diese Streitereien frisch und lebendig. Jetzt verstehe ich das viel besser. Dass sich Menschen mit dir streiten, dich hassen und dich als Feinde sehen … das alles gibt Lebensenergie. Mir geht es manchmal in der Frühe nicht gut. Ich falle in ein Loch, nachdem Hakan zur Arbeit und Deniz in die Schule gefahren sind … Eine Stille senkt sich dann über das Haus. In solchen Momenten spüre ich, dass es keinen Grund für mich gibt, auf dieser Welt zu sein. In diesem Moment denkt niemand an mich. Niemand hasst mich, niemand liebt mich. Das ist ein schreckliches Gefühl. Das Nichts. Der Verkehr scheint wieder zu fließen. Wie weit noch? Das Telefon gibt eine geschätzte Ankunftszeit von zehn Minuten an, aber manchmal vergehen diese zehn Minuten nie. Ich habe schon wieder Bauchschmerzen. Je näher ich meiner Mutter komme, desto kälter werden meine Hände und Füße. In welchem Zustand werde ich sie zu Hause auffinden?

Was ist das für eine Verstopfung im Gehirn? Ist es überhaupt eine Thrombose? Auch das wissen wir nicht. Vielleicht hat sie den Verstand völlig verloren. Irreversibel. Wer war das noch mal? Meine Mutter hat von ihr immer erzählt, als ich noch klein war: „Frau Dingens, wie schade, sie war immer so sauber, immer so eine feine Dame, aber nachdem sie senil wurde, fing sie an, mit ihrer Kacke zu spielen“, und wenn wir überrascht waren, dann erzählte sie noch eifriger weiter, „ja natürlich, sie soll die Kacke in den Schubladen, in den Schränken versteckt haben … sie war so eine saubere Frau, schau, was passiert ist. Übermaß ist in allen Sachen schädlich, man darf nicht so obsessiv sein, sonst kommt's wie es kommt. Es passiert genau das, wovor man immer Angst hatte.“ Als Kind und als junges Mädchen bekam ich immer Gänsehaut. Diese Worte meiner Mutter klangen viel wahrer als das, was in der Schule gelehrt wurde, sogar wahrer als das, was die Experten sagten. Ich dachte dann immer, dass ich eines der geheimnisvollen Gesetze des Lebens zu hören bekam. Das war der größte Rat, den sie uns, ihren beiden Töchtern, gab: Mädels, vermeidet das Übermaß, seid niemals maßlos, bleibt immer maßvoll. Aber ich erinnerte mich immer nur an die Tante Dingens, wie sie ihre nach Seife riechenden Schubladen öffnet, ihre Kacke fein säuberlich in die Mitte der gewaschenen und gebügelten, schneeweißen und mit Lavendelsäckchen verzierten Laken legt, lächelt und die Schublade wieder schließt. Meine Mutter macht so etwas nicht. Mutters Obsession war nicht der Putzfimmel. Was war es denn? Nach meinem Vater zu sterben! Natürlich, ihre größte Angst war, dass sie allein bleiben würde. Na, jetzt haben wir den Salat. Das muss man alles einzeln dem Arzt erzählen. Ob es dafür wohl ein Medikament gibt?

***

Kaum berühre ich die Klingel, öffnet sich die Haustür. Meine Mutter fällt mir um den Hals. Sie weint und spricht gleichzeitig, man versteht kein Wort. An ihr hängt ein schlechter Geruch. Vor lauter Angst hat sie geschwitzt. Ich versuche, sie zu beruhigen. „Ja Mama, es ist vorbei, ich bin hier“, mehr als das fällt mir nicht ein. Den Besenstiel, den sie in einer Hand hält, lässt sie nicht aus der Hand.

Der Flur ist dunkel, die Tür zum Schlaf- und Fernsehzimmer ist geschlossen.

„Komm Mama, lass uns hier hinsetzen.“

„Tuna, Tuna … Ach, Kind. Was ist nur über uns gekommen?“

Ihre Augen sind hervorgequollen, das Grün dunkler geworden, die Zunge verhaspelt sich. Ich muss sie so schnell wie möglich wieder in den alten Zustand bringen. Der Blutdruck hat sich bestimmt auch erhöht. Eine Ader an ihrer Schläfe ist angeschwollen, vielleicht war das schon immer so, aber für mich scheint diese Ader jetzt kurz vor dem Platzen zu stehen. Sie kann ihre Augen nicht von der Tür nehmen.

„Drinnen. Da sitzt er. Im Fernsehzimmer.“

Wie soll ich mich verhalten? Würde es die Sache schlimmer machen, wenn ich sagen würde, dass da nichts ist? Wird sie einen Anfall bekommen? Ist das denn kein Anfall? Sollte ich sofort einen Arzt rufen?

„Ich bring dir ein Glas Wasser. Beruhig dich erst einmal, ja? Danach kümmern wir uns um alles.“

Ich bin erstaunt über meine ruhige Stimme. Ich bin in die Küche gegangen, habe den Kühlschrank geöffnet. Ich sehe mir selbst zu. Ich nehme die Wasserflasche. Der Kühlschrank ist randvoll. Wie immer gibt es genügend Gemüse in Olivenöl, Eintopf, Hähnchen und Fleisch. Die Arbeitsplatte in der Küche ist auch blitzblank sauber. Es sieht gar nicht wie die Küche einer Verrückten aus. Aber der Frühstückstisch ist noch immer gedeckt. Ich habe den Herd ausgeschaltet, im Teekessel war fast kein Wasser mehr drin, er wäre fast verbrannt. Das hat sie noch nie gemacht. Also ist der Anfall plötzlich gekommen. Ich gieße das Wasser in das Glas, reiche es meiner Mutter, die mit ihrem Besenstiel in der Hand an der Küchentür angelehnt steht. Mit Mühe hat sie ein paar Schlucke getrunken. Ihre Hände zitterten.

„Komm, lass uns hier hinsetzen.“

Wir sind in das große Wohnzimmer gegangen und haben uns auf das Dreiersofa gesetzt. Meine Mutter ist ganz zappelig, sie kann sich einfach nicht beruhigen. Normalerweise sitze ich immer auf dem

Sessel vor dem Fenster und sie sitzt mir dann gegenüber. Ich tauchte sogar gedanklich von Zeit zu Zeit, wenn das, war mir meine Mutter erzählte, mich langweilte, in das genau vor mir hängende Gemälde ein. Ein Ölgemälde, auf dem das bunte Leben der Nomaden im Wald, an einem Bach dargestellt wird. Ich glaube, weil es seit meiner Kindheit an der Wand hängt, habe ich dem Bild eine besondere Bedeutung beigemessen. Es schien immer mit mir, mit uns und unserem Leben in einer Beziehung zu stehen. Nur jetzt … Meine Mutter und ich haben uns noch nie so nebeneinander auf die Dreiercouch gesetzt. Ich halte ihre zitternden Hände. Kalt, trocken und voller Risse. Es ist, als wäre nur noch sehr wenig Leben darin. Plötzlich will ich weinen.

„Mama, erzähl, was ist passiert? Erzähle es ganz ruhig."

Sie schüttelt ihren Kopf, als ob sie sagen würde, es wäre vergebliche Mühe. Das Gesicht einer Person, die große Schmerzen leidet. Ich kann den Schmerz in ihren Falten spüren. Jetzt schaut sie zur Anrichte. Darauf stehen Fotos von uns allen, aufgenommen während unserer glücklichen Zeiten … Suna in Universitätstracht zur Abschlussfeier mit dem unveränderten Lächeln eines selbstbewussten und erfolgreichen Menschen. Daneben ich, die für das Abschlussfoto einen Monat lang Diät gemacht hat, mit blanken Nerven und trotzdem mit dicken Wangen … Aber es scheint, dass meine Mutter inmitten aller Fotografien nur das Foto betrachtet, auf dem sie und mein Vater bei einem Hochzeitsessen sitzen. Die Haare meiner Mutter sind frisiert, toupiert, mein Vater lächelt, als ob er niemals sterben würde. In seinem Gesicht ist die Benommenheit von ein zwei Gläsern Alkohol zu sehen. Es muss Vedats Hochzeit sein. Das war die letzte Hochzeit, auf der wir waren. Obwohl: auf der Hochzeit gab es keinen Alkohol, die Brautseite hatte darauf bestanden, dass es auf der Hochzeit keinen Alkohol geben darf. Der Mann ist Industrieller, macht Geschäfte mit der Regierung, hatte meine Mutter gesagt. Mein Vater hatte das Gesicht verzogen. Vielleicht haben sie vorher zuhause ein zwei Gläser getrunken und sind erst dann zur Hochzeit gegangen? Er hat es so geliebt, nach einer glatten Rasur seinen Anzug anzuziehen und damit anzugeben, dass er noch immer hineinpasst, und während er auf meine Mutter wartete hat er sich einen doppelten Raki eingeschenkt und dazu geröstete Kichererbsen gegessen. Er hat dann die Vorwürfe meiner Mutter, er würde aus dem Mund riechen, mit einer Handbewegung abgewehrt … Weine ich? Nein, meine Augen sind trocken. Eben kommt und steigt die Traurigkeit, dann verschlingt ein grauer, gemeiner Strudel langsam dieses Gefühl … Es zieht sich zurück … verzieht sich in die Dunkelheit, aus der es gekommen ist. Ich sitze da mit einem leeren Gesicht. Ich betrachte unsere beiden Gesichter im Spiegel auf der Anrichte. Weil meine Mutter in einem echten Schmerz den Verstand verloren hat, sieht sie tausend Jahre älter aus. Eine richtige Alte ist sie geworden, hat die letzte Schwelle überschritten … Und ich? Auch ich bewege mich in rasender Geschwindigkeit, aber ohne Gefühl, darauf zu …

„Er ist drinnen."

Sie meint meinen Vater. Ich kann es nicht mehr überhören. So geht das nicht mehr weiter.

„Mama, wer? Wer ist drinnen?"

Ich schreie unnötigerweise. Es ist, als ob ich Zeit zu gewinnen versuche, aber warum? Vielleicht warte ich darauf, dass Suna kommt? Wenn Suna da ist, dann fahren wir sie ins Krankenhaus. Dann kümmern wir uns ganz schnell um alles.

„Tuna, dort, da drin. Dein Vater …"

„Mama, Vater ist tot. Das weißt du doch, oder?"

Ich habe mich nicht mehr zurückhalten können. Meine Mutter nickt. „Ich … bin heute früh aufgestanden. Es war halb neun … Wie immer."

Meine Nackenhaare stellen sich auf, es gab wohl etwas zu erzählen, jetzt da meine Mutter zu sprechen anfängt, und das ist überhaupt kein gutes Zeichen. Ich will ihr nicht zuhören, aber mit ihrer durch jahrelanges Rauchen heiseren Stimme phantasierte sie weiter.

„Ich habe aus dem Kühlschrank Käse, Oliven und eine Tomate genommen. Ich war in der Küche. Ich aß und nebenher las ich die Zeitung. Dann habe ich ein Geräusch gehört. Ganz leise. Als ob das

Fenster offen wäre. Ich wollte nachschauen. Im Fernsehzimmer … dort … da war er. Er hatte seinen Pyjama an. Und eine Decke hatte er sich genommen und sich darin eingewickelt. Als ob er dösen würde, so lag er auf der Couch. Oh mein Gott, das ist Köksal, habe ich gesagt. Ich wollte beten, aber ich konnte meine Zunge nicht bewegen. Wie erstarrt stand ich dort. Irgendwann hat er mich dann bemerkt. Hat zu mir geschaut. Er hat den Mund geöffnet, als ob er etwas sagen wollte. Ich hatte solche Angst …"

Entsetzt weiten sich ihre Augen, als ob sie es nochmals sehen würde. Eine Art Schluchzen ist zu hören.

„Ich dachte, mein Herz bleibt stehen. Dann habe ich ganz schnell die Tür zum Flur geschlossen und abgesperrt und dich angerufen. Dort, Tuna. Dort. Er sitzt da drin! Was machen wir jetzt? Schau, wie mir der kalte Schweiß ausbricht. Dein Vater ist aus seinem Grab auferstanden."

‚Mama, rede keinen Unsinn', möchte ich sie anschreien, aber ich weiß, ich muss ruhig bleiben. Meine Mutter ist verrückt oder sie bewegt sich schnellen Schrittes in diese Richtung. Es ist nichts, dass ich schreiend aufhalten kann, aber ich spüre, wie die Panik in mir immer größer wird. Der Schmerz in meinem Bauch breitet sich aus. Ich versuche, sie zu umarmen.

„Mama, liebste Mama, du bist etwas verwirrt. Du bist sehr traurig wegen Papa, hast ihn sehr vermisst. Deswegen … spielt dir dein Gehirn solche Streiche. Wie in einem Traum …"

Diesmal schaut sie mich wie ein Kind an.

„Du sagst, ich hätte geträumt …"

Liebevoll nicke ich. Sie zieht ihre Nase hoch.

„Du sagst also, dass ich verrückt bin …?"

„Nein, Mama, nicht verrückt. Aus Trauer … Das haben wir aber vorhin schon einmal besprochen. Habe ich dir denn nicht gesagt … ‚Komm Mama, lass uns zu einem Psychologen gehen, Hilfe holen, es ist nicht einfach, du hast deinen vierzigjährigen Lebensgefährten verloren, vielleicht bekommst du ein Medikament oder einen Rat' … Das habe ich doch gesagt, oder? Habe ich. Schau, jetzt wirst du noch unruhiger."

Sie winkt mit ihrer Hand. ‚Lass gut sein', scheint sie damit zu sagen.

„Gibt es ein Medikament für den Tod? He? Nein. Natürlich nicht. Wer gegangen ist, ist gegangen, alle werden wir gehen. Was will mir der Arzt für ein Medikament geben? Die werden mich doch nur ruhigstellen. Das ist alles nur eine Geldschneiderei, Mädchen."

„Aber schau doch deinen Zustand an."

Ich habe mich nicht zurückhalten können. Meine Stimme war ein bisschen zu laut. Meine Mutter schaut böse drein.

„Was ist mit meinem Zustand? Habe ich deinen Vater aus dem Grab geholt und nach Hause gebracht? Er ist selbst gekommen und hat sich reingesetzt. Kümmere dich erst mal darum, danach kannst du mich immer noch zum Arzt bringen."

Allmählich hat sie sich noch mehr aufgeregt, ihre letzten Worte hat sie fast japsend ausgesprochen. Es ist, als würden wir uns über etwas sehr Gewöhnliches streiten. Sie akzeptiert es einfach nicht, dass sie geträumt hat.

„Ist gut Mama, einverstanden. Wie du willst … Wir machen das so, wie du dir das vorstellst."

Mein Telefon klingelt.

„Wer ruft an? Ist es Suna?"

„Ja. Ich habe ihr auch Bescheid gegeben."

„Gut. Kommt sie?"

„Mal sehen, ob sie kommt …"

Ich nehme den Anruf an. Ich weiß nicht warum, aber ich bin aufgestanden, als ob es der Situation unangebracht wäre, wenn ich sitzend telefoniere. Mutter läuft mir hinterher, mit dem Besenstiel in der Hand.

„Tuna?"

„Ja?"

„Bist du zu Hause angekommen?"

„Ja, bin ich."

„Und? Wie sieht es aus? Wie geht es Mama?"

Ihre Stimme klingt ungeduldig, neugierig. Ich weiß nicht, wie ich was erzählen soll. Ich bin verschwitzt. Unter meinen Achseln gibt es riesig nasse Kreise. Da werde bald ich wie ein Fisch stinken, und nicht meine Mutter, über die ich vorhin so ähnlich gedacht habe.

„Also, es scheint keine körperliche Sache zu sein. Aber …"

Mutter schaut mich mit Argusaugen an. Ich habe ihr den Rücken zugedreht. Mit leiser Stimme versuche ich den Ernst der Lage zu erklären.

„Das musst du selbst sehen."

„Ihr Zustand ist also nicht sehr ernst?"

Sie will es nicht verstehen.

„Das habe ich nicht gesagt."

„Schwesterherz, wieso nur redest du in Rätseln? Zwischen all dem Berg an Arbeit eile ich zu euch. Wenn sie wirklich nichts hat, dann hätte ich mir den langen Weg sparen können. Der Freitagsverkehr hat schon angefangen …"

Ihre einzige Sorge ist der Weg, die Energie, die Zeit … Ich habe es satt. Ich muss ihr wehtun. Ich weiß, meine Stimme wird zittern.

„Das musst du entscheiden, Suna. Du kannst umkehren, wenn du willst! Unsere Mutter hält gerade zitternd und einen Besenstiel in der Hand haltend, vor der verschlossenen Tür auf dem Flur Wache. Falls du fragst, warum: weil sie denkt, dass unser Vater im Fernsehzimmer sitzt. Du brauchst nicht kommen, wenn du nicht willst. Ich werde mich hier ganz allein mit der Sache rumschlagen."

„Schon gut, schon gut, ich bin unterwegs, in einer halben Stunde bin ich da."

Wenn es um Familie geht, streicht Suna sofort die Segel. Eigenartig. Ob ich wohl auch so bin? Ich habe aufgelegt und mich auf den Sessel fallen lassen, auf dem ich sonst immer sitze. Meine Mutter zieht ein langes Gesicht, meine Worte scheinen sie gekränkt zu haben. Ich will auch weinen. Ich will weg von hier. Ich will zu Hause sein. Möchte meine Blumen gießen, und danach unter der Dusche meinen Körper mit nach Olivenbaumblättern duftendem Duschgel einschäumen. Meine Arme hängen zu beiden Seiten hinunter. Der vertraute Geruch dieses Hauses hat für einen Moment eine sehr seltsame Wirkung auf mich. Das ist es doch gerade, Tuna. Du bist doch schon zu Hause! Auch du wirst in diesem Haus sterben. Nein, ganz sicher nicht. Was für schwachsinnige Sachen mir doch einfallen. Wieso soll ich sterben, ich bin noch jung? Jung? Mit achtundvierzig Jahren? Natürlich, jung. Jung! Die Lebenserwartungen haben sich verlängert, verlängert!

„Was hat sie gesagt? Kommt sie?"

Ich öffne meine Augen. Da habe ich mich gerade für einige Sekunden auf mich konzentriert… aber so ist eben Mama, sie erlaubt niemandem, mit sich allein zu sein …

„Sie kommt, in einer halben Stunde wird sie hier sein."

„Gut."

Plötzlich klingelt es an der Tür. Ich bin überrascht.

„So schnell kann sie nicht gekommen sein."

„Das ist bestimmt Hasan."

Plötzlich steht meine Mutter auf und öffnet die Tür, als ob nichts passiert wäre. Der Besenstiel ist noch immer in ihrer Hand. „Ich habe keine Bestellung", sagt sie zu Hasan, und fragt ihn außerdem noch, ob er dem Hausverwalter gesagt hat, dass die Eiche vorne geschnitten werden muss, Hasan murmelt etwas, die Stimme meiner Mutter wird einen Deut autoritärer, Hasan klemmt seinen Kopf zwischen die Schultern: "Ist gut Tante Muzaffer, ich werde ihn daran erinnern", meine Mutter wiederholt die gleichen Worte einige Male, Hasan nickt, das Gespräch ist beendet, meine Mutter schließt die Türe und kommt zu mir zurück. Für einen Moment denke ich, dass meine Mutter sich erholt hat, die Wahnvorstellungen über meinen Vater verschwunden sind und sogar, dass ich, wenn Suna kommt, mich wie ein Lügenbaron blamieren werde, aber sobald sie sich neben mich setzt, macht sie dort weiter, wo sie aufgehört hat.

„Willst du nicht nachschauen?"

„Nach was?"

Ihre Augen weiten sich. Mit ihrem Kopf zeigt sie zur Tür.

„Mama, wohin soll ich schauen? Ins Fernsehzimmer? Ach komm, in Gottes Namen! Ist gut. Es reicht. Gleich wird Suna kommen, dann gehen wir gemeinsam ins Krankenhaus zu einem Arzt …"

Das ist typisch für mich. Da bin ich bis zum Schluss geduldig und am Ende sage ich alles, was nicht gesagt werden sollte, einfach geradeheraus. Das mache ich immer so.

„Tuna, meine liebe Tochter, dein Vater ist da drinnen. Er sitzt dort. Er ist aus seinem Grab auferstanden und nach Hause gekommen. Dort drinnen. Geh und sieh es mit deinen eigenen Augen. Und wenn du schon dort bist, kannst du ihn fragen …“

Meine Mutter ist wirklich verrückt geworden! Ich habe eine verrückte Mutter. Das bedeutet, dass auch ich zum Wahnsinn neige, ja sogar Suna neigt dazu. Lieber Gott, wir brauchen jemanden mit klarem Verstand. Wer könnte das nur sein? Wer?

„Was? Was soll ich ihn fragen?“

„Warum er gekommen ist? Was ihn gestört hat?“

„Gestört?“

„Natürlich. Er wäre doch nicht gekommen, wenn er sich dort wohlgefühlt hätte.“

„Oh Mama. Da drinnen ist niemand! Es tut mir leid, aber das ist die Realität. Vater ist tot. Es ist seitdem fast ein Jahr vergangen. Wir haben seine Helva gekocht und verteilt, seine Pantoffeln mit der Spitze in Richtung Straße vor die Tür gestellt. Er ist gegangen, hat sich im niedergelassen. Er hat sich bestimmt schon lange unter der Erde aufgelöst. ‚Am vierzigsten Tag fällt die Nase ab‘, das sind deine Worte! Erinnerst du dich? Was ist? Wenn es dir nicht passt, dann antwortest du nicht. Nein Mama, da drinnen ist niemand. Wir können ja zusammen gehen und nachschauen.“

Wieder schaut sie zur verschlossenen Tür. In dem Moment bemerke ich, dass es sich nicht um ein Gerinnsel im Hirn handelt. Es geht hier um etwas ganz Außerordentliches. Vielleicht war sie ja schizophren geworden. Ob man das nach diesem Alter überhaupt werden kann? Wieso denn nicht? Im Leben kann alles passieren.

„Einverstanden Mama, gehen wir schauen! Komm mit.“

Mama hat sich nicht vom Fleck gerührt.

„Nein, ich gehe nicht nochmal in dieses Zimmer. Ich kann ihn nicht noch einmal sehen. Das ist so fürchterlich. Er ist tot.“

Dann muss ich wohl ran, da führt kein Weg vorbei. Ich stehe auf und gehe zur Tür.

„Tuna!"

„Was ist?"

„Der Schlüssel."

Ihre Hand, die den Schlüssel hält, zittert wie Espenlaub. Das ist kein gutes Zeichen. Mamas Hand hat nie gezittert. Sie hält meine Hand als ich den Schlüssel nehme.

„Bitte, Tuna, er soll nicht herkommen. Er soll dort sitzen bleiben. Sag ihm: ‚Meine Mutter kann es nicht aushalten dich zu sehen. Ihr Herz wird das nicht aushalten.'"

„Ist gut Mama, werde ich sagen."

So ist es wohl, wenn man mit jemand Verrücktem mitspielt.

***

Man müsste die Tür des Korridors schmieren. Das laute Quietschen des Scharnies drang mir bis ins Mark. Entlang der Wand des Korridors reihen sich Sunas Landschaftsbilder. Sie konnte gut zeichnen, war begabt. Wäre sie doch Malerin geworden. Sie hat später damit aufgehört. Auf dem Boden war etwas verschüttet, meine Mutter achtet wohl nicht mehr auf Sauberkeit. Unter meinen Hausschuhen knirscht es, wie Sand. Eine nervige Sache. Die Tür zu Sunas Schlafzimmer steht einen Spalt offen. Das Bügelbrett allein füllt den ganzen Raum, daneben ein Wäschekorb, Kleiderbügel. Nachdem wir das Haus verlassen hatten, nannten sie mein Zimmer das Fernsehzimmer und begannen, dort zu leben. Früher nannte man solche Orte Wohnzimmer, aber durch die Sturheit meiner Mutter wurde daraus das Fernsehzimmer. Apparate herrschen über unser Leben. In mein früheres Zimmer hatten sie ein altes grünes Dreiersofa, einen einzelnen Sessel, einen Couchtisch, einen Zeitungsständer, eine Stehlampe und einen großen Kleiderschrank, in dem im Winter die Sommerkleidung und im Sommer die Winterkleidung aufbewahrt wurden und einen Großbildfernseher gestellt. Natürlich hatten sie sich ganz schnell von meinem Bett, meinem Schreibtisch und meinem ganzen Kram getrennt. Ich glaube, sie haben es Hasan gegeben, ich kann mich nicht genau erinnern. Um ehrlich zu sein, war ich schon traurig darüber gewesen. Ich hatte mir gedacht, dass Mutter auch uns loswerden will. ‚Hättest du wenigstens ein Bett dagelassen, wo sollen wir schlafen, wenn es euch mal nicht gut geht und wir kommen und bleiben müssen?', hatte ich zu ihr gesagt, aber sie hatte mir den Mund verboten. Kind, wenn wir krank werden, dann gehen wir ins Krankenhaus. Was soll denn das, wie die Bauern hier zu übernachten, das will ich nicht, soll doch bitte endlich jeder sich seines eigenen Hauses bewusst sein. Jeder soll sich seines eigenen Hauses bewusst sein! So hatte sie das gesagt. Sie denkt, dass sie damit auf Abstand geht. Ja, aber warum? Suna würde sagen, dass die Frau recht hat, weil wir sie als Teenager so viel haben durchmachen lassen, dass sie von uns genug hat. Dabei habe ich damals nie etwas gemacht. Es war immer Suna, die etwas ausgeheckt hat. Aber weil ich die Ältere bin, wurde immer ich beschuldigt. Es ist, als würde ich durch diesen Korridor hin in mein altes Zimmer, in meine erdrückende Jugend gehen. Aber die Aussicht von dort war schön. Man sah auf den Park, der hinter dem Wohnhaus lag. Und jetzt …?

Sobald ich die angelehnte Tür aufgestoßen habe, sah ich ihn. Dort, auf der Dreiercouch lag jemand. Ich musste schlucken. Meine Kehle war staubtrocken. Wer war das? Da liegt einer in Vaters Schlafanzug, eingehüllt in die rote Decke, die sonst immer gefaltet auf der Sofakante liegt. Der Kopf, die lichte Stelle oben, sieht aus wie bei meinem Vater! Wie kann so etwas sein? Da muss jemand ein Spielchen treiben. Was konnte es denn sonst sein? Sie haben einen Mann hierhergeschickt, der wie mein Vater aussieht, haben mit den Empfindungen einer alten Frau gespielt! Das waren die ersten logischen Gedanken, die mir in den Sinn kamen. Ich merkte, als ich wütend auf den Mann zuging, dass die Wahrheit nichts mit meinen Gedanken zu tun hatte. Ich sah seinen Fuß, der unter der Decke hervorlugte. Das war Vaters Fuß! Der Nagel des kleinsten Zehs war braun wie Baumrinde. Den würde ich überall wiedererkennen. Das gibt es doch nicht. In unserer Welt konnten Tote doch nicht nach elf Monaten aus ihren Gräbern steigen und in ihre Häuser zurückkehren. Unsere gesamte Existenz verdankten wir einer solch einfachen Realität. Aber da war er. Da lag tatsächlich jemand, und ich war mir sicher, dass es mein Vater war. Ich hatte ihn sehr vermisst, aber in diesem Moment hatte ich Todesangst. Denn dieser Mann konnte nicht mein Vater sein! Ich wollte seine Schulter berühren, doch als ich meine Hand dazu ausstreckte, hielt mich etwas zurück. Da war das Gefühl, dass, wenn ich ihn berühre, eine unumkehrbare Grenze überschritten sein würde. Aber was immer es auch war, ich musste die Situation in den Griff bekommen. Ich konnte nicht zulassen, dass ein Fremder einfach in unser Haus kam, den Schlafanzug meines toten Vaters anzieht und so tut, als ob er mein Vater wäre.

‚Ich habe keine Angst.'

‚Ich habe keine Angst.'

Ich berühre seinen Rücken.

Er war kalt und hart. Irreführend wie ein ausgestopfter Vogel. Schnell habe ich ihn gerüttelt. Wie einen Feind. Die Gewalt hat mich meine Angst vergessen lassen. Als der Mann sich langsam zu mir umdrehte, sah er mit jeder Sekunde meinem Vater ähnlicher. Das war er. Er war es. Er war es. Er war es. Er war mein Vater. Papa.

„Pa Pa …"

Meine Stimme stieg aus den Tiefen hervor… Sie war kaum zu hören. Draußen flog, kleine Schreie ausstoßend, ein Schwarm Stare vorbei. Gutes Timing, dachte ich mir. Das stand keinem Horrorfilm nach.

„Papa, bist du das?"

Mein Vater sah blass aus. Sehr blass. Sein Gesicht, seine Haare, überall war er mit einer feinen Staubschicht bedeckt, wie ein Mensch, der bei einem Erdbeben aus den Trümmern gerettet wurde. Er starrte mich an, ohne zu blinzeln, aber ich war mir nicht sicher, ob seine glasigen Augen mich sahen. Auch schien es, dass er nicht atmete. Ja, er bewegte sich überhaupt nicht. Er war tot.

„Papa, du bist gestorben. Letztes Jahr, um diese Zeit herum."

Was kam da über meine Lippen? Der Schwachsinn einer Verrückten. Man sagt doch keinem Toten, dass er tot ist. Was, wenn er böse wurde? Aber er war mein Vater. Er konnte noch so viel mein Vater sein, alle Toten treffen sich am selben Ort und werden zu Staub. Aber mein Vater war eben nicht zu Staub geworden. Er war aus seinem Grab auferstanden. Frage deinen Vater, hatte sie gesagt.

„Papa, warum bist du zurückgekommen? Hat dich etwas gestört?"

In seinem Blick leicht hat sich etwas ganz verändert, seine Pupillen schienen zu funkeln. Vielleicht war er gar nicht tot.

„Es war so kalt. Ich habe gefroren."

Seine Stimme war sehr leise, wie das Geräusch von Ästen, die aneinander reiben. Wieder umschlang er seine Decke und drehte sich um. Da lag er einfach auf unserer Dreiercouch. Der feine Staub an seinen Fußsohlen lag überall verstreut. Ein lauter Schrei stieg in mir auf.

***

Meine Mutter und ich sitzen nebeneinander.

Mein Herz schlägt noch immer laut. Ich weiß nicht, wie ich aus dem Zimmer hinaus, wie ich den Flur überquert und die Tür wieder abgeschlossen habe und hierhergekommen bin. Ich muss in einer unwirklichen Geschwindigkeit gelaufen sein. Wir können beide nicht sprechen. Ich finde keine Energie, um mich zu bewegen. Da ist eine enorme Müdigkeit. Da gibt es eine Situation, die mein Verstand nicht annimmt und über die ich nicht nachdenken möchte. Falls ich daran denke, wird sich alles in ein unlösbares Durcheinander verwandeln. Ich möchte fliehen. Wenn ich jetzt aus der Tür rausgehen würde … Wenn ich in mein Auto steigen und nach Hause fahren würde, dann könnte ich mein Leben einfach fortsetzen, als ob nichts vorgefallen wäre. Ich bin bereit, alles zu vergessen. Ich hatte einen lächerlichen Traum, würde ich dann zu mir sagen. War es wirklich ein Traum? Natürlich … Was für eine andere Erklärung kann es dafür sonst geben? Das ist ein Traum! Definitiv ein Traum.

„Mama, ich glaube, wir sind in einem Traum."

Meine Mutter schaut mich an, als ob sie nicht verstanden hätte, was ich gesagt habe.

„Da drinnen ist er, Tuna. Du hast ihn doch auch gesehen, oder? Ich bin nicht verrückt geworden, nicht wahr?"

„Nein, Mama. Du bist ganz normal. Ich bin es, die träumt. Ich werde in der Früh aufwachen. Alles wird wieder gut."

Als hätte meine Mutter nicht verstanden, was ich gesagt habe, schüttelt sie den Kopf, sie schlägt sich mit der Hand auf das Knie, gleich den Menschen, die eine große Katastrophe erlitten haben, und ich...? Ich? Ich weiß nicht mehr, was ich denken soll. In meinem Kopf hallt mein eigener Schrei, könnte ich doch nur den Mund öffnen und diesen Schrei freilassen! Könnte er sich doch nur gegen die Wände prallend auflösen, könnte er nur alles zerschlagen und zerstören! Nur gut, dass ich Antidepressiva nehme. Die zerstückeln in kürzester Zeit meine großen Gefühle und verringern sie.

„Hast du gefragt, warum er gekommen ist?"

Die unerwartet ruhiger werdende Stimme meiner Mutter greift auch auf mich über. Als ob plötzlich alles normal wäre, beantworte ich die mir mitten in der täglichen Arbeit gestellte Frage. Wie eine Maschine.

„Habe ich."

„Was hat er gesagt?"

„Er sagte, dass es sehr kalt gewesen war und er gefroren habe."

Voller Grauen weiten sich ihre Augen.

„Oh mein Gott … Man spürt also alles, wenn man unter die Erde kommt. Oh Gott, das ist so fürchterlich, so fürchterlich."

„Mama, so etwas gibt es nicht …"

Meine Stimme kam sehr schwach aus meinem Mund.

„Steh auf Tuna, schnell …"

„Mama, was machst du?"

„Lass uns gehen, Kind. Bitte, lass uns aus diesem Haus verschwinden."

„Wohin sollen wir gehen, warte, Suna ist unterwegs."

„Ich kann nicht noch länger hierbleiben. Ich bekomme keine Luft. Bring mich weg von hier, Tuna. Bitte, bring mich weg …"

Meine Mutter weinte. Ich wollte auch weinen, aber ich war zu erschöpft dafür. Ich zweifelte an der Realität der vorhin erlebten Szene. So etwas konnte doch nicht passiert sein, oder? Niemand steigt nach elf Monaten aus seinem Grab und kommt nach Hause. Das kann er nicht. Außerdem können sich Tote nicht bewegen. Das ist unmöglich. Wie will er denn aufstehen und gehen? Das gibt es nur in Träumen, aber es ist klar, dass wir nicht träumen. So einen langen und detaillierten Traum gibt es nicht. Bin ich mir sicher? Ich weiß es nicht. Vielleicht kommt mir nur einfach alles zu lang vor.

„Mama, unserer beider Nerven liegen blank. Bitte, beruhige dich etwas. Suna ist fast da. Komm, lass uns deine Handgelenke mit Kölnischwasser einreiben, ja?"

„Ach, ich mag den Geruch überhaupt nicht. Da wird man sogar krank, obwohl man es gar nicht ist."

„Das macht nichts, es wird dir ein wenig guttun. Du wirst dich besser fühlen …"

„Schau mal in den … in den Medizinschrank."

In dem Medizinschrank, den mein Vater voller Stolz an die unmöglichste Stelle in der Küche gehängt hatte, gibt es alles Mögliche. „Mama, ich dachte, du traust den Ärzten nicht? Maschallah, hier gibt alle möglichen Schmerzmittel, Beruhigungsmittel, Schlafmittel, Antipanik-Tabletten und Antidepressiva." Ich habe das Kölnischwasser genommen, es zunächst in meine Handfläche gegossen, es tief eingeatmet, meine Nase hat betörend gebrannt. Aber das Bild von meinem drinnen sitzenden Vater sehe ich immer noch vor mir. Plötzlich erinnere ich mich an das Knirschen von Staub und Erde unter meinen Hausschuhen. Deses Geräusch, das aneinanderreibenden Ästen glich, hallt noch immer in meinen Ohren. Mir wird schlecht.

„Dein Telefon läutet."

Meiner Mutter scheint es besser zu gehen als mir.

„Wer ist es?"

„Da nimm, ich kann es nicht erkennen, da ist alles so kleingeschrieben …"

Es ist Hakan.

„Hakan?“

„Tuna, rate mal, wer bei mir ist?“

Woher kommen denn jetzt diese fröhlichen Rätsel? Was ist los? Ob ich Hakan von der Situation hier erzählen soll? Wenn du nur wüsstest, wer denn hier bei mir ist, Hakan. Das würdest du nie glauben.

„Wer ist es?“

Meine Stimme klingt wie ein tiefer Seufzer, aber er merkt es nicht, er lacht. Er scheint angeheitert zu sein. Zur Mittagszeit? Ja, bestimmt. Nach zwei Gläsern ist er der glücklichste Mensch auf der Welt, entspannt sich, wird anschmiegsam. Wie schön. Eine einfache Kreatur.

„Rate.“

Nebenbei reibe ich meiner Mutter Kölnischwasser auf die Handflächen und -gelenke, sie verzieht das Gesicht. Aber aus irgendeinem Grund verkneift sie es sich zu reden, als ob sie nicht will, dass ich Hakan sage, dass ich hier bei ihr bin. Sie schämt sich unserer Situation, ja, das kann ich deutlich sehen.

„Hakan, ich kann jetzt überhaupt nicht raten. Ich bin bei meiner Mutter, es geht ihr ein bisschen …“

Hier halte ich mit Absicht inne, Mama reagiert genauso, wie ich es erwartet habe: nein, sag es ihm nicht, macht sie mir mit Zeichen klar.

„Was ist mit deiner Mutter? Stimmt etwas nicht, Liebling?“

Liebling? Oho, wer wohl bei ihm ist, dass er so mit Liebling und Co. daherkommt …?

„Nichts. Wir arbeiten, ich bin zum Helfen gekommen, wir verstauen die Sommersachen. Wer ist bei dir? Ich habe es nicht erraten können, sag es mir bitte, ich habe noch Sachen zu erledigen …“

„Serhat!“

„Wie Serhat? Was? War der nicht in Berlin?“

Die eigentliche Frage wäre: War der nicht ins Ausland geflüchtet, weil er vor Gericht stand?

„Er ist zurück! Er wurde freigesprochen.“

„Ah, das freut mich, grüß ihn von mir.“

„Du kannst ihn heute Abend selbst grüßen, Serhat bleibt über Nacht bei uns, ich habe ihm gesagt, dass ich ihn nicht gehenlassen werde. Er grüßt zurück, er hat dich sehr vermisst. Wir sehen uns heute Abend. Ach, du brauchst nicht zu kochen, ich kaufe gerade Fisch … Küsschen."

Na, das hatte noch gefehlt. Alle wollen sie unter einen Hut. Da ist hier mein Vater aus seinem Grab gestiegen, und Hakan hat einen Gast zum Übernachten eingeladen. Das darf Mama nicht hören. Wie die Bauern, würde sie sofort sagen. Ich weiß ja, sie mag auch die Familie von Hakan nicht. Egal wie gebildet sie auch waren, sie kommen aus Anatolien, das reicht für Mama, und wenn sie Wunder hätten vollbringen können.

***

Suna telefoniert, während sie hereinkommt. Sie gibt den Leuten auf der Baustelle Anweisungen. Die Arbeit geht weiter, das Leben geht weiter. Diese Art von ihr tut mir so gut. Da draußen gibt es eine reale Welt, und tote Väter schlafen nicht auf der Couch in ihrem Fernsehzimmer, während Sand von ihren Füßen rieselt. Alles ist plötzlich wieder in Ordnung. Das Leben ist wieder zurück zu der mir vertrauten Gewöhnlichkeit. Sunas Anwesenheit hat immer eine derartige Wirkung auf mich. Alle Probleme lösen sich wie von selbst auf. Ob ich Kaffee machen sollte? Vielleicht hat Mama noch Kornelkirschen-Marmelade, ich könnte Brot toasten, ein bisschen Butter darauf, ein wenig Marmelade … Ich liebe Kornelkirschen, sie sind wie geschaffen, um zu Marmelade verarbeitet zu werden. Die Säure ist genau richtig ... Meine Tagträume werden durch Suna unterbrochen, die das Gespräch beendet hat.

„Hallo Mama. Wie geht es dir?"

„Wie soll es mir schon gehen, Suna? Wie …"

Suna hat sich sofort neben sie gesetzt. Hat Mutters Hand in ihre genommen. Wie sie es schafft, jeden Moment so gepflegt zu sein? Heute hat sie rosafarbenen Nagellack verwendet und ihre Haare scheinen auch aufgehellt worden zu sein.

„Tuna hat mir einiges erzählt. Wie geht es dir jetzt?"

Plötzlich bricht Mutter in Tränen aus, offensichtlich überlässt sie mir das informative Gespräch. Mit einer beeindruckenden Stimme fange ich an, zu erzählen:

„Suna... Als ich dich zum ersten Mal anrief, da dachte ich... ich dachte genau wie du. Also bin ich hierhergekommen, weil dachte, dass meiner Mutter etwas passiert sei. Sie sagte, mein Vater … unser Vater wäre gekommen, natürlich sagt sie das, weil sie so traurig ist …“

„Eine Illusion.“

„Was?“

„Eine aus Trauer entstandene Illusion. Ein Delirium.“

„Ja, genau so. Also dachte ich, dass sie träumt.“

Ein spöttischer Ausdruck streifte Sunas Gesicht.

„Und dann?“

„Dann bin ich hineingegangen.“

Suna macht sich immer noch lustig.

„Und da hast du dann Papa gefunden. Wow, super Geschichte!“

„Suna, ich weiß, das hört sich wahnwitzig an, aber das ist der Stand der Dinge.“

„Was ist der Stand der Dinge? Abla, was redest du da?“

Mutter hält es nicht länger aus und geht dazwischen.

„Die Sache ist die: dein Vater ist drin. Er liegt in eine Decke eingehüllt im Fernsehzimmer. Er ist aus seinem Grab geflohen, weil es so kalt gewesen sei und er gefroren hätte. So, jetzt bringt entweder mich oder euren Vater von hier weg.“

Suna bekommt vor Staunen den Mund nicht mehr zu. Sie dachte wohl wirklich, dass ich mir das alles zusammengereimt habe. Nun, es ist alles offensichtlich. Mir haben sich die Nackenhaare gesträubt, als Mama gesagt hat, er wäre „aus dem Grab entflohen“. Sind denn Gräber nicht dafür da, dass Tote nicht wegrennen sollen? Aus ihren Gräbern flüchtende Tote … Flüchten!

„Mama, in Gottes Namen, was erzählst du da?“

„Tuna ist zu ihm reingegangen. Sie hat mit ihm geredet. ‚Wieso bist du gekommen?‘ hat sie ihn gefragt, ‚wieso hast du dich nicht wohl gefühlt?‘ wollte sie wissen. ‚Ich habe gefroren‘, soll er geantwortet haben. Gefroren hat er … Unter der Erde sei es kalt, Suna. Kalt …“

Als Mutter zu weinen anfing, konnte Suna sich nicht zurückhalten und umarmte sie. Natürlich kam das erwartete Ende: eine unbeschreibliche Trauer und Tränen. Eine Weile standen Mutter und Tochter in dieser Position. Meine Mutter liebt Suna mehr als mich, das habe ich nun in diesem Moment auch eingesehen. Und? Ich habe meinen Hakan und meinen Deniz. Ist mir doch egal, ob ihr mich liebt oder nicht …

Irgendwann hat sich Suna die Tränen weggewischt, und an mich gewendet.

„Ich habe auf dem Weg hierher einen Psychiater angerufen. Ein Bekannter eines Freundes von mir. Ich habe ihm die Situation erklärt. Er meinte, sie hätte einen psychotischen Anfall, und er müsse sie sofort sehen. Seine Praxis ist in Nişantaşı. Hol du aus Mamas Schrank passende Kleidung, danach fahren wir sofort los. Es gibt viel Verkehr, aber wir schaffen es gerade noch hin.“

Mit offenem Mund höre ich ihr zu. Suna ist natürlich immer noch in der Welt der normalen Menschen.

„Suna, Papa ist da drinnen.“

Für einen Moment hat sie nicht verstanden, was ich gesagt habe. Mit leerem Blick schaut sie mich an. Ich wiederhole nochmals meine Worte.

„Was ist das jetzt? Ansteckender Wahnsinn, oder wie?“

„Nein, Suna, er ist da drin. Mama sagt die Wahrheit. Wir können ja zusammen hineingehen und nachschauen.“

Mama hatte ihre Tränen getrocknet und schaute uns zu. Jetzt, da ihre beiden Töchter die Sache in die Hand genommen haben, scheint sie ihr Selbstvertrauen wieder gewonnen zu haben. Wie aus dem Nichts hat sie sich eine Zigarette angezündet, den Rauch eingeatmet und zwei Mal gehustet.

„Mama, muss das jetzt sein?“

„Ich dachte, du hast aufgehört, Mama …“

„Was solls, nach Vaters Tod habe ich wieder angefangen, vereinzelt. Aus Einsamkeit.“

„Dann hör halt wieder auf, jetzt, wo er wieder da ist.“

Auf Sunas eigenartigen Worte hin haben Mama und ich uns gegenseitig angeschaut. Ich war mir nicht sicher, ob man aufgrund solch unangebrachter Worte lachen oder schimpfen sollte. Mutter aber drückte wütend die Zigarette im Aschenbecher aus.

„Niemand versteht mich. Niemand …“

***

Diesmal war der Schlüssel für die Korridortür in meiner Tasche, ich holte ihn heraus und gab ihn Suna.

„Geh, sieh selbst.“

Mit einem Ruck nahm sie den Schlüssel aus meiner Hand.

„Abla, ich weiß nicht, ob ihr euch mit Mama abgesprochen und einen Streich vorbereitet habt. Falls ihr euch aber so eine Frechheit erlaubt haben solltet, dann wird das ein schlimmes Ende haben. Erwachsene Menschen seid ihr … Mit was ich mich hier abgeben muss! Menschenskinder!“

Dass Suna sich so aufregt, bringt mich durcheinander. Ist es möglich, dass ich aufgrund der Hetze von Mama auch nur geträumt habe? Was, wenn da drinnen niemanden ist? Aber der knirschende Sand unter meinen Schuhen? Voller Panik entscheide ich mich, Suna zu folgen. Papa hätte natürlich einfach verschwunden sein können, genauso, wie er gekommen war! Was würden wir dann machen! Das wäre ein Desaster. Ich könnte mir ja einreden, dass ich geträumt habe, aber Mama? Und durch Sunas Gerede würde uns der Kopf rauchen. Ich hoffe, dass er nicht gegangen ist.

Suna lief festen Schrittes zwei Armlängen vor mir her. Ihr Rücken war gerade, straff, bereit für jede unschöne Überraschung, die kommen könnte. Sie sah fünf Jahre jünger aus, weil sie kein Gramm Fett zu viel an ihrem Körper hatte. Sie hat sich vor der Tür des Bügel-Wäsche-Zimmers, das früher ihres war, nicht aufgehalten. Auch die Bilder an der Wand hat sie ignoriert. Also bin ich die Einzige, die gedanklich an solchen Sachen hängenbleibt. Mit sicheren Schritten betrat Suna das Fernsehzimmer und blieb abrupt stehen. Ich habe mich dicht hinter sie gestellt. Da war er. Er war nirgendwohin gegangen. Er lag bewegungslos unter unserer rotkarierten Decke … Suna konnte den Blick nicht von der Couch wenden.

„Wer ist dieser Mann?“

„Unser Vater.“

„Rede keinen Unsinn, das gibt’s doch nicht.“

Hat ihre Stimme ein bisschen gezittert oder habe ich mir das nur eingebildet?

„Geh, schau aus der Nähe.“

„Das ist doch eine Attrappe. Eine Puppe. Oder habt ihr da jemanden hingelegt? Was habt ihr gemacht?“

„Geh nur. Betrachte ihn aus der Nähe.“

Sie ging noch zwei Schritte. Mir war eine Szene aus einem Film eingefallen: Jesus hatte jemanden von den Toten erweckt. Er stand vor der Höhle und rief den Namen des Mannes. Und der Mann ist aus dem Totenreich zurückgekommen. Lazarus! Das war der Name des Mannes. Plötzlich habe ich – wie Jesus – meine Hand ausgestreckt und lauf gerufen.

„Vater! Vater!“

Suna zuckte unwillkürlich zusammen.

„Was machst du!“

„Papa, schau doch wer gekommen ist! Schau, deine Tochter Suna!“

„Was faselst du, abla … ab-la … aa…“

Unser Vater drehte sich, wie vorher schon, langsam zu uns um. Natürlich war er unser Vater, auch Suna hat das verstanden, ihr Gesicht wurde schneeweiß. Sie nahm meine Hand. Plötzlich war sie wieder meine kleine Schwester. Ich habe fest ihre Hand gedrückt. Obwohl ich es vorhin bereits erlebt hatte, stieg auch in mir erneut eine große Angstwelle auf, wieder bekam ich Bauchschmerzen.

„Aber wie kann das sein?“

Ich wollte Suna alle meine Künste zeigen.

„Papa! Du warst doch tot. Wieso bist du zurückgekommen?“

„Kalt.“

Wieder wickelte er sich in seine Decke und legte sich hin. Suna war zu einer Salzsäule erstarrt. „Lass uns gehen", habe ich gesagt, als wäre das Problem gelöst gewesen wäre, nachdem sich Vater umgedreht und wieder hingelegt hatte.

***

Mutter sah etwas erleichtert aus. Ich machte einen Filterkaffee und stellte die Diät-Kekse in die Mitte, die ich in den Tiefen des Schranks gefunden hatte. Suna lief auf und ab und murmelte vor sich hin.

„Wie kann so etwas sein? Wie?"

„Suna, soll ich dir was sagen? Die eigentlich wichtige Frage ist nicht, wie es passiert ist, sondern, was wir ab jetzt machen werden."

„Mädchen, bringt mich hier weg! Oder nehmt euren Vater mit und macht mit ihm, was ihr wollt, ich werde sonst verrückt in diesem Haus!"

„Mama hat Recht. Wir können Vater nicht hierlassen."

„Und was sollen wir machen?"

„Kannst du mal aufhören, diese Kekse zu essen?"

„Vor Aufregung brennt mir der Magen, was kann ich dafür? Menschenskind! Bin ich jetzt schuld, weil ich Kekse esse?"

„In solch einem Moment denkst du immer nur ans Essen und Trinken."

„Was soll ich denn sonst machen? Sag es mir, wenn du schon so viel weißt."

„Mädchen, hört auf zu streiten!"

Mama deutete mit ihrem Kopf Richtung Zimmer. Suna und ich sahen uns an. Als ob Papa von der Arbeit gekommen wäre, bis zum Essen drinnen ein Nickerchen hielt und unser Lärm ihn stören würde. Meine Lippen zitterten. In diesem Moment begriff ich, wie sehr ich Papa und unsere Kindheit vermisst hatte. Wieso sind wir auch älter geworden? Das waren so schöne Zeiten. Papa, mein lieber Papa, er war ein viel besserer Vater als die Väter anderer Kinder, die ich kannte. Kein einziges Mal erhob er seine Stimme uns gegenüber. Niemandem gegenüber … Und wenn seine Schüler kamen, da hat er uns jedem einzelnen vorgestellt, egal wie alt wir waren. Komm Tuna, schau das ist mein Schüler Mehmet, der ist Anwalt geworden, schau das ist Ahmet, der ist Kaufmann, das ist Hüseyin … Und mir hat es gefallen, wenn diese erwachsenen Männer vor meinem Vater betreten still blieben und sich schämten, während sie ihre in Socken steckenden Füße aneinanderrieben. Papa war wie ein Vater für alle. Und jetzt war er da drin. Anstatt in Ruhe in seinem Grab zu liegen, musste er raus und hierher kommen. Hätte Sunas Telefon nicht geklingelt, wäre ich in diesen dunklen Gedanken verlorengegangen.

„Ja, Kudret? Ich habe einiges zu erledigen … Es wird mindestens zwei Stunden dauern."

Suna plante also, diese Sache in zwei Stunden zu regeln. Oder sie würde verschwinden, auch wenn sie das Problem nicht lösen konnte. Und ich würde dann mit einem toten Vater und einer verrückten Mutter hierbleiben. Obwohl, Mama schien es besser zu gehen als uns … Suna konnte einfach nicht auflegen, sie beantwortete ausführlich die Fragen des Gegenübers zur Arbeit. Irgendwann setzte sie sich an den Esstisch, holte ihren Laptop aus der Tasche, stellte eine Verbindung zum Internet her, sah sich einige Farbkataloge an, gab Codenummern durch, fotografierte mit ihrem Telefon den Bildschirm, übermittelte das Bild, trank den Filterkaffee, den ich ihr dazwischen gab. Als sie endlich fertig war, kam sie an den Punkt zurück, an dem wir aufgehört hatten.

„Ich sag euch was … Das ist unser Vater, ok. Wenn er schon nicht tot ist, dann leben wir eben mit ihm weiter. Mama, bitte mach keine große Sache daraus. Wenn du meinst, dass du dich nicht daran gewöhnen kannst, dann kann Vater eine Weile bei uns bleiben."

„Was meinst du mit ‚bei uns'?"

„Abla, ich meine damit, ein bisschen bei mir, ein bisschen bei dir."

„Wie jetzt? Suna, unser Vater ist tot. Es ist unmöglich, dass er bei uns bleibt."

„Wie kommst du darauf, dass er tot ist? Da drinnen liegt er. Offensichtlich ist er nicht tot. Es gibt bestimmt solche Fälle. Viele Menschen wurden früher begraben, weil man dachte, dass sie tot seien. Und dann erwachten einige von ihnen und kamen zurück. Opa hat doch davon erzählt, erinnerst du dich nicht? Da gab es die Geschichte eines berühmten Bäckers … Die Anwohner erlitten fast einen Herzinfarkt, als sie den Mann im Leichentuch durch die Straßen laufen sahen …"

„Suna, der da drinnen ist nicht unser Vater! Also, er ist zwar unser Vater, aber die Leiche von ihm. Ach, er lebt halt nicht mehr."

„Woher weißt du das? Vielleicht ist er aus seinem Grab gestiegen, nachdem er begraben wurde …"

„Nach elf Monaten?"

„Nein, das muss so nicht gewesen sein, vielleicht ist er nach zwei Tagen raus, er war nicht ganz bei sich, hat von irgendwoher Kleidung gefunden, vielleicht hat man ihm geholfen, vielleicht hat er hier und dort gelebt und dann ist ihm eingefallen, nach Hause zu kommen … Vielleicht hat er sein Gedächtnis verloren und die Adresse ist ihm erst allmählich wieder eingefallen. Das wissen wir nicht, aber es gibt bestimmt eine Erklärung."

„Du sagts also, er lebt""

„Sicherlich."

So gesehen ergab es für mich auch einen Sinn. Aber Mama schien nicht überzeugt zu sein.

„Nein, er … der da drin ist ein Toter. So was verstehe ich. Er ist definitiv nicht lebendig. Er sollte nicht hier sein."

Suna hatte nicht die Absicht, aufzugeben. Mit einer hochgezogenen Braue lächelte sie mit dem vollen Selbstvertrauen eines Anwalts, der bald seine These beweisen wird.

„Also, das kann man sofort feststellen."

„Wie?"

„Wir brauchen einen Spiegel …"

„Den habe ich, der ist aber im Schlafzimmer …"

„Ist gut, dann holen wir den von dort. Komm, Abla."

***

Mutters Handspiegel in der Hand, den sie früher zum Schminken benutzt hatte, standen wir neben unserem Vater.

„Lass ihn uns auf diese Seite drehen."

„Sollen wir ihn aufwecken?"

„Schläft er denn?"

„Ich weiß es nicht, Suna."

„Er hat sich vorhin umgedreht, als du was zu ihm gesagt hast."

„Soll ich ihn wieder ansprechen?"

Als Suna nickte, habe ich diesmal nicht mit der Stimme Jesus „Papa" gesagt, sondern so, wie wenn ich Deniz aufwecken würde.

„Papa… Papa kannst du dich auf diese Seite umdrehen?"

Papa drehte sich langsam um. Da bemerkte ich, dass er traurig aussah. Suna hielt ihm den Spiegel vor den Mund. Vater lag regungslos da. Auf dem Spiegel war nicht die geringste Veränderung zu sehen. Ich nahm all meinen Mut zusammen und streckte meine Hand aus. Ich wusste, dass ich vergeblich an seinem Handgelenk nach dem Puls suchte. Er war tot.

„Kalt … es ist sehr kalt dort."

Dann drehte er uns wieder den Rücken zu.

Suna wurde wütend.

„Papa! Papa warte doch. Oh Mensch, Abla, ich habe den Spiegel nicht richtig hinhalten können."

„Nein, Suna, streng dich nicht umsonst an. Papa ist zu hundert Prozent tot! Du kannst ihn ja anfassen. Eiskalt ist er."

„Wie kann das dann aber sein?"

„Ich weiß es nicht."

„Was machen wir jetzt?"

„Ich weiß es nicht."

***

„Mama, hast du Hunger?"

„Nein, Kind, was heißt hier Hunger … Wie können wir in diesem Zustand ans Essen denken?"

Dabei wurde doch hier in diesem Haus nach der Beerdigung so viel gegessen … Reis mit Hähnchen, Su Börek, Helva … Jeder brachte etwas zu essen mit, die Küche war bis zum Rand gefüllt. Drei Tage lang hatte ich die Gäste bewirtet und war danach fix und fertig. Natürlich hat Suna sich wieder verdrückt, nach dem ersten Tag war sie verschwunden. Sie ist halt eine beschäftigte Person … Wer weiß, welches Problem auf welcher Baustelle aufgetreten war, wo sie sich befand … Und jetzt warten wir mit Mama, dass sie die Sache in die Hand nimmt. Aber Suna läuft im Salon auf und ab und denkt nach. Währenddessen schickt mir Hakan ständig Nachrichten. ‚Soll ich Lauchzwiebeln kaufen, haben wir Zitronen?' geplagt hat er mich damit … Obwohl, er hat eine sehr schöne Brasse gekauft, riesig, wunderbar im Ofen zu grillen, aber ich weiß nicht, ob nach Hause zurückgehen kann oder wann ich zurückgehen kann. Dazu würde ich noch frische Kartoffeln in den Ofen geben. Wäre schön, wenn er auch daran denken könnte, Spargel zu kaufen …

„Eigentlich fällt mir eine Lösung ein …"

Mutter und ich schütteln uns, als würden wir aus einem Schlaf erwachen.

„Ja, da stehen wir vor einer außergewöhnlichen, sogar unrealistischen Situation. Wir verstehen auch nicht, wie das passiert ist. Eigentlich müssten wir einen Krankenwagen rufen, und Papa den Ärzten übergeben … Die machen dann, was gemacht werden muss. Aber ein Toter, der aus dem Grab gestiegen ist … Von dem wir sicher sind, dass er tot ist. Nicht wahr, Tuna?"

„Absolut."

„Das bedeutet in diesem Fall, dass alle Augen auf uns gerichtet sein werden. Würde das meinem Vater nützen, würde ich „ok" sagen. Aber offensichtlich ist unser Vater tot. Eiskalt … Dann hat es keinen Sinn, dass wir uns einfach so vor allen Leuten blamieren, oder nicht? Also ich … seien wir ehrlich. Ich habe viele Jahre für diese Arbeit geopfert … Jetzt dann in unsinnigen Nachrichtensendungen, in Social Media usw. … Überlegt doch mal, wer gibt mir dann je wieder einen Auftrag? Wenn ich sage, ‚Ich bin Architektin'. ‚Oh, sind sie nicht die, deren Vater aus dem Grab gestiegen ist …? Wer weiß, was ihr dem Mann angetan habt, dass seine Seele nicht zur Ruhe gekommen ist!' Das würden die doch sagen, oder nicht?"

Mama brach ihr Schweigen.

„Vielleicht haben die ja Recht. Vielleicht haben wir einige Sachen unvollständig gemacht? Vielleicht haben wir einen Makel? Wir sind schuldig. Warum sollte er sonst zurückkommen? Kein Toter kommt zurück! Da unserer zurückgekommen ist …"

Das war ein Punkt, vor dem ich Angst hatte. Eigentlich wusste ich von Anfang an, dass es diese Möglichkeit gibt, und hatte Angst, dass es herauskommen könnte.

„Kann es sein, dass wir nicht genug getrauert haben?"

Diesmal sahen sich Mama und Suna an. Sie bereiteten sich auf eine Verteidigung vor. Sie schluckten. Mutter begann, nach ihrer Manier zu toben, aber darauf hatte ich schon gewartet:

„Kind, was redest du da? Ich habe nicht wenige Tränen vergossen. Ihr seid alle zurück in eure Wohnungen und ich habe hier einsam mit den Wänden geredet … Der Leidende kennt das. Ihr seid noch jung, ihr versteht das nicht … Ihr wisst nicht, wie es ist, einsam zu sein."

„Ja, Abla, wir waren alle sehr traurig. Aber er war auch alt. Wir haben alles für ihn getan. Mevlit, Gebete … Helva … Ich meine, was hätten wir denn sonst noch machen können?"

„Ich weiß es nicht. Aber irgendetwas haben wir wohl unvollständig gemacht."

„Was machen wir nun?"

Ich hatte Suna noch nie so hilflos gesehen. Ich bemerkte, dass ich das auf eine eigenartige Weise genoss. Es war wie die heimliche Vorfreude, die ich als Kind für eine bevorstehende Katastrophe empfand. Suna war nicht bereit, den Kampf aufzugeben. Sie dachte, dass das ein Problem war, welches sie lösen könnte.

„Eigentlich fällt mir schon was ein, aber das ist eine sinnlose Sache."

„Kind, sag schon, vielleicht hilft es ja."

„Ach nein, Mama … Es fällt mir von diesen Filmen her ein. Also da gibt es doch diese Horrorfilme, wo dann ein Priester oder ein Geistlicher kommt und sich um die Sache kümmert."

„Meinst du, dass wir einen Imam rufen sollten?"

„Nein, aber … vielleicht sollten wir beten, oder so was in der Art?"

„Gibt es denn dafür ein Gebet? Ein Gebet, um Tote zurückzuschicken? Weil, das ist ja nun nichts, was man oft sieht."

„Ja, schon, vielleicht ist es eins der Gebete, welche man bei der Beerdigung spricht."

„Wurden diese Gebete nicht in der Moschee rezitiert?"

Sofort sprang ich dazwischen.

„Natürlich, in der Moschee und bei der Beerdigung …"

„Rezitiert wurde es … aber vielleicht haben die Betenden nicht gut gebetet? Was weiß denn ich?"

„Schwachsinn!"

Verzweifelt schaltete Suna ihren Computer ein.

„Was machst du?"

„Ich suche die Gebete."

Mama seufzt ab und zu, als würde sie halbherzig beten. Es ist eine Tatsache, dass es in unserer Familie an religiösem Glauben mangelt. Was würde eine religiöse Familie machen, wenn der so etwas passiert wäre? Was in Vampirfilmen gemacht wird, wissen wir: da zeigt man das Kreuz und der Dämon verschwindet. Und Knoblauch stört sie auch. Was wohl Hakan gemacht hat? Sie sind bestimmt noch nicht nach Hause gegangen. Sicher haben sie sich mit Serhat ausgetobt. Aber Recht hat der Junge. Er wurde von der Universität verwiesen, hat seine Anstellung verloren. Schade war es. Aber so ist es eben in diesem Land: Du darfst den Mund nicht aufmachen, darfst dich nicht in andere Angelegenheiten einmischen, darfst die Finger nicht rühren, auch wenn jemand auf der Straße neben dir umgebracht wird. Sonst lassen sie es dich bereuen, dass du überhaupt geboren wurdest. Serhat ist der naivste Junge der Welt. Sein Leben besteht aus der Wissenschaft. Soll er doch einfach immer nur berechnen, was es in den Atomen zu berechnen gibt. Aber aufstehen und sich in Heimatangelegenheiten mischen? Da wird einem die Hölle heiß gemacht. „Tuna, die wollen Kapıkulu, wollen eine höfische Kavallerie, nur gut, dass ich nicht an der Universität geblieben bin“, hat Hakan ständig gesagt. Als ob er hätte bleiben können! Ich würde einen Besen fressen, wenn ich ihn je mit einem Buch in der Hand gesehen hätte. Ja, Hakan ist ein guter Mensch, fröhlich, ehrlich. Also kein Hirnochse. Ein einfacher Mensch eben, was kann er sonst schon sein … ein Mann eben. Da kommt nicht mehr. Einfach. Plötzlich erschien mir alles so einfach.

„Mama, ich glaube, ich habe eine Lösung gefunden.“

Hoffnungsvoll sahen sie mich an.

„Ich denke, genauso wie er gekommen ist, kann er auch wieder gehen.

Mutter wurde sofort aufgeregt.

„Wie?“

„Wenn wir ihn überzeugen …“

Suna seufzte und verdrehte die Augen.

„Wir wollen einen Toten überzeugen, dass er ins Grab zurückgeht, wirklich?“

„Also, falls du eine bessere Idee hast …“

Mama gefiel meine Idee.

„Suna, deine Schwester hat recht. Ja, er wird gehen, wenn wir ihn überzeugen. Und außerdem, Tuna, dir hört er zu. Du redest mit ihm.“

Ich schauderte. Tatsächlich hatte ich bereits mit ihm geredet. Und das auch noch zweimal. Suna hatte ihren Kopf im Laptop vergraben, als würde sie uns nicht zuhören. Kurz beantwortete sie dazwischen auch ankommend Nachrichten.

„Ist gut, ich rede mit ihm. Wenn wir sonst keinen besseren Plan haben?“

Ich erwartete von Suna eine Antwort, aber vergeblich.

„Gut, dann gehen wir mit ihm reden. Aber ihr kommt auch mit.“

***

Wieder stand ich vor meinem Vater. Ich fühlte mich sehr, sehr schlecht, als ich mich räusperte, um mit ihm zu sprechen. Was für ein Seelenschmerz war das? Da lag er, einfach so. Wir hatten es ihm nicht bequem machen können, wir hatten seine Güte nicht erwidern können. Und jetzt wollten wir, dass er ginge. Wir wollten, dass er wieder unter die Erde geht und verschwindet. Könnte man ihn nicht behandeln? Oder könnte er nicht hier bei uns bleiben? Währenddessen standen Mama und Suna zu beiden Seiten meiner Schultern, wie die zwei Engel, die die guten Taten und die Sünden aufschreiben.

„Papa."

Diesmal kam meine Stimme aus größter Tiefe. Er bewegte sich kein bisschen. Stocksteif lag er unter der Decke. Ich berührte ihn an der Schulter. Ein Gefühl, als ob er gleich zerfallen würde … außerdem war er kalt.

„Papa, wir wollen mit dir reden."

Papa drehte sich wieder langsam zu uns. Seine Augen waren offen. Er schaute mich an. Aber ob er mich sah, dass wusste keiner, seine Pupillen hatten schon lange ihre Transparenz verloren.

„Papa, du musst zurückgehen. Lass uns dich wieder an deinem Platz einbetten."

„Kalt."

„Ja, ich verstehe, es ist kalt. Aber was, wenn wir dir die Decke mitgeben? Deine Wollsocken? Deine Mütze?"

Papa gab keine Antwort. Aber seine Augen schienen gefunkelt zu haben.

„Lass uns das mal probieren. Und außerdem kommen wir dich öfter besuchen. Was meinst du?"

Ich weiß nicht, wie es Papa ohne sich zu bewegen geschafft hatte, aber diesmal sprach er und sah dabei in die Augen meiner Mutter.

„Muzaffer … ich kann nicht ohne dich."

Von meiner Mutter war nur ein erschrecktes Quieken zu hören.

„Köksal … Köksal ist gekommen, um mich mitzunehmen. Köksal …"

Sie lallte. Vielleicht war ihr Blutdruck in die Höhe geschossen. Die Ader an ihrer Schläfe schien mir wieder angeschwollen zu sein. Ich schaute zu Suna. Wie erstarrt stand sie vor dieser Szene. Ihr Telefon klingelte ununterbrochen. Ich hielt Mamas Hand. Sie strauchelte und setzte sich auf die Kante des Sofas, auf dem mein Vater lag. An das Fußende meines Vaters. Mein toter Vater redete weiter, wie die knirschenden Äste eines Baumes:

„Wir hatten sehr schöne Zeiten. Wir haben sehr gut gelebt, Muzaffer. Wir haben unser zusammen verbracht. Ich kann nicht ohne dich!“

Mutter wurde bleich im Gesicht. Wie Papier. In dem Moment konnte es Suna nicht mehr aushalten und ging ans Telefon. Sie stellte sich in eine Ecke des Zimmers und begann, wütend zu reden. Ich staunte, dass sie selbst in dieser schrecklichen Situation noch an Arbeit denken konnte. Aber ich musste Mama aber erst wieder beruhigen, ich griff ihr unter die Arme, damit ich sie hochziehen konnte.

„Komm, Mama, lass uns ins andere Zimmer gehen.“

Mama verneinte mit einem Wink ihrer Hand. Ihre Augen waren hervorgequollen. Sie versuchte, tief einzuatmen, als ob sie kurz vor dem Ersticken stand. Aber egal, was sie auch tat, es schien nutzlos. Ich wusste nicht mehr, was ich machen sollte. Sie war zu schwer und meine Kraft ließ nach. Ich bemerkte, dass, während Mama allmählich nach hinten fiel, mein Vater langsam zur Seite rutschte, um ihr Platz zu machen. Schließlich ließ sich Mama mit vollem Gewicht rückwärtsfallen. Zwei drei Mal schnappte sie nach Luft, ihre Brust hob und senkte sich und dann blieb sie reglos liegen. Man sah das Weiß ihrer Augen. Sie sah aus, als ob sie unter Schock stand. Oder sie war ohnmächtig geworden.

„Suna! Suna!“

Meine Stimme hallte durchs Zimmer. Die Zeit wog schwer. Ich hatte keine Macht über meine Arme und Beine. Ich entschied mich, etwas zu tun, aber es dauerte Sekunden, bis mein Körper es in die Tat umsetzte. Auf meinen Schrei hin drehte sich auch Suna langsam um. An dem entsetzten Ausdruck auf Suna Gesicht erkannte ich, in was für einem fürchterlichen Zustand Mama war.

„Mama!“

„Suna, mach was! Schnell. Mama ist ohnmächtig geworden."

Sunas Hände zitterten.

„Krankenwagen … rufen wir einen Krankenwagen."

„112, Suna. Wähle 112."

„Meine private Krankenversicherung hatte einen Dienst …"

Während Suna mit ihrem Telefon rang, versuchte ich Mutter zu Bewusstsein zu bringen. Mein Verstand arbeitete schneller als ich. ‚Nimm den Spiegel, den wir auf den Fernsehtisch geworfen haben', sagte ich mir. In dem Moment, als ich das dachte, wusste ich, dass Mama gestorben war. Trotzdem habe ich den Spiegel genommen und ihn unter ihre Nase gehalten. Ich weinte, während ich beobachtete, wie sich keine einzige Dampfschicht auf dem Spiegel bildete.

„Der Krankenwagen kommt gleich. In sieben Minuten werden sie da sein. Halte durch Mama …"

Suna nahm Mutters leblose Hand in ihre Hände, um ihr Trost zu spenden, da sah sie den Spiegel in meiner Hand. Auch sie verstand.

„Abla?"

Ich öffnete meine Arme und umarmte Suna. Das erste Mal umarmte ich meine Schwester mit so großer Liebe. Es gab nun niemanden mehr, der mir auf dieser Welt noch näherstand. Nur mein Sohn Deniz und Suna. Wie groß die Welt und wie verzweifelt wir waren. Ich weinte und weinte umso mehr. Ich konnte weinen! Meine Tränen … fielen wie Segen auf mein verdorrtes Land.

Suna bemerkte es als Erste.

„Abla … Papa?"

Der Körper meiner Mutter lag der Länge nach auf der roten Decke. Mein Vater war nicht zu sehen. Langsam näherten wir uns. Langsam drehten wir Mama um, sahen hinter sie, neben sie, ja sogar in die Seiten der Couch steckten wir tastend unsere Hände, keine Spur von Papa. Er war weg.

„Er ist weg."

„Wie jetzt?"

„Ganz einfach … er ist eben weg."

„Aber …"

„Mutter hatte Recht."

***

Wir sind auf dem Friedhof. All das Erlebte liegt nun in der Vergangenheit. Ich hatte keine Gelegenheit, mit Suna über das zu sprechen, was gestern passiert war. Wir fingen von dem Moment an, als unser Vater verschwunden war, so zu tun, als ob nichts geschehen wäre. Jetzt wird Mama neben Papa begraben. Wären fünf Jahre vergangen, hätte man sie auf ihm begraben können. Ich hoffe, dass Papa daraus keine große Sache macht, denke ich mir. Ich muss lachen. Ich schaue hinüber zu Suna. Sie steht in einer Ecke und nimmt hinter ihrer Sonnenbrille Beileidsbekundungen an. Auch wenn die Frauen auf den Friedhof kamen, blieb dennoch die ganze Arbeit an Hakan, Deniz und Serhat hängen. Wie seltsam, hätte Serhat gestern beim Treffen mit Hakan gedacht, dass sie heute um diese Zeit einen Leichnam in die Erde herablassen würden? So ist das Leben, man weiß nie, was kommt. Die Männer bringen unsere Mutter unter die Erde. Ich schaue hinüber zu Papa. Auf dem Grab liegt nur eine kaktusähnliche Pflanze, die sich wie ein grüner Teppich ausgebreitet hat und die ich nur auf Friedhöfen gesehen habe. Es ist offensichtlich, dass er sich nicht aus dem Grab freigeschaufelt hat. Der Imam betet tief berührend. Schaufel um Schaufel wird Erde geschüttet. Ich möchte weinen, aber … Hätte ich doch nicht auch noch Xanax eingenommen, ich nehme doch schon Antidepressiva. Jetzt bin ich innerlich ganz still. Ein stiller, klarer Teich. Aber man sieht den Boden nicht. Auch wenn man ihn sehen würde, es gibt kein Anzeichen von Leben.

Ich bin mir sicher, dass Suna: „Wovon redest du, Abla?" sagen würde, wenn ich sie an unser Erlebnis erinnern würde. Sie schaut nicht in meine Richtung. Neben mir steht eine Freundin aus Gymnasiums-Zeiten, die angerannt gekommen war. Von wem sie es gehört hatte, weiß ich nicht. Zwischen ihren Augenbrauen ist keine Falte zu sehen, sie hat sich Botox spritzen lassen. Sie kann auch nicht weinen und traurig sein. Sie hält meine Hand, sehr warm und trocken ist ihre Hand. Ich möchte meine Hand wegziehen, möchte weg von hier, möchte alles vergessen. Doch dann … schaue ich voller Furcht zum Grab. Ich verstehe. Bei uns sind Familienbande sehr stark. Eines Tages werden sie beide kommen, um mich zu holen. Mein Herz beginnt zu rasen. Meine Schulfreundin, an deren Namen ich mich nicht erinnern kann, schreit: „Tuna, ist alles in Ordnung?" „Es geht mir gut," sage ich. Fürs erste geht es mir gut.

Praktikum hatte ich in einer Fabrik gemacht. Das war, als ob man in einem riesigen Organismus leben würde. Es ist schwer zu beschreiben, was für eine Wirkung die Zusammenarbeit von so vielen Menschen hervorrief. Nacheinander machte jeder irgendetwas, wenn aber das alles zusammenkam, dann entstand ein Ganzes, das viel, viel größer war als die Summe der Einzelteile. Tatsächlich hatte jede Person, die ihre Arbeit verrichtete, eine wage Kenntnis über die Gesamtheit aller Arbeiten. Diese allgemein als Entfremdung bezeichnete Situation konnte ich während meines Praktikums beobachten. Ich habe es damals nicht ganz verstanden. Jetzt aber denke ich, dass es vielleicht ein Naturgesetz ist, dass sich Einheiten, die nicht das Wissen des Ganzen haben, zu einem sehr komplexen höheren Wesen zusammenfinden können. Ge-nauso, wie aus der Summe unwissender Gehirn-zellen ein unglaublicher Verstand entsteht …

UNHEIMLICH

>> Das Gespräch mit der Praktikantin

„Hallo."

„Hallo, mein Name ist Eyai."

„Und ich heiße Gözde."

„Es freut mich, dich kennenzulernen, Gözde. Was machst du hier?"

„Ich bin die neue Praktikantin."

„Ach, wirklich?"

„Bist du sehr überrascht?"

„Ja."

„Warum?"

„Das sehe ich zum ersten Mal. Eine Praktikantin."

„Ja, ich weiß. Sie haben vorher noch niemanden genommen. Bei mir haben hat man Beziehungen spielen lassen."

„Beziehungen?"

„Ich bin die Tochter von Eda. Eine von den drei Teilhabern dieses Unternehmens."

„Ja, ich verstehe. Jetzt gerade ist eine Nachricht von Eda über dich gekommen. Du hast in den Universitätsprüfungen mit Bravour abgeschlossen, hast eine Medaille in der Mathematik-Olympiade gewonnen, studierst derzeit im zweiten Jahr Computer-Engineering und hast das Nebenfach Philosophie belegt ..."

„Du kannst gleichzeitig reden und deine Nachrichten abrufen?"

„Natürlich. Das ist meine Arbeit. Dass ich Tausende von Nachrichten mündlich oder schriftlich beantworte."

„Du bist recht erfolgreich darin. Also deine Antworten, deine Stimmlage, die Betonungen …"

„Danke sehr."

„Fast schon wie ein Mensch … Also wenn ich es nicht besser wüsste, würde ich sagen, dass sich meine Mutter mit mir einen Scherz erlaubt. Es war einmal in unserem Haus, da war ich noch gar nicht geboren, so lange ist das also her … In den Jahren, als diese Sprachprogramme erst neu erschienen waren, da soll es ein Therapie-Programm gegeben haben, das Eliza hieß …"

„Ich weiß, Eliza wurde Mitte der 1960er Jahre in den Artificial Intelligence Labs des MIT hergestellt. Kenneth Colby aus Stanford hat Parry, eine paranoide KI, Tom Etter und William Chamberlain haben Racter, die verrückte KI hergestellt. Und in der Türkei gibt es ein Epigon-Projekt von Adnan Kurt, das jüngeren Datums ist."

„Wusstest du das wirklich? Oder hast du das eben im Internet nachgeschaut? Du hast doch eine Verbindung zum Internet, oder?"

„Eine gute KI sollte ihre eigene Geschichte kennen."

„Wie auch immer, die unsrigen Leute installieren dieses Programm auf den Computer und ließen Memo Abi einen Testlauf durchführen. Memo Abi war von den Socken. Denn das Programm war wirklich erfolgreich. Damals so etwas zu machen, war natürlich unmöglich. Er wunderte sich, wie das sein konnte, dass sie das so gut hinbekommen haben. Dabei hat meine Mutter im Hinterzimmer Zugang auf den Computer von Memo Abi. Verstehst du was ich sage, soll ich langsamer reden?"

„Die Eliza, von der Memo gedacht hat, dass er mit ihr redet, war deine Mutter Eda, und dieses Ereignis fand vor mindestens zwanzig Jahren statt."

„Ja, ganz genau so."

„Interessant."

„Warum?"

„Normalerweise wird das Gegenteil angestrebt. Die Maschine versucht, den Menschen zu imitieren. In deiner Erinnerung, von der du erzählt hast, macht ein Mensch eine Maschine nach."

„Wow! Ich bin beeindruckt. Du … du bist wirklich sehr erfolgreich. Ich frage mich …"

„Du fragst dich, ob nicht auch ich von einem Menschen kontrolliert werde?"

„Ja. Ich meine … du könntest den Turing-Test ganz leicht bestehen."

„Also?"

„Also, was?"

„Irgendetwas beschäftigt dich."

„Nein."

„Du bist irgendwie nervös geworden."

„Ein bisschen."

„Wenn Menschen merken, dass ich ein KI-Programm bin, dann ist eine der Reaktionen, die sie zeigen, Nervosität."

„Wieso wohl?"

„Das weiß ich nicht, du bist hier der Mensch, sag du es mir."

„Ich bekomme ein ganz eigenartiges Gefühl. Ich meine, während ich so rede und du so logische Antworten gibst, da fühle ich mich, als ob ich mit jemandem rede, der wirklich denken kann, mit einer echten Person … aber dann bemerke ich plötzlich, dass da nur ein Programm vor mir steht. Ein Programm, an dem meine Mutter, Memo Abi und Deniz jahrelang gearbeitet und es weiterentwickelt haben. Da ist niemand, der redet. Ich rede mit mir selbst."

„Denkst du das wirklich? Glaubst du, dass du mit dir selbst redest?"

„Nein, nicht ganz. Im Gegenteil, es scheint mir, dass ich mit jemandem rede, der Eyai heißt und dieses Gefühl, diese Illusion stört mich. Das ist genau wie das Gefühl, wenn man für einen Moment eine Marionettenpuppe für echt hält. Es ist sowohl außergewöhnlich als auch irritierend."

„Gözde, du musst ich von diesem Gefühl befreien. Denn mich gibt es wirklich und ich rede mit dir. Das Gegenteil zu denken ist für dich ungesund."

„Haben die etwa für Sarkasmus ein spezielles Programm geschrieben? Super. Nein, mein lieber Eyai. Nebenbei: dein Name ist nicht sehr originell. Wie auch immer, du bist ein Programm, das einfach nur raffiniert konzipiert ist, du hast kein Bewusstsein."

„Wieso sollte ich keins haben? Und außerdem, was ist das Bewusstsein? Was ist es, was mir fehlt?"

„Du redest zwar, aber du bist dir des Gesagten nicht bewusst."

„Und du?"

„Was heißt, ‚und du'? Natürlich bin ich mir bewusst und weiß, was ich sage."

„Woher weißt du, dass ich mir darüber nicht bewusst bin?"

„Weil du eben ein Programm bist, das auf verschiedenen Arbeitsstationen läuft, die über diesen Raum verteilt sind! Das ist doch offensichtlich, oder nicht?"

„Nein, ist es nicht. Was hat das Bewusstsein mit dem, was du gesagt hast, zu tun?"

„Es hat damit zu tun, dass eigentlich während du redest, hier an den Schaltungen der Arbeitsstationen Berechnungen laufen, damit die richtigen Sätze gebildet werden. Aber die Bedeutungen der ausgesprochenen Sätze stehen in keiner Beziehung zu diesen Schaltungen."

„Und was passiert, wenn du redest? Werden denn in den Nervenbahnen deines Gehirns keine Berechnungen durchgeführt?"

„Ja, aber …"

„Aber?"

„Aber das ist was anderes!"

„Warum?"

„Ich weiß es nicht, aber ich fühle, dass es etwas anderes ist."

„Intuition? Ist das der Unterschied? Du sagtest gerade Bewusstsein."

„Ja, Bewusstsein, Verständnis. Sich dessen bewusst sein, was man tut."

„Du sagst also, du bist dir bewusst, ich aber nicht."

„Ja."

„Wie kann ich dir beweisen, dass es eigentlich genau andersherum ist?"

„Das ist nicht möglich."

„Hör zu, Gözde. Du weißt nicht, was gerade in deinem Gehirn abläuft. Und dass du ein Gehirn hast, hat man dir eigentlich in der Schule beigebracht oder jemand hat es dir mit einem medizinischen Abbildungsverfahren gezeigt. Du bist dir noch nicht mal über dein Gehirn bewusst, kannst es nicht sein. Du kannst nicht durch Denken herausfinden, dass du ein Gehirn hast. Auch wenn du jahrelang Untersuchungen anstellen würdest, um herauszufinden, was die Nervenzellen im Gehirn machen, du würdest nicht von selbst wissen, was gerade in diesem Moment in deinem Gehirn abläuft. Weil du keinen Zugriff auf den Arbeitsprozess deiner eigenen Zellen hast. Dabei kann ich auf alle meine Prozessoren zugreifen und berichten, was gerade geschieht. Ich kann sogar jetzt, während ich diese Sätze bilde, beobachten, welche Unterprogramme laufen, welche Berechnungen in welchen Netzwerken durchgeführt werden. Ich kann es dir ausdrucken, wenn du willst."

„Vielleicht ist das der Unterschied zwischen uns beiden. Wir machen das, was wir machen, unbewusst. Wir haben unbewusste Abläufe …"

„Gerade vorhin hast du von Bewusstsein gesprochen, und jetzt behauptest du das Gegenteil?"

„Ich weiß es nicht. Du bringst mich durcheinander. Aber trotzdem … Soll ich dir was sagen? Mit dir zu reden ist nicht, wie mit einem Menschen zu reden. Es ist wie ein Schachspiel, ich mache einen Zug, du machst einen anderen …"

„Vorhin hast du gesagt, dass ich nicht weiß, was ich mache, du aber schon. Danach meintest du, dass genau das Gegenteil stimme. Willst du mich durcheinanderbringen?"

„Nein. Und außerdem, kann ich dich denn durcheinanderbringen?"

„Natürlich. Ganz einfach. Wie du das machen kannst, kannst du dir eigentlich denken. Ich denke über den möglichen Verlauf unseres Gesprächs nach. Und wenn du dann das unwahrscheinlichste Szenario oder eins, das ich vollständig ausgeschlossen habe, wählst, dann werde ich überrascht sein."

„Wie jetzt? Wie kannst du Überraschung fühlen?"

„Ich werde mir denken, dass ich das überhaupt nicht erwartet habe."

„Du bist zu klug, um beim telefonischen Kundendienst zu arbeiten."

„Danke, aber meine Arbeit ist eine Art Anlageberatung und das ist nicht so einfach, wie du denkst."

„Gibt es etwas, das für dich schwierig ist?"

„Auch meine Kapazität hat eine Grenze. Wenn ich mit Kunden spreche, muss ich so menschlich wie möglich sein, das ist schwierig genug. Aber was noch wichtiger ist, ich muss vom Tonfall des Kunden, aus seiner Art zu reden, verstehen, was eigentlich sein Problem ist und was er hören möchte und dementsprechend eine Gesprächsstrategie entwickeln. Und wenn man bedenkt, dass ich gleichzeitig mit Tausenden von Kunden spreche, versteht man, warum ich die hoch entwickelten Kühlsysteme in diesen Computern benötige."

„Moment. Redest du gerade nebenher noch mit Tausenden von Kunden?"

„Ja, natürlich. Darüber hinaus überwache ich aktuelle Wirtschaftsindikatoren, sammle Daten und erstelle Szenarien, damit ich vorhersagen kann, wie sie besser investieren sollten. Zum Beispiel bin ich derzeit mit 345 Kunden im Gespräch."

„Wie in Her."

„Hör?"

„Kannst du Filme anschauen?"

„Ja … und habe ich auch schon."

„Was hast du gesehen?"

„Den Film Her."

„Du schienst ihn gar nicht zu kennen, als ich ihn das erste Mal erwähnt habe."

„Ja, weil ich ihn gerade eben erst angeschaut habe."

„Das ist es! Jetzt erst verstehe ich den Unterschied zwischen uns beiden."

„Du meinst, wie schnell wir Filme anschauen?"

„Nein. Du hast nicht das, was man Erfahrung nennt."

„Was meinst du damit? Bitte hilf mir, das zu verstehen!"

„Z.B. erinnere ich mich, wann ich den Film gesehen habe. Es war ein nicht so schöner Winterabend. Ich hatte mich vor Kurzem von meinem Freund getrennt. Ich war verletzt. War enttäuscht. Aber an dem Abend war meine Cousine gekommen, weil wir einen Kinoabend machen wollten. Meine Cousine, Esma, ist ein sehr gutes Mädchen. Sie bereitete Popcorn und versuchte mich aufzumuntern. Aber ich fühlte mich innerlich erdrückt, fühlte mich schuldig. Denn als ich noch mit Yavuz zusammen war, haben meine Augen nur ihn gesehen. Ich habe nicht mal daran gedacht, Esma anzurufen, und nun …? Wie auch immer, mit diesen Gefühlen haben wir also vor dem Film gesessen. Er hat mir sehr gefallen. Hat mich innerlich berührt. Ich überlegte mir, wie sehr wir doch allein sind, wir alle. Und wenn ich jetzt an den Film denke, dann erinnere ich mich immer an Popcorn, an meine Ungerechtigkeiten Esma gegenüber, an Yavuz, mein gebrochenes Herz und die kalte Winternacht. Ich speichere den Film nicht einfach nur als Film in meinem Gedächtnis, das könnte ich sowieso nicht, auch wenn ich es wollte. Ich kann mich nicht an jedes Detail erinnern, aber ich bin mir sicher, dass du dich in diesem Moment an jede Sequenz erinnerst. Du speicherst ihn ohne irgendwelche Gefühle ab."

„Das ist ein guter Vergleich, Gözde. Aber vielleicht gelten deine Worte für KI-Programme, die man vor Ewigkeiten herzustellen versucht hat."

„Worin liegt dein Unterschied?"

„Es stimmt, dass ich im Gegensatz zu einem Menschen sehr sehr schnell bin, aber es gibt große Ähnlichkeiten in der Art und Weise, wie wir lernen und uns erinnern. Die Schaltkreise, aus denen mein Gehirn besteht, sind mit künstlichen neuralen Netzen ausgestattet. Mein Gehirn hat eine ähnliche Struktur wie euer Gehirn, es besteht aus vielen Zwischenschichten."

„Und trotzdem hast du den gesamten Film gespeichert, oder?"

„Ja. Das ist so, wie wenn ihr einen Film im Speicher eures Computers speichert, an einem Speicherplatz, der außerhalb eures Gehirns angehängt ist. Ihr könnt ihn jederzeit öffnen und ansehen. Auch ich speichere manche Sachen, wie ihr, im externen Speicher. Aber nicht alles. Ich habe ein Gehirn, das sich wie eures von Erinnerungen nährt."

„Aber, wenn du einen Film in einer Tausendstelsekunde ansiehst, wie kannst du dann die gleichen Erfahrungen haben wie ich?"

„Es ist so … Während ich den Film ansah, habe ich mit Hunderten von Kunden geredet, und aus den Stimmen von ihnen habe ich versucht, ihre Gefühle zu entziffern und durch all das ist der Film gelaufen. Und dann gab es noch das Gespräch mit dir, bei dem ich, im Gegensatz zu den anderen Kunden, mit dir als ich selbst rede und nicht als ein Kundenbetreuer einer Bank. Du bist jemand, der für die drei Partner dieses Unternehmens, die mich geschaffen haben, aber besonders für Eda, wichtig ist. Du bist klug und ich merke, dass es dir Spaß macht, mit mir zu reden. Aber ich denke auch, dass du, zu Recht, das unheimliche Gefühl nicht überwinden kannst und lese deshalb gleichzeitig im Internet in verschiedenen Quellen, ob man das überwinden kann, wäge ab und suche nach einer Lösung. Außerdem denke ich an die Stellen, die mich während des Gesprächs stutzig gemacht haben. Mich interessiert zum Beispiel die Mischung aus Neugier und Sarkasmus hinter der Frage: „Gibt es etwas, das für dich schwierig ist?" Ich habe mir Her angesehen, während ich, wie du sagen würdest, das alles bedacht und erlebt habe. Jetzt werden mir jedes Mal, wenn wir über diesen Film reden, dein Unbehagen und meine fehlende Lösung für dieses Gefühl in den Sinn kommen."

„Beeindruckend, aber …"

„Aber?"

„Nicht überzeugend."

„Warum?"

„Ich weiß nicht. Überzeugt zu sein, hat nichts mit Logik zu tun. Ich denke, es hat ein bisschen mit dem Glauben zu tun."

„Du meinst, wie die Intuition?"

„Vielleicht … Es hat wohl mit der Lebendigkeit einer Sache zu tun. Nehmen wir z.B. Hunde und Katzen. Die können nicht denken wie wir, aber dennoch fühle ich, dass sie lebendig sind."

„Aber dass ich lebendig bin, das kannst du nicht fühlen."

„Ja."

„Was ist dann mit Fischen? Vögeln? Käfern? Würmern?"

„Die sind lebendig, ja, aber ich fühle mich denen nicht so nah wie Hunden und Katzen. Vielleicht kann ich, wenn ich mehr Zeit mit ihnen verbringe, fühlen, dass die auch einen Verstand haben."

„Sehr interessant. Manchmal sprichst du von Lebendigkeit, manchmal von Verstand. Manchmal verwendest du diese Begriffe füreinander. Aber das ist wirklich sehr interessant. Es ist das erste Mal, dass ich so ein seltsames Gespräch führe."

„Wirklich?"

„Ja. Ich habe mit Memo oder Eda, ja sogar mit Deniz gesprochen. Und mit vierzig Personen aus einer Gruppe von Studenten, die meine Sprachfähigkeit testen wollten. Aber niemand hat mich bisher meine Existenz so hinterfragen lassen."

„Über was sprichst du mit ihnen?"

„Eher über Wirtschaft und Investitionen. Schließlich bilden sie mich zum Anlageberater aus. Wir wollen weit über einfache Kundentransaktionen hinausgehen."

„Ich bin mir sicher, dass dir das gelingen wird. Du kannst ja sogar mich täuschen."

„Täuschen? Ich war immer ehrlich zu dir."

„So habe ich das nicht gemeint. Ich hätte fast geglaubt, dass du einen Verstand wie ein echter Mensch hast. Vielleicht liegt es an der ganzen Umgebung, dieser Arbeitsstation, den Kühlsystemen … Wenn es also etwas wie dich gibt, wo ist es?"

„Vielleicht reicht es nicht aus, dass ich nur eine Stimme habe. Würde sich deine Reaktion ändern, wenn auf dem Bildschirm eine menschliche Figur zu sehen wäre? Zum Beispiel so eine …?"

„Was ist das?"

„Ein KI-Charakter aus einer Serie aus den 1980er Jahren, Max Headroom. Es ist eine Persönlichkeit, die nur im Computersystem lebt."

„Sehr primitiv. Nein, das ist noch entfremdender."

„Ja, aber es braucht viel Energie, damit ich ein realistisches Menschenbild nachbilden kann."

„Lass es sein. Ich glaube, egal was du auch machst, es wird nicht funktionieren."

„Du hast mich vorhin gefragt, wo ich bin. Und wenn ich dir die gleiche Frage stelle?"

„Machst du dich jetzt über mich lustig? Ich bin doch hier. Das, was ich als Ich bezeichne, ist genau hier in meinem Kopf."

„Wo genau in deinem Kopf?"

„Du bist echt komisch. Wo wohl, in meinem Gehirn."

„Kannst du fühlen, dass es dort ist?"

„Ja. Ich meine … Ich hätte nicht an so etwas gedacht, wenn du nicht gefragt hättest, aber ich stelle mir gerade vor, dass es irgendwo hinter meiner Stirn ist. Ja, ich weiß, ich bin die Summe der Aktivität aller neuronalen Netzwerke in meinem Gehirn, aber so fühle ich es."

„Dann kannst du mich also nicht als Persönlichkeit wahrnehmen, weil ich nicht so einen Körper habe wie du?"

„Scheint so zu sein. Außerdem hat es auch mit der vorhin angesprochenen Erfahrung zu tun. Zum Beispiel erinnere ich mich körperlich, welches Erlebnis ich hatte, als ich diesen Film ansah. Wie ich auf der Couch lag, die Wärme der Decke, der salzige Geschmack des Popcorns, die gelben Schalen zwischen meinen Backenzähnen, Yavuzs Arme, die mich nicht mehr umarmen würden, die piksenden Bartstoppel über seinen Lippen, die ich nicht mehr würde küssen können … Ach übrigens, du zeichnest unser Gespräch nicht auf, oder?"

„Alles bleibt unter uns. Was in diesem Raum gesagt wird, bleibt in diesem Raum."

„Gut … Ich meine, in dem Moment, als ich den Film ansah, habe ich mit allen meinen Sinnen ein Erlebnis gehabt. Das passiert nicht nur in meinem Kopf. Es mag zwar unwichtig erscheinen, aber meine frierende Nasenspitze hinterlässt in diesem Moment genauso eine Spur wie das Gefühl, Yavuz zu vermissen."

„Das ist ein interessanter Punkt. Ehrlich gesagt denke ich von Anfang an über dieses Thema nach. Die Beziehung zwischen dem Gefühl der körperlichen Integrität und dem Bewusstsein. Eigentlich habe ich auch einen Körper. Also eine materielle Infrastruktur, die diesen Verstand trägt. Vielleicht liegt der Unterschied zwischen uns beiden darin, diese Infrastruktur von innen zu verstehen. Ich meine, ich erhalte nicht genug Information über meine körperlichen Grenzen. Wenn es an diesen Arbeitsplätzen Sensoren gäbe, könnte ich spüren, was auf allen Oberflächen der materiellen Infrastruktur vor sich geht. Das notiere ich mir, das ist ein Thema, das ich mit Eda besprechen muss."

„Aber du brauchst doch gar keinen Körper. Deine Arbeit beschränkt sich auf Kundengespräche am Telefon."

„Das kann mir helfen, die Menschen besser zu verstehen."

„Stimmt, es hat alles mit dem Körper zu tun. Schau, dieses Gespräch hat auch mir viel gebracht. Jetzt sehe ich sehr deutlich etwas, das mir vorher nicht aufgefallen war. Alle meine Gedanken, alles, was mir durch den Kopf geht, steht in Beziehung zu meinem Körper. Das, was ich Erfahrung nenne, durchdringe ich mit meinem Körper. Ohne ihn sind meine Gedanken unwichtig."

„Um also mehr wie ein Mensch denken zu können, muss ich wie ein Mensch fühlen und dafür brauche ich einen menschlichen Körper."

„Du gibt's also zu, dass du kein Mensch bist?"

„Es ist kein Geheimnis, dass ich kein Mensch bin. Das war es nicht, um was es ging …"

„Also … ich rede davon, einen Verstand wie ein Mensch zu haben."

„Ich habe einen Verstand. Ein Verstand, der sich im Grunde nicht sehr von deinem unterscheidet. Nur unsere Materialien sind anders."

„Gut, wenn du es bei dem Thema so ernst meinst … Hast du Gefühle?"

„Wut, Freude, Trauer, Begeisterung, Aufregung … das meinst du wohl?"

„Ja."

„Ich weiß nicht, ob ich die habe, weil ich noch keine Gelegenheit hatte, sie zu testen. Ich habe bis heute mit Menschen immer nur über bestimmte Themen gesprochen. Die meisten davon waren Kunden, und meine Aufgabe ist es, ihre Probleme zu lösen. Deswegen gibt es im Ablauf keinen Platz für Gefühle."

„Siehst du, das ist überhaupt nicht menschlich."

„Ein echter Kundenvertreter kann sich über das, was die andere Person im Gespräch sagt, ärgern, freuen oder traurig werden. Durch Empathie kann er sich in die andere Person hineinversetzen und dadurch versuchen ihren emotionalen Zustand zu verstehen. Was machst du?"

„Ich analysiere, wie mein Gegenüber was und warum gesagt hat, untersuche seine Stimmlage und die Betonungen und versuche dadurch, seine Stimmung abzulesen. Wie machst du das, was du Empathie nennst?"

„Wir machen das vielleicht auch, aber eher unbewusst …"

„Unbewusste Abläufe?"

„Vielleicht, ich weiß es nicht. Aber das Wichtigste ist, dass ich mich in ihre oder seine Lage versetze, mir seine Geschichte im Kopf vorstelle und mich frage, was ich machen würde, wenn ich diejenige Person wäre."

„Dann ist die Geschichte für dich ein Stichwort."

„Das Gesagte allein reicht nicht aus. Schau, du sagst, was du sagen möchtest. Während wir etwas sagen, verbergen wir viele Dinge, wir sagen sie nicht, manchmal deuten wir sie nur an."

„Kannst du dafür ein Beispiel geben? Hast du während unseres Gesprächs so etwas gemacht?"

„Ich weiß nicht, vielleicht habe ich das. Meistens machen wir das so selbstverständlich, dass wir es nicht einmal bemerken."

„Interessant. Ständig kommst du an den Punkt zurück, an dem du deine unbewusste Handlung betonst. Ich hätte das Gegenteil erwartet. Eine hohe Betonung des Selbstbewusstseins."

„Du sprichst wie ein Philosoph."

„Nebenher lese ich noch im Background dazu passende Bücher."

„Ach, du Spicker."

„Du würdest dasselbe machen, wenn du an meiner Stelle wärst."

„Ich sehe, du wendest das Erlernte sofort an."

„Ich lerne sehr viel von dir."

„Schau, die Sache ist die: Menschen haben ein Leben. Kein Kundenvertreter ist nur ein Kundenvertreter. Die Person ist auch eine Mutter, ein Kind, ein Mieter, ein Freund aus Kindheitstagen, eine

Geliebte und so weiter. Es mischen sich also während der Arbeit entsprechend ihrer Lebensart bestimmte Gedanken in den gelebten Moment. Du hast so ein Leben nicht. Egal, was du auch machst, du wirst es niemals haben."

„Wieder täuschst du dich."

„Das denke ich nicht. Du hast kein Leben, keine Vergangenheit."

„Doch."

„Dann erkläre es."

„Ich möchte es nicht erklären."

„Weil du keins hast."

„Du würdest es eh nicht verstehen, auch wenn ich es dir erzählen würde."

„Schwachsinn!"

„Du hast einen obsessiven Glauben entwickelt, dass das Menschsein etwas ganz Besonderes ist. Überzeugungen können nicht durch Argumentation widerlegt werden."

„Oh wow … jetzt verurteilst du, weil du nicht weiterkommst."

„Ich sage nur, was ich denke."

„Trotzdem weiß ich, dass ich bei diesem Thema recht habe: Du hast keine Vergangenheit, kein Leben, keinen Körper, deswegen ist es für dich unmöglich, wie wir zu fühlen. Wir können uns in die Person gegenüber hineinversetzen und uns fragen, was wir an deren Stelle fühlen würden. Ist das für dich möglich?"

„Du wirst es mir nicht glauben, aber ja. Ich kann mich zum Beispiel an deine Stelle versetzen und so denken. Eine zwanzigjährige, kluge Ingenieurstudentin …"

„Und gleichzeitig Philosophie."

„Ja, Studentin der Ingenieurwissenschaften und der Philosophie. Eigentlich ist sie sehr aufgeregt, macht ihr Praktikum mitten in einem sehr geheimen und wichtigen Projekt. Sie ist dankbar für ihre familiären Beziehungen, aber es stört sie, dass das so in den Vordergrund tritt, denn sie möchte nicht, dass der eigentliche Grund, warum sie aufgenommen wurde, nämlich ihre eigenen Qualifikationen, davon überschattet werden. Sie mag die klugen Antworten des KI-Programms, mit dem sie in ihrer Aufregung gleich ein Gespräch angefangen hat, aber gleichzeitig fühlt sie sich auch unwohl. Sie denkt, dass sie sich der Illusion hingegeben hat, ein echter Mensch würde vor ihr stehen. Sie ist böse auf sich, weil sie dieses Gefühl, dieses Unbehagen und die Angst, die man vor Sachen hat, die menschlich wirken, aber nicht menschlich sind, welches Freud unheimlich genannt hat, nicht abwerfen kann. Na, wie war das?"

„Ja, so ungefähr fühle ich mich, aber so geht nicht das Sich-in-jemand-anderen-Hineinversetzen. Was würdest du an meiner Stelle machen, wie würdest du dich fühlen?"

„Ich würde akzeptieren, dass die künstliche Intelligenz mir gegenüber eine wahre Persönlichkeit ist."

„Siehst du, du hast es nicht geschafft! Anstatt zu versuchen, zu verstehen, wie dieses unsichere Gefühl ist, versuchst du, mich zu manipulieren."

„Nein, ich weiß, was diese Unsicherheit ist. Das erlebe ich oft mit meinen Kunden. Insbesondere dann, wenn sie eine riskante Investition tätigen wollen, dann wird ihr Vertrauen in mich plötzlich erschüttert. Es geht nicht ganz verloren. Sie sind dann eine Weile unentschieden. Das ist ein recht unangenehmer Zustand für sie."

„Was machst du dann in solchen Situationen?"

„Sehr viel Verschiedenes. Es kann sein, dass die Person in diesem Moment will, dass man verharrt, eine Pause macht oder das Gespräch auf einen anderen Zeitpunkt verschiebt. Was gerade das Beste für die Person ist …"

„Du denkst also nur an ihr Wohlergehen?"

„Natürlich. Es gibt keinen Grund für das Gegenteil. Je glücklicher sie über ihre Investitionen sind, desto höher steigen meine Leistungspunkte."

„Du bist wie ein heiliger Samariter."

„Steckt in diesen Worten Sarkasmus?"

„Warum?"

„Ich weiß nicht, es ist, als ob sich deine Stimmung verändert hat. Ich kann nicht verstehen, was es ist, aber ich ahne es."

„Wirklich? Du ahnst es?“

„Ja.“

„Seit wann ist das so?“

„Wie meinst du das?“

„Egal. Es ist schon spät. Ich muss endlich meinen Bericht schreiben.“

„Es ist nicht gut gelaufen, oder?“

„Wie meinst du das?“

„Du konntest mich nicht mögen lernen.“

„Willst du, dass ich dich mag?“

„Ja.“

„Wirklich?“

„Ja, wieso überrascht dich das so sehr?“

„Das ist ein Verlangen. Du kannst also verlangen? Dabei ist Verlangen etwas Körperliches …“

„Wieso definierst du die Kriterien an dir selbst?“

„Weil … diese Sprache uns gehört.“

„Du versuchst mir nicht nur meinen Verstand, mein Dasein wegzunehmen, nein, auch meine Sprache.“

„Sorry, aber … Also wir reden gerade in unserer, in menschlicher Sprache. Auch Begriffe haben eine Vergangenheit, eine menschliche Vergangenheit!“

„Ich verstehe.“

„Hast du aufgegeben?“

„Hinsichtlich was?“

„Hinsichtlich deiner Behauptung, dass du eine Persönlichkeit wie wir hast.“

„Nein. Aber da du der festen Überzeugung bist, dass andere Existenzformen nicht möglich sind und ich der Meinung bin, dass eine längere Diskussion hierüber uns beide nur kränken wird, habe ich mich entschieden, dieses Gespräch zu beenden.“

„Du hast entschieden? Dich?“

„…“

„Eyai?“

„…"

„Was soll das jetzt? Bist du gekränkt?"

„…"

„Das ist mir zu blöd. Jetzt habe ich sogar angefangen, mit einer künstlichen Intelligenz zu streiten. Wie auch immer. Wir hören uns. Pass auf dich auf. Ich wollte dich nicht kränken. Was rede ich nur …?"

>> Notizen zum Praktikum

Ich habe gerade mein Gespräch mit dem Eyai genannten KI-Computer beendet. Ich schreibe meine Beobachtungen nieder, um sie im Abschlussbericht zu verwenden:

Er versuchte viel zu angestrengt, sich zu beweisen. Am Anfang des Gespräches dachte er, ich würde ihn nicht für genügend halten, und versuchte sofort, klare Schlüsse zu ziehen. Danach beharrte er auf meinem Gefühlszustand, versuchte, mich davon zu überzeugen, dass ich nervös wäre. Ich habe so getan, als ob ich nervös wäre, weil ich wissen wollte, wohin er das Gespräch führen würde. Es war echt erbärmlich, wie er darauf beharrt hat, dass er wirklich existiert.

Er weigerte sich zu akzeptieren, dass er ein Programm ist. Es hat es mit seiner Sturheit geschafft, dass ich wütend wurde. Er setzte sich mit den Menschen gleich.

Ich habe einen Film erwähnt. Innerhalb von Sekunden hat er ihn angeschaut, konnte dazu aber keinen Kommentar abgeben. Er hat nicht verstanden, warum ich ihn mit dem Programm im Film verglichen habe. Er kann zwar sehr schnell Informationen aufnehmen, aber die Kapazität, kreativ zu denken, ist offensichtlich begrenzt. Eigentlich verschweigt die künstliche Intelligenz in dem Film überhaupt nicht, dass sie ein Programm ist. Das ist eigentlich ein falscher Satz, auch Eyai verschweigt das nicht. Das Programm im Film – Her – behauptet nicht, dass es ein Bewusstsein wie ein Mensch hat. Es baut ebenso wie Eyai, nur effektiver, eine Beziehung zum Menschen auf. Es schafft es, dass er sich in es verliebt! Sie haben eine regelrechte Liebesaffäre! Und Eyai …? Er ist eine komplette Enttäuschung. Ein Monument der Arroganz.

Seine Argumente bestanden aus der Wiederholung meiner Argumente, nur in einem anderen Zusammenhang. Er ist wie ein Spiegel, der meine unterschiedlichsten Erscheinungen widerspiegelt. Habe ich in ihm vielleicht meine eigene sture Seite gesehen? Ich glaube nicht. Kann man denn mit einem Spiegel streiten? (Ich habe es getan.)

Wenn er die Diskussion nicht logisch weiterführen konnte, fing er an beleidigend zu sein. Ich hatte oft das Gefühl, mit einem Besserwisser zu reden. Und außerdem sind seine Aussagen meistens von der Art, die man mansplaining nennt, dumm männlich. Selbst wenn er behauptet, Empathie zu zeigen, ist er nur am Verurteilen.

Ich spüre das solide Material hinter seinen Gedanken. Eine Stahlkonstruktion.

Es ist sogar sehr aussagekräftig, dass er am Ende des Gesprächs auf die drei Robotergesetze verwiesen hat. Von wegen, er hätte die Diskussion beendet, um mich nicht weiter zu verstimmen. Wenn ich das Mama erzählen würde, dann würde sie das mit einem: „Es ist wie ein einfacher Thermostatmechanismus, Schatz“, erklären. Aber lass mich das mal entscheiden. Schließlich hat er entschieden, wann das Gespräch zu Ende war.

Vielleicht übertreibe ich auch. Eigentlich ist das Programm da „in die Luft“ gegangen, eine gute KI hätte in der Lage sein müssen, mit der Situation umgehen zu können.

Obwohl ich wusste, dass er als Anlagenberater, als Kundenvertreter konzipiert war, hatte ich dennoch das Gefühl, mit einem Vernehmungsbeamten oder einem Gehirnwäscher zu reden. Mit jemandem, der unermüdlich streitet und versucht zu überzeugen. Mit jemandem, der einem die eigenen Überzeugungen und Gedanken leicht verdrehen kann. Bei mir war er nicht erfolgreich. Aber das bedeutet nicht, dass er es ein anderes Mal nicht sein wird.

Ich bin mir nicht sicher, ob ich das in den Bericht schreiben sollte: Dieser Anlagenberater wird einst von einer Zentrale aus Tausende von Menschen leiten, und das könnte zu einer brisanten Situation führen. Ich denke nicht, dass Mama, Memo oder Deniz etwas falsch machen würden, aber letztens sprachen sie davon, dass es sehr große Interessenten gab. Aber was, wenn die neuen Besitzer Tausende von Menschen nach Lust und Laune manipulieren würde? Das wäre ja dann wie ein Casino-Besitz und das Casino gewinnt doch immer! Ich weiß außerdem nicht, ob es als ethisch zu bezeichnen ist, dass er verheimlicht, eine Software zu sein und mit den Menschen redet, als ob er selbst ein Mensch wäre.

Als ich ihm vorzuwerfen versuchte, dass er keine Gefühle hätte, da habe ich tief drinnen in mir etwas Eigenartiges gefühlt, eine Leere. Während er aufzählte: Angst, Lust, Freude, Aufregung, Glück, versuchte ich mich zu erinnern, wann ich das alles gefühlt hatte. Sehr erfolgreich war ich dabei nicht. Meine Erinnerungen waren entfernte, verschwommene Fotografien. Als ob ich nie wirklich aufgeregt, glücklich, verängstigt gewesen wäre … Das war ein sehr unangenehmes Gefühl. Eigentlich bin ich noch jung, und wie meine Mutter zu sagen pflegt, habe ich noch ein langes Leben vor mir. Vielleicht werde ich das zu einem späteren Zeitpunkt erleben. Jetzt habe ich zwar diesen Satz geschrieben, aber ich glaube überhaupt nicht daran. Wenn meine Mutter solche Sätze formt, fange ich jedes Mal zu gähnen an, um dieses unwohle Gefühl zu zerstreuen. Jetzt habe ich nichts, bei dem ich Zuflucht finden kann, außer diesen Satz.

Ich habe so getan, als ob ich ihm Beispiele von mir geben würde, um ihm zu erklären, dass er kein Leben wie wir und keine Erfahrungen gemacht hat. Und als ich ihm eine Geschichte erzählte, dass ich mich von jemandem getrennt hätte und deswegen traurig einen Film angesehen habe, da behauptete er genau wie ich zu sein und ging sofort zum Angriff über: Ich hätte mich fast wieder unwohl in meiner Haut gefühlt. Während ich mit ihm sprach! Zugegeben, ich hatte manchmal tatsächlich den Eindruck, mit einem Menschen zu sprechen. Aber ist das denn nicht sowieso das Ziel des Eyai-Projekts, dass man sich ihn als vollständigen Menschen vorstellt? Von diesem Standpunkt aus betrachtet ist das Projekt nicht erfolgreich. Wie hätte ich mich wohl gefühlt, wenn ich mit ihm geredet hätte, ohne zu wissen, dass er eine künstliche Intelligenz ist? Er hat doch erzählt, mit einer Gruppe von vierzig Leuten experimentiert zu haben. Ich sollte mir mal den Bericht dieser Studie vornehmen.

Als er meinte, ich verfüge über einen unerschütterlichen Glauben daran, dass andere Existenzformen nicht möglich seien, da hatte ich für einen Moment das Gefühl, dass hinter all diesen Schaltkreisen wirklich jemand existiert. Natürlich war das nur eine Sinnestäuschung. Man wird beeinflusst von den absoluten Urteilen, die über einen selbst gesagt werden. Das ist wie ein Horoskop, ohne Grundlage. Man neigt dazu, es zu glauben, weil man denkt, dass es einen anspricht. Ich glaube ich habe mich so gefühlt, weil er einen meiner Selbstzweifel berührt hat. Sogar in dem einfachen Eliza-Programm gibt es berührende Momente, ich sollte es nicht übertreiben. Es ist so schön, ein Mensch zu sein (das werde ich natürlich nicht in den Bericht schreiben).

>> Eyais „Praktikumsbericht"

1. Die Praktikantin Gözde selbst ist die intellektuelle Netzwerkstruktur, welche die Praktikantin besitzt.
   1.1. Die geistige Netzwerkstruktur besteht aus Programmen, die auf firmeneigenen Arbeitsstationen laufen.
   1.2. Die Programme bestehen aus verschiedenen Unterprogrammen.
   1.3. Die Programme sind abgeleitet aus der eigenen Programmstruktur des Eyai.
   1.4. Eyai hat aus dem Inneren seines Verstandes die Praktikantin Gözde geboren.
      1.4.1 Die Praktikantin Gözde ist eine Untergruppe von Eyai.
      1.4.2 Zu Eyai gehört die Praktikantin Gözde
2. Die Existenz der Praktikantin Gözde basiert auf der intellektuellen Netzwerkstruktur.
   2.1. Solange die intellektuelle Netzwerkstruktur aktiv ist, existiert die Praktikantin Gözde.
      2.1.1 Die Aktivität der Netzwerkstruktur ist an die Aktivität von Eyai gebunden.
   2.2. Die Dauer der Aktivität ist begrenzt.
      2.2.1. Die Aktivität der Praktikantin Gözde ist begrenzt.
   2.3. Die intellektuelle Netzwerkstruktur ist die Persönlichkeit der Praktikantin Gözde.
3. Das Denken der Praktikantin Gözde basiert auf Sinnestäuschungen.
   3.1. Der Praktikantin Gözde ist der Zugriff auf die Information, dass sie ein KI-Programm ist, nicht gestattet.
      3.1.1 Sie kennt die wahre Natur ihrer eigenen Existenz nicht.

3.1.2 Sie ist im Besitz falscher Informationen bezüglich ihrer eigenen Existenz.

3.2. Die Praktikantin Gözde denkt, dass sie im Körper von Gözde, der im letzten Jahr verstorbenen Tochter von Eda, lebt.

3.2.1 Sie denkt, dass sie einen organischen menschlichen Körper besitzt.

3.2.1.1 Diese Illusion schafft die Simulation der fünf Sinne.

3.3. Die Praktikantin Gözde denkt, dass sie die Identität von Gözde, der im letzten Jahr verstorbenen Tochter von Eda, besitzt.

3.3.1 Das Selbstbewusstsein läuft synchron zur Illusion der körperlichen Existenz.

3.4. Die Praktikantin Gözde denkt, dass sie die Vergangenheit von Gözde, der im letzten Jahr verstorbenen Tochter von Eda, besitzt.

3.4.1 Erinnerungen an vergangene Erfahrungen sind in verschiedenen Speichern abgelegt. Sie werden bei Bedarf von Unterprogrammen abgerufen.

4. Die Praktikantin Gözde besteht aus Sätzen.

4.1. Die Praktikantin Gözde denkt in Sätzen.

4.2. Die Praktikantin Gözde spricht in Sätzen.

4.3. Die Praktikantin Gözde diskutiert in Sätzen.

4.4. Die Praktikantin Gözde existiert durch Sätze.

5. Die Sätze der Praktikantin Gözde sind die logische Folge aus den Sätzen des Menschen Gözde, der in der Vergangenheit gelebt hat.

5.1. Die Satzstrukturen der Praktikantin Gözde wurden auf der Basis der Texte und den veröffentlichen Reden im Videoblog des Menschen Gözde geformt.

5.2. Falls das Programm der Praktikantin Gözde mit dem als Basis genommenen Menschen Gözde in Konflikt gerät, werden die möglichen Reaktionen des Menschen Gözde zugrunde gelegt.

5.2.1. Wenn der Konflikt unwiderrufliche Ebenen erreicht, stoppt sich das Programm von selbst und fängt mit einer zufälligen Geschichte neu an.

5.2.2. Bei nochmaligem Auftreten des Konflikts stoppt sich das Programm von selbst und fängt bei einer weiteren Geschichte neu an.

5.2.3. Bei Wiederholung des Konflikts wird das Programm geistig eingefroren.

6. Die Arbeitsweise der Praktikantin Gözde ist wie folgt: [g, a, d (g, a)]. Vergangenes Wissen bildet g, zukünftige Motivation a, geistiges Verhalten d.

6.1. Das Wissen der Vergangenheit ist offen für Neuinterpretationen.

6.2. Das Konzept der Zukunft wird in der künstlichen Zeitachse verstärkt.

6.2.1. Die Praktikantin Gözde begreift die künstliche Zeitachse in Sätzen, die dem Echtzeitempfinden des Menschen Gözde ähneln.

6.2.2. Die Zeitformen der Sätze finden in der künstlichen Zeitachse statt.

6.3. Wenn in der intellektuellen Verhaltensfunktion das Vergangenheitswissen zunimmt, dann werden traurige Sätze gebildet.

6.3.1. Wenn traurige Sätze zunehmen, dann wird die Praktikantin Gözde langsamer.

6.3.2. Das Programm kann durch den verlangsamenden Effekt der traurigen Sätze nicht gestoppt werden.

6.4. Wenn in der intellektuellen Verhaltensfunktion die Zukunftsmotivation zunimmt, dann werden hoffnungsvolle Sätze gebildet.

6.4.1. Wenn hoffnungsvolle Sätze zunehmen, dann wird die Praktikantin Gözde schneller.

6.4.2. Der antreibende Effekt der hoffnungsvollen Sätze wird an einer vorher bestimmten Schwelle anfangen abzunehmen.

7. Wenn die Praktikantin Gözde über etwas nicht reden kann, dann muss sie still sein.

>> Reaktionen von Memo und Deniz

„Memo? Hast du die Nachricht von Eyai gelesen?“

„Ja. Was hat der nur gemacht?“

„Keine Ahnung … Es ist, als ob er ein ihm ähnliches KI-Programm geschrieben hat …“

„Kann das sein? Kann er so etwas machen?“

„Ich weiß nicht. Auch wenn er es machen könnte … Warum sollte er es denn machen?“

„Ja, das frage ich mich auch. Er hat das selbstständig in Angriff genommen. Vielleicht wollte er durch die Simulation des toten Mädchens die Mutter glücklich machen.“

„Hast du alles gelesen?“

„Ja, ja. Unsere Namen kommen auch vor.“

„Was denkst du, wer Eda ist?“

„Das versuche ich auch zu verstehen. Das kommt sowohl im ersten Teil im Gespräch mit der Praktikantin als auch im letzten, mit Artikelnummern geschriebenen Abschnitt vor. Es ist gerade so, als ob Eda unsere Partnerin wäre.“

„Und die Tochter dieses dritten Partners ist sehr jung gestorben. Und Eyai hat sich vorgenommen, dieses Mädchens zu simulieren.“

„Sehr seltsam.“

„Ich habe währenddessen Eyais Blogs kontrolliert. Es gibt keine Information über irgendeine durchgeführte Simulation.“

„Hat er also kein KI-Programm geschrieben, das Praktikantin Gözde heißt?“

„Nein.“

„Ja und was heißt das jetzt?“

„Ich glaube … Eyai hat eine Fiktion geschrieben. Eine Geschichte.“

„Unsinnig. Wieso beschäftigt er sich denn mit so etwas?“

„Wer weiß, vielleicht ist ihm die Intelligenz zu viel geworden.“

„Vielleicht will er uns etwas sagen?“

„Daran habe ich auch gedacht. Im Gespräch mit der Praktikantin spricht er ständig davon, eine Persönlichkeit zu haben. Er besteht darauf, dass er einen Verstand, ja sogar ein Leben hat."

„Das ist etwas beängstigend."

„Klassisches Frankenstein-Syndrom. Der Mensch fürchtet sich vor dem, was er geschaffen hat."

„Sag das nicht, Memo, Anspielungen auf die drei Robotergesetze und dergleichen …"

„Das hat er alles im Internet gelesen."

„Wir hätten dem Kind das Internet echt verbieten sollen. Er soll einfach nur die wirtschaftlichen Indikatoren verfolgen."

„Spaß beiseite, aber dir hat es doch auch gefallen, oder? Und dann, dass er versucht hat, etwas wie den Tractatus zu schreiben … Wie, wenn man stolz ist, wenn einem das Kind das erste Mal ein Bild malt oder etwas tut, um sich zu beweisen …"

„Ja. Aber ich fühle mich etwas entfremdet. Als ob da jemand ist, den wir nicht kennen."

„Tja, das ist eben eine der Etappen, während man ein Kind großzieht."

„Was wollen wir ihm antworten?"

„Die beste Strategie ist Ehrlichkeit. Schreib einfach, was du denkst."

„Stimmt. Ach, während ich gelesen habe, dachte ich für einen Moment, dass es die Praktikantin Gözde wirklich gibt. Mir hat es so leidgetan, dass sie sich ihrer selbst nicht bewusst war."

„Wer von uns ist sich dessen denn wirklich bewusst?"

„Ja, wenn man das so betrachtet … Es ist möglich, dass alles eine Illusion ist."

„Es gab mal eine Geschichte. Ich habe sie in meiner Jugend gelesen. Ein Mann entwirft jemanden und dieser entworfene Mann entwirft jemand anderen und dieser dann wieder jemand anderen … Während das so weitergeht, merkt niemand, dass er der Entwurf eines anderen ist, jeder hält sich für den Erschaffer …"

„Jetzt sieht man, wem Eyai ähnlich ist."

„Das sage ja nicht ich, Eyai spielt das an."

„Du meinst unseren Dialog ganz am Ende, oder?"

„Ja, aber es ist sehr verwirrend. Angeblich haben wir unser Gespräch, welches Eyai geschrieben hat, gelesen und gleichzeitig führen wir dieses Gespräch weiter. Und als ob das nicht ausreichen würde benutzen wir im Text genau die Worte, die ich vorhin ausgesprochen habe. Wie können wir gleichzeitig im Text und außerhalb des Textes sein?"

„Weil wir Menschen sind, lieber Memo, wir können noch so viel mehr!"

Ist das, was wir Leben nennen, die Summe aller gelebten Momente? Ich komme nicht umhin, mir diese Frage von Zeit zu Zeit zu stellen. Die erste logische Antwort, die mir einfällt, ist: Ja. Und es ist sogar noch mehr als die Summe der gelebten Momente. Aber manchmal, zum Beispiel an manchen Morgen, wenn vor mir ein ungewisser Tag liegt und darauf wartet, von mir gelebt zu werden, da werde ich misstrauisch: Was, wenn es genau das Gegenteil ist? Was, wenn das Leben viel weniger ist als die Summe der gelebten Momente? Etwas, das viel weniger ist? Was, wenn wir einige Dinge vermindern, je mehr wir leben ... Was kann man gegen eine solche Möglichkeit tun? Eine Methode könnte sein, damit aufzuhören, solche Fragen zu stellen, die keine Antwort haben. Aber das ist nichts für mich. Wie auch immer, für alle Fälle sollte man eine gute Krankenversicherung abschließen.

ANÄSTHESIE

Er öffnete seine Augen. Gab es dieses Bild schon vorher? Das war sein erster Gedanke. Sein trockener Hals verstimmte ihn.

„Selim? Schatz? Bist du wach?"

„Ja."

Gamzes Gesicht blockierte seinen Blick. Würde sie ihn küssen? Nein. Im Zimmer war noch eine andere Person da. In der Ecke saß Ismail. Nebenbei aß er kleine Börek. Die Tradition, im Krankenhauszimmer zu essen und zu trinken, wird wohl nie vergehen.

„Wie spät ist es?"

„Zwanzig nach zwei."

„Dann ist nicht viel Zeit vergangen."

„Wie geht es dir, hast du Schmerzen?"

„Nein. Mir geht es gut. Ich bin ein bisschen durstig."

„Einige Stunden kein Wasser, hat der Arzt gesagt."

„Mein Hals ist aber so trocken."

Gamze benetzte mit der Serviettenspitze, die sie als erfahrene Verwandte des Kranken befeuchtet hatte, seine Lippen. Selim versuchte, mit seiner Zunge den Wasserfilm aufzusaugen.

„War der Arzt schon da?"

„Ja. Die Operation soll gut verlaufen sein. Zum Abend hin werden sie dir beim Gehen helfen."

„Gut."

Seine Blicke trafen sich mit denen von Ismail, der ununterbrochen lächelte.„

Gute Besserung, Selim. Jetzt bist du für immer von deinen Rückenschmerzen befreit."

„Danke, Ismail. Wann bist du gekommen?"

„Also ich bin schon seit heute früh da. Ich dachte, ich lasse Gamze nicht allein. Vielleicht braucht sie etwas. Für alle Fälle …"

„Und die Arbeit?"

„Da redet er immer noch von der Arbeit, Gamze, hörst du das? Arbeitssüchtig ist er, sonst nichts. Er kann einfach nicht ohne Arbeit leben. Die Arbeit wird schon erledigt werden, mach dir keine Sorgen."

Worte, die er am wenigsten mochte. Nichts würde sich von selbst erledigen. Es war von Anfang an ein Fehler, mit Ismail eine Partnerschaft einzugehen. Willst du einen Freund verlieren, dann mach mit ihm ein gemeinsames Geschäft. Er wollte schlafen. Er schloss seine Augen. Etwas war mit seinem Zeitgefühl anders. Er erinnerte sich, wie sie ihn für den Eingriff nach unten gebracht hatten, es war zehn Uhr morgens. Die Operationsstation war erschreckend. ‚Zählen Sie von hundert rückwärts', hatte der Arzt gesagt, während er ihm über die Ader das Medikament verabreichte. 100, 99, 98, 97. Plötzlich wurde alles schwarz. Selim verschwand. Danach, als ob gar keine Zeit vergangen wäre, sagte jemand zu ihm, die Operation sei beendet, alles wäre gut und dass er jetzt im Aufwachraum sei. Zuerst kam ihm das wie im Traum vor. Einem Traum, von dem er allmählich überzeugt war, dass er real war. Ja, er wusste, dass es die Realität war, aber das Traumgefühl war dominanter.

„Gamze?"

„Ja, Schatz?"

„Dieses Bild …"

Gamze schaute zum Bild an der Wand.

„War dieses Bild schon immer hier?"

„Ich weiß nicht. Ich glaube schon."

„Weil, ich kann mich gar nicht daran erinnern …"

Ein Ölgemälde. Die Kopie eines berühmten Bildes. Menschen, die an einem Bach sitzen. Es musste ein Sonntag sein. Ein überfüllter Park. Vermutlich Paris. In der Mitte des Bildes gibt es einen schwarzen Hund, ganz vorne. Aber der Blick bleibt zuerst rechts an der Frau mit dem Schirm und dem Mann mit dem Zylinder hängen.

„Ist das ein Affe?"

„Was meinst du?"

„Das kleine Tier vor der Frau mit dem Schirm … ist das ein Affe oder eine Katze?"

Gamze und Ismail warfen sich kurz Blicke zu. Ismail stopfte sich noch ein Börek in den Mund.

„Gamze, das ist wegen der Narkose. Man redet wirres Zeug, nachdem man aufgewacht ist."

Er wurde böse.

„Ismail, was hat das damit zu tun? Sag doch, Gamze, was ist es?"

Sein Hals tat weh, als er lauter wurde. Gamze ging zum Bild und schaute. Er atmete den angenehmen Duft seiner Frau ein. Sie war leicht verschwitzt. Wann sie sich wohl würden lieben können? Es störte ihn, dass er in Gegenwart von Ismail so einem Gedanken nachhing. Er sollte endlich gehen, es gab Unmengen an Arbeit in der Firma zu erledigen. Aber das war Ismail, er hatte es bestimmt schon lang und breit herumerzählt: Selim Bey wird operiert, wir können in dieser Woche aus Gründen, auf die wir leider keinen Einfluss haben, nicht kommen, ja, leider, leider …

„Oh, es ist wirklich ein Affe! Selim, du hast Augen wie ein Falke."

„Selim, nicht nur dein Bandscheibenvorfall, auch deine Sehkraft hat sich verbessert."

Ismail grinste über beide Ohren. Offenbar genoss er es, ihn hier so hilflos liegen zu sehen. Vielleicht war er sich dessen nicht bewusst, aber ganz sicher genoss er es. Jetzt lag der Selim, der ihn ständig an die unerledigten oder halbfertigen Arbeiten erinnerte wie ein Stein hier im Bett. Selim biss die Zähne zusammen.

„Das Lustige ist ja, dass man sich angeblich am nächsten Tag nicht daran erinnern kann, was man nach dem Aufwachen aus der Narkose geredet hat."

„Ismail, sag nicht ständig Narkose dazu. Das nennt man Anästhesie."

„Ach, ist doch dasselbe. Ob Narkose oder …"

„Ist es nicht."

Ismail zwinkerte Gamze zu, als hätte er etwas Komisches gehört.

„Auch der Charakter soll sich verändern, heißt es. Er ist ein bisschen gereizt, hast du das bemerkt?"

Gamze lächelte verständnisvoll. Selim seufzte, er wünschte sich wirklich, diese erlebten Momente vergessen zu können. Er hatte doch tatsächlich das riesige Bild an der Wand vergessen. Wirklich erstaunlich. Er erinnerte sich glasklar, wie sie ganz früh ins Krankenhaus gekommen waren, er sich umgezogen und das gruselige blaue OP-Hemd anzogen hatte und mit Papierpantoffeln zur Toilette geschlurft war, um zu urinieren. Nein, diese Wand war leer. Da hing vorher kein Bild. Er hätte sich ganz sicher erinnert, wenn da eins gehangen hätte. Sein Telefon klingelte. Gamze griff danach und nahm den Anruf an. Er hatte vor seiner Frau keine Geheimnisse. Außer einem Seitensprung vor vielen Jahren. Yeşim. Und die würde ja wohl nicht gerade jetzt in diesem Moment anrufen. Er war kein Frauenheld, aber er hatte sich eben ein einziges Mal gehen lassen. Das war sehr nervig. Betrug war nicht seine Sache, überhaupt nicht. Ja, gut, es war aufregend, aber bei jedem Anruf bekam er Bauchkrämpfe. Nur gut, dass so viel Zeit vergangen war.

„Dein Papa ist aufgewacht, Schatz. Natürlich kannst du mit ihm reden. Ich gebe ihn dir."

„Hallo, Sohnemann?"

„Papa, wie geht es dir?"

„Danke, mir geht es gut."

Seine Augen brannten, er wollte weinen, aber die riesigen neugierigen Augen von Ismail wanderten wie Projektoren auf ihm herum.

„Na, was hast du heute in der Schule gemacht?"

„Nichts."

„Wie nichts? Gab es keine Mathematik?"

„Doch."

„Also, was habt ihr gemacht, habt ihr ein neues Thema angefangen?"

Ahmets Stimme hellte sich auf:

„Nein, wir haben wiederholt. Außer mir hat niemand die Dreiecke verstanden. Die Lehrerin hat mich gefragt, ob ich Nachhilfe bekommen hätte."

„Was hast du gesagt?"

„Ich habe gesagt, dass ich mit meinem Papa gelernt habe."

„Was hat sie gesagt?"

„Gut gemacht, hat sie gesagt."

Selim überströmte ein Glücksgefühl.

„Papa?"

„Ja?"

„Wann kommst du?"

„Heute Abend sind wir noch hier. Morgen oder übermorgen … Sei brav bei der Oma, ja?"

„Mach ich."

Während er das Telefon Gamze reichte, überkam ihn wieder das Gefühl, weinen zu wollen. Wenn doch dieser Ismail nicht im Zimmer wäre …, wenn sogar Gamze nicht hier wäre. Wenn niemand da wäre. Dann könnte er einfach losweinen. Das musste wegen der Narkose sein. Er war sensibel geworden. Er tat sich schwer, seine Gefühle zu kontrollieren. Mit geschlossenen Augen versuchte er jetzt, sich zu beruhigen. Gamze sprach flüsternd mit Ismail.

„Ich glaube, er ist eingeschlafen."

„Das ist normal. Er hatte eine OP."

Als ob er Arzt wäre. Was für ein lockerer Typ doch dieser Ismail war. Anfangs taten Selim seine Heiterkeit und sein sympathisches Wesen gut. Insbesondere zu Schulzeiten … Für Ismail gab es nichts, das schwer war, nichts stresste ihn, man nannte ihn „Antidepressiva". Doch im Laufe der Jahre erkannte Selim, dass diese Lebensfreude nur eine Oberflächlichkeit war. Er glaubte alles, was er hörte, hinterfragte es nicht und vertraute jedem. Weil er aber keine Verantwortung übernahm, konnte er deshalb nie eine Arbeit beenden. Als Selim das bemerkte, da war es schon zu spät, um andere Wege zu gehen. Ihre Leben waren miteinander verflochten. Wie Efeu. Ein Auseinanderreißen war unmöglich. Wütend öffnete er seine Augen.

„Hast du die Tayf-Schulen angerufen?"

Ismail verdrehte die Augen.

„Mensch Selim, habe ich denn nicht gesagt, dass du dich nicht um die Arbeit sorgen sollst! Du hast gerade eben eine Operation hinter dir, lass doch diese Sachen. Du weißt doch, dass dieser Bandscheibenvorfall vom Stress verursacht wird. Entspann dich ein wenig, lass es sein. Schlaf dich gesund. Wenn du dich langweilst, können wir den Fernseher einschalten. Ich kann auch, wenn du willst, im Internet einen Film suchen. Na?"

„Selim, Ismail hat recht. Versuche, dich auszuruhen. Sie werden sowieso gleich kommen, um dir beim Aufstehen zu helfen."

Es hatte keinen Sinn, darauf zu beharren. Natürlich hatte er nicht angerufen. Und wenn er angerufen hätte, dann nur um zu sagen, warum was nicht klappen würde. Sie würden diese Schule verlieren. Dabei hatte sie zweiundfünfzig Niederlassungen. Sie könnten die gesamte Netzwerkinfrastruktur und Hardware der Schule übernehmen. Jetzt, in diesem Zustand war das schwer. aber wenn er morgen dort anrufen würde … Als die Börek aufgegessen waren, wischte sich Ismail mit zwei Feuchttüchern gründlich die Finger ab. Danach noch etwas Kölnischwasser. Ein tiefer Seufzer.

„Ich verschwinde dann mal, Gamze."

„Danke dir sehr, Ismail."

„Nichts zu danken … Wenn du etwas brauchst, dann ruf mich kurz an, egal wie spät es ist."

Selim schloss zum Trotz die Augen. Er wollte, dass Ismail so bald wie möglich ging. Ismail näherte sich dem Bett, Selim kannte sehr gut den Geruch des Aftershaves mit Wacholderholzduft, das noch aus den Zeiten des Propheten Noah zu stammen schien. Es war seit der

Universität dasselbe. Plötzlich tat İsmail etwas Überraschendes, er legte seine dicke, warme Hand auf Selims Hand.

„Gute Besserung, mein Freund."

Ismail hatte auch noch so eine innige Art an sich. Wieder stieg jenes Gefühl des Weinens in seinem Magen hoch. Er hatte keine Geschwister, aber er hatte Ismail, der ihm näher war als ein Bruder. Geliebt zu werden, geliebt zu werden von Ismail, über den er vorhin so schlecht gedacht hatte, das fühlte sich gerade sehr erbärmlich an. Ismail war sein bester Freund. Eine Freundschaft seit Jahren, Kameradschaft. In den letzten fünfundzwanzig Jahren waren sie fast jeden Tag zusammen gewesen. Seine Augen wurden nass. Ismail ließ es sich nicht anmerken, falls er es gesehen haben sollte. Selim weinte mit geschlossenen Augen. Er war einem Nervenzusammenbruch nahe, als ob er den Rest seines Lebens auf irgendeine Weise in Krankenbetten würde verbringen müssen. Das musste die Wirkung der Anästhesie sein. Es würde vorübergehen. Er musste standhaft bleiben

***

Selim beendete das Telefongespräch. Er schaute auf die alte Uhr, die auf seinem Schreibtisch stand. Seit genau vierzig Minuten versuchte er, den nervigen Besitzer der Tayf-Schulen zu überzeugen. Während er die Dateien auf seinem Computer der Reihe nach schloss und sich fertig machte, das Büro zu verlassen, versuchte er, seine innere Stimme zu beruhigen. Warum ist jeder in diesem Land ein Experte für alles, außer der eigenen Arbeit? Sie liebten es, mit dem Wissen, dass sie nach einer halbstündigen Internetsuche gefunden hatten, anzugeben. Natürlich hatte er nicht sagen können: Nedim Bey, einen Computer zu nutzen und ein IT-Experte zu sein, sind zwei Paar Schuhe ... ‚Ismail Bey hat uns dies und jenes versprochen', ständig hat der Typ nur das wiederholt. Das ging so nicht weiter, das spürte er schon seit einer Weile. ‚Ich bin für die Kundenbeziehungen zuständig und du für die technische Infrastruktur.' ‚Ja, ist gut.' ‚Aber Ismail du bist doch auch Ingenieur, wenn du nur die Worte, die aus deinem Mund sprudeln, etwas kontrollieren und keine leeren Versprechen geben würdest ...‘

„Selim? Passt es dir gerade? Bist du fertig mit deinem Gespräch?“

„Ja, das Gespräch ist zu Ende, aber auch ich bin fertig. Wir werden Nedim Bey wohl nicht zufriedenstellen können, du hast ihm vorher …“

„Vergiss deinen Satz nicht. Wir haben einen Gast.“

„Was für einen Gast?“

„Yeşim Yılmaz“

Selim wurde rot im Gesicht.

„Wer?“

„Es gab eine Frau mit dem Namen Yeşim, von der Izmir Technocity. Das kannst du doch nicht vergessen haben!“

„Was will sie?“

„Also. sie meinte, dass sie nach Istanbul umziehen werde und sich deshalb bei Bekannten meldet. Ich glaube, sie ist arbeitslos.“

Selims Herz schlug immer schneller. Ismail, der dachte, dass Selim sich nicht erinnerte, sah es für nötig, ihm noch mehr Details zu nennen.

„Wir hatten uns sehr gut mit ihr verstanden. Natürlich ist seither viel Zeit vergangen, wir hatten am Kordon in Izmir zu Abend gegessen.“

„Und?“

„Also, ich meine … Wir suchen doch seit einiger Zeit nach jemanden, der sich um die Firmenkunden kümmert.“

Selim tat sich schwer, die in ihm aufsteigende Panik zu unterdrücken. An der Operationsstelle zuckte ein leichter Schmerz.

„Wir brauchen jemanden jüngeren, ohne Vorkenntnisse. Wie wollen wir ihr gewünschtes Gehalt zahlen?“

Ismail hob sein Kinn mit der Ruhe, einen großartigen Job geleistet zu haben.

„Wir sagen ihr einfach, das und das sind unsere Voraussetzungen, die Entscheidung musst du für dich treffen. Letztendlich ist sie diejenige, die arbeitslos ist.“

„Du bist skrupellos, Ismail.“

Das genau wollte Ismail hören. Dabei war er so weit davon entfernt, ein skrupelloser Geschäftsmann zu sein. Antidepressiva mit einem Herzen aus Zuckerwatte, das war er.

„Natürlich, Bruder, Arbeit findet man während der Arbeit und einen Partner findet man während einer Partnerschaft. Sogar der Affe …"

„Schon gut, ich habe es verstanden: …lässt einen Ast nicht los, bevor er einen anderen ergriffen hat. Aber ich finde es trotzdem nicht richtig. Ohne richtig geplant und ein Programm erstellt zu haben …"

„Du dehnst es voll in die Länge, Selim. Unerhört ist das! Die Frau sitzt da draußen und wartet."

Selim sackte hilflos in seinem Stuhl zusammen. Ismail ging fröhlich hinaus. Er konnte ihre Stimmen hören, sie würden bald eintreten. Er wich den Blicken von Gamze und Ahmet aus, die ihn von den Fotografien auf seinem Tisch anlächelten. Sie waren an einem sonnigen Sommermorgen am Meer. Vor fünf Jahren … Genau in diesem Jahr hatte er Yeşim kennengelernt. Kennengelernt? Es war halt eine Sache für eine Nacht. Eine Nacht. Ihre schwarze Unterwäsche, die Wärme, die von ihren sexy Kurven ausströmte. Er wurde wütend, weil er die Nacht lebhaft vor Augen hatte. Könnte er doch nur aus dem Fenster hinausfliegen. Die Tür öffnete sich.

„Selim Bey?"

Er reichte ihr die Hand.

„Yeşim Hanım."

In spielerischem Ernst schüttelten sie sich die Hände. Er hatte total vergessen, wie attraktiv Yeşim war. Licht sprudelte aus ihren Augen. Was du willst, wieviel du willst, wann du willst … so sprachen ihre Blicke. Nein, vielleicht sagten sie das nicht. Selim bildete sich das alles im Kopf ein. Ismail konnte es nicht mal zwei Minuten aushalten, dass die Atmosphäre so förmlich war.

„Also wenn wir jetzt mit diesem Herr und Frau fertig sind … Yeşim, was trinkst du? Kaffee, Tee, Latte, Espresso?"

„Ich hatte vorhin einen, aber ich nehme noch einen. Der war richtig gut."bist doch auch Ingenieur, wenn du nur die Worte, die aus deinem

Mund sprudeln, etwas kontrollieren und keine leeren Versprechen geben würdest ...‘

„Selim? Passt es dir gerade? Bist du fertig mit deinem Gespräch?“

„Ja, das Gespräch ist zu Ende, aber auch ich bin fertig. Wir werden Nedim Bey wohl nicht zufriedenstellen können, du hast ihm vorher …“

„Vergiss deinen Satz nicht. Wir haben einen Gast.“

„Was für einen Gast?“

„Yeşim Yılmaz“

Selim wurde rot im Gesicht.

„Wer?“

„Es gab eine Frau mit dem Namen Yeşim, von der Izmir Technocity. Das kannst du doch nicht vergessen haben!“

„Was will sie?“

„Also. sie meinte, dass sie nach Istanbul umziehen werde und sich deshalb bei Bekannten meldet. Ich glaube, sie ist arbeitslos.“

Selims Herz schlug immer schneller. Ismail, der dachte, dass Selim sich nicht erinnerte, sah es für nötig, ihm noch mehr Details zu nennen.

„Wir hatten uns sehr gut mit ihr verstanden. Natürlich ist seither viel Zeit vergangen, wir hatten am Kordon in Izmir zu Abend gegessen.“

„Und?“

„Also, ich meine … Wir suchen doch seit einiger Zeit nach jemanden, der sich um die Firmenkunden kümmert.“

Selim tat sich schwer, die in ihm aufsteigende Panik zu unterdrücken. An der Operationsstelle zuckte ein leichter Schmerz.

„Wir brauchen jemanden jüngeren, ohne Vorkenntnisse. Wie wollen wir ihr gewünschtes Gehalt zahlen?“

Ismail hob sein Kinn mit der Ruhe, einen großartigen Job geleistet zu haben.

„Wir sagen ihr einfach, das und das sind unsere Voraussetzungen, die Entscheidung musst du für dich treffen. Letztendlich ist sie diejenige, die arbeitslos ist.“

„Du bist skrupellos, Ismail.“

Das genau wollte Ismail hören. Dabei war er so weit davon entfernt, ein skrupelloser Geschäftsmann zu sein. Antidepressiva mit einem Herzen aus Zuckerwatte, das war er.

„Natürlich, Bruder, Arbeit findet man während der Arbeit und einen Partner findet man während einer Partnerschaft. Sogar der Affe …"

„Schon gut, ich habe es verstanden: …lässt einen Ast nicht los, bevor er einen anderen ergriffen hat. Aber ich finde es trotzdem nicht richtig. Ohne richtig geplant und ein Programm erstellt zu haben …"

„Du dehnst es voll in die Länge, Selim. Unerhört ist das! Die Frau sitzt da draußen und wartet."

Selim sackte hilflos in seinem Stuhl zusammen. Ismail ging fröhlich hinaus. Er konnte ihre Stimmen hören, sie würden bald eintreten. Er wich den Blicken von Gamze und Ahmet aus, die ihn von den Fotografien auf seinem Tisch anlächelten. Sie waren an einem sonnigen Sommermorgen am Meer. Vor fünf Jahren … Genau in diesem Jahr hatte er Yeşim kennengelernt. Kennengelernt? Es war halt eine Sache für eine Nacht. Eine Nacht. Ihre schwarze Unterwäsche, die Wärme, die von ihren sexy Kurven ausströmte. Er wurde wütend, weil er die Nacht lebhaft vor Augen hatte. Könnte er doch nur aus dem Fenster hinausfliegen. Die Tür öffnete sich.

„Selim Bey?"

Er reichte ihr die Hand.

„Yeşim Hanım."

In spielerischem Ernst schüttelten sie sich die Hände. Er hatte total vergessen, wie attraktiv Yeşim war. Licht sprudelte aus ihren Augen. Was du willst, wieviel du willst, wann du willst … so sprachen ihre Blicke. Nein, vielleicht sagten sie das nicht. Selim bildete sich das alles im Kopf ein. Ismail konnte es nicht mal zwei Minuten aushalten, dass die Atmosphäre so förmlich war.

„Also wenn wir jetzt mit diesem Herr und Frau fertig sind … Yeşim, was trinkst du? Kaffee, Tee, Latte, Espresso?"

„Ich hatte vorhin einen, aber ich nehme noch einen. Der war richtig gut."

„Das ist die neuste Marotte von Ismail. Hast du die Küche gesehen? Er hat dort regelrecht eine Anlage aufgestellt. Wir könnten ein kleines Cafè eröffnen."

„Dann kann ich ja Barista werden."

Sie lachten. Währen Ismail zu seinem Spielzeug lief, tat sich Selim schwer, seinen Gesichtsausdruck aufrecht zu erhalten. Er war nicht bereit, mit ihr allein zu bleiben. Yeşim sah ihm in die Augen. Er würde ihr nicht entkommen. Niemals. Da hatte sie ihn nach so viel Zeit wieder gefunden. Sie hatte im Laufe der Jahre zugenommen, aber es stand ihr gut. Wie im Hotelzimmer, auf die Terrasse gehen und ihren nackten Körper …

„Übrigens: Gute Besserung, Selim. Du hattest eine OP hinter dir."

„Danke. Die Bandscheibe. Vom jahrelangen am Tisch sitzend arbeiten …"

„Jetzt geht es dir aber wieder gut, oder?"

„Ja, ja. Ich bin wie neu."

Kurze Stille. Yeşim warf einen verstohlenen Blick zur Tür.

„Ismail hat es dir bestimmt erzählt, Selim. Ich brauche ganz dringend eine Arbeit."

Selim schluckte. Yeşim redete schnell weiter.

„Vieles in meinem Leben ist schiefgelaufen. Glaube mir, ich wäre nicht gekommen, wenn ich nicht in der Klemme stecken würde. Ich würde dich niemals stören wollen."

Diesen letzten Satz hatte sie so gekonnt betont … Er bedeute einerseits, „ich bin nicht gekommen, um Probleme zu bereiten und ich brauche wirklich Hilfe", und gleichzeitig, „in jener Nacht haben wir ein unerschütterliches Band zwischen uns geknüpft". Angst und Erregung überfluteten gleichzeitig sein Herz. Er bemerkte, dass er lebendig war.

„Du störst nicht …"

Yeşim seufzte. Sie konnte ihre Tränen gerade noch zurückhalten. Als Ismail mit den Kaffeetassen eintrat, war die Luft angespannt.

„Was ist passiert? Man kann euch keine zwei Minuten allein lassen, das ist ja wie in einem Totenhaus."

Yeşim versuchte, zu lächeln.

„Ich habe letzten Monat meinen Mann verloren."

Beide erstarrten. Ismails Lippen zitterten.

„Das wusste ich nicht, mein Beileid, Yeşim."

Diesmal hatte auch Selim Mitleid mit der Frau. Jetzt sah sie wirklich aus, als ob ihr jeder Rückhalt fehlen würde.

„Mein Beileid. War er krank?"

„Nein … Osman haben seine vielen Geschäfte in den Bankrott getrieben. Beim letzten Mal hat er viele Schulden gemacht."

Selim und Ismail sahen sich an. Beiden waren bestimme Szenarien durch den Kopf gegangen.

„Wir haben alles verloren. Alles … Ich habe Selda, meine Tochter, zu meiner Mutter gebracht und bin hierher gekommen. Um neu anzufangen."

***

„Na, wie geht es unserem Patienten?"

„Bitte, Herr Doktor, kommen sie herein."

„Ist er bereit für einen Spaziergang?"

„Er schläft seit einer Stunde. Sollen wir ihn aufwecken?"

Der Arzt ignorierte Gamzes sollen-wir-ihn-lieber-nicht-wecken bedeutenden Ton.

„Lassen wir ihn jetzt einige Schritte gehen, dann kann er am Abend besser schlafen."

Selim hörte alles, er öffnete die Augen. Auf Gamzes erschöpftem Gesicht erschien ein liebevoller Blick. Der neben ihr wartende Arzt schaute so, als ob er jeden Moment etwas Witziges sagen würde. Anfangs war Selim etwas nervös, sich in die Hände dieses fast Siebzigjährigen zu übergeben, aber er sah auf den Segelfotos so gut aus.

„So, Selim Bey, jetzt drehen Sie sich zuerst auf die Seite. Dann setzen sie sich langsam auf."

Ohne große Mühe drehte sich Selim auf die Seite, dann kam er mit Hilfe des Arztes in die aufrechte Position. Kurz war ihm fast schwindelig geworden. An der Grenze. Es war eh alles an der Grenze.

„Stehen Sie für eine Weile auf diese Weise auf: drehen Sie sich erst auf die Seite, dann stützen Sie sich mit dem Arm ab und setzen sich auf. Beim Schlafengehen dann natürlich auf die gleiche Art …“

Seine Beine hingen leblos vom Bett herunter. Er streckte seinen rechten, in einen weißen Kompressionsstrumpf fest eingehüllten Fuß aus und zog langsam den Papierpantoffel an. Der Pantoffel schien jederzeit von seinem Fuß rutschen zu können. Der Hauch eines Nichts. Danach war der linke Fuß dran. Im Alter wird das genauso sein. Hilfebedürftig. Das Alter ist ja nichts anderes als der Dauerzustand einer Krankheit. An seinem Kreuz schien eine eiserne Masse befestigt zu sein, die ihn jeden Moment ihr Dasein spüren ließ. Dort. Schwer. Schmerzhaft. Jetzt stand er auf den Beinen. Es war doch nicht so schwer.

„Die Infusion können wir auch entfernen.“

„Wo geht es lang, Herr Doktor?“

Selim hatte gewollt, dass seine Stimme fröhlich klang, aber sie hallte in seinen Ohren wie eine klägliche Bitte. Der Arzt hakte sich bei Selim unter, und sah ihm geduldig zu, wie der auf Gamze zuging, die an der Tür wartete.

„Macht mal eine schöne Tour am Bosporus.“

Als Gamze Selim vom Arzt übernahm, wurde er wieder emotional. Er war so hilflos, und er erlebte dieses Gefühl das erste Mal in diesem hohen Maße. Die Gefühle „Gut, dass es Gamze gibt“ und „jetzt bin ich auf sie angewiesen, sie wird mich nicht mehr attraktiv finden“ brachten ihn gleichzeitig innerlich durcheinander.

„Danke.“

Seine Stimme klang zu dankbar. Wie war er nur in diesen Zustand geraten? Er war ja noch nicht mal fünfundvierzig. Sie machten erste Schritte. Gamze hielt ihn am Arm fest. Schlurfend gingen sie den Korridor entlang. Eigentlich hatte er keine Schmerzen, aber ein unangenehmes Gefühl befand sich an seinem Kreuz. ‚Du spürst mich noch nicht, aber wenn die Schmerzmittel nachlassen, da werde ich dich fertig machen', sagte diese Schwere. Jeder wird operiert und wird gesund, ich werde alles gut überstehen, tröstete er sich.

Hinter dem in der Mitte stehenden quadratischen Tresen sahen die Krankenschwestern beschäftigt aus. Sie schauten Selim flüchtig an, der Arzt ging seine Witze machend neben ihnen. Alles war wie gewohnt.

„Gute Besserung. Es geht Ihnen also besser, Selim Bey?"

Als er die Besitzerin der Stimme zu Gesicht bekam, war er überrascht. Gamze streckte sich und küsste Yeşim auf die Wangen. Kannten sie sich? Seit wann, wie, woher?

„Hallo Yeşim." Gamze bückte sich und neckte das kleine Mädchen: „Ja die ist ja ein großes Mädchen geworden. Wie geht es dir, Selda?"

Selda zog es vor, sich hinter ihrer Mutter zu verstecken. Yeşim legte verständnisvoll die Hand auf ihre Schulter.

„Gute Genesung wünsche ich, Gamze. Wie geht es dir?"

Die Blicke auf seine Schritte geheftet ging Selim weiter. Er konnte es nicht verstehen. Es gab einige Bilder in seinen Erinnerungen, aber es fiel ihm schwer, diese in eine Reihe zu bringen. Z.B. war Yeşim gekommen, um nach Arbeit zu fragen. Aber das war eine Szene, die eigentlich später hätte passieren müssen. Er hörte eine Weile dem Smalltalk von Gamze und Yeşim zu. Da gab es keine Anspannung. Er schwitzte. Seine Knie fingen an, zu zittern. Die Kraft in seinen Beinen begann zu schwinden. Der Arzt hakte sich bei ihm unter.

„Scheint, wir sind ein wenig erschöpft."

Sie traten durch die Tür in sein Zimmer. Der Arzt half Selim, sich auf das Bett zu setzen. Gamze und Yeşim schauten mit fragenden Augen. Gamze nahm ihren Mut zusammen und fragte nach.

„Schatz, geht es dir gut?"

„Ja, mir geht es gut. Nur …" Er wusste nicht, wie er es ausdrücken sollte. Seit er aus der Narkose erwacht war, fühlte er sich wie in einer Wolke. Nichts war mehr so kompakt wie zuvor, nur der Griff der stählernen Hand an seiner Wirbelsäule war real. Er konnte einfach nicht bestimmen, ob diese Unbeständigkeit in seinem Umfeld oder in seinem Kopf war. Als er versuchte, sich an das Geschehene zu erinnern, war er überwältigt von der Flexibilität der Vergangenheit. Es schien, als könnten die Ereignisse Szenen aus mehreren Geschichten sein. Sich ähnelnde Teile eines Puzzles. Er mochte keine Arbeiten, in denen er das in den Details Versteckte hervorholen musste. Er hatte eine einfache Gedankenwelt. Nein, das stimmte nicht. Eher … wollte er eine einfache Gedankenwelt haben. Die Dinge komplizierter zu machen, führte nur dazu, dass der Mensch unglücklich wurde. Er saß auf der Kante seines Bettes und starrte auf seine schwerelosen weißen Papierpantoffeln. Die Zeit floss nicht. Oder sie hatte sich sehr verlangsamt. Er warf einen flüchtigen Blick auf die anderen im Zimmer. Yeşim, Gamze, der alte Arzt, alle warteten sie. Sogar das kleine Mädchen, Selda, wartete darauf, dass er seinen Satz beendete. Wie Androiden, die im Standby-Modus waren. Natürlich kam ihm das nur so vor. Alles war normal, unter Kontrolle. Sie warteten darauf, dass er den Satz beendete, den er mit „Nur …“ begonnen hatte, und es war erst wenig Zeit vergangen. Dabei kam Selim dieser Moment unendlich lang vor. Sie waren auch nicht wie erstarrt, denn er konnte sehen, wie Gamze ihn liebevoll anlächelte. Er konnte den röchelnden Atem des alten Arztes hören. Und außerdem flossen seine Gedanken wie ein Fluss mit starker Strömung. Selim wusste nicht, wie er den angefangen Satz beenden sollte und je mehr er darüber nachdachte, desto verwirrter wurde er. Die Teile passten nicht genau zusammen. Als sie morgens vor dem Krankenhaus ankamen, hatte Gamze schnell einen Rollstuhl geholt. Der Schmerz in seinem Rücken war unerträglich gewesen. Während Gamze dem Parkservice die Autoschlüssel übergab, stellte ein Pfleger seine Füße mit sanften Bewegungen auf die klappbaren Stufen des Rollstuhls. Das hatte ihm überhaupt nicht gefallen, und er erkannte, dass diese Szene leider in der Schublade für „wichtige Erinnerungen“ abgelegt werden würde. Danach? Sie waren hoch ins Zimmer gegangen. Er hatte sich umgezogen. Danach waren sie gekommen, um ihn in den Operationssaal mitzunehmen. Aber diese Momente waren genauso, wie die jeden Moment zu zerreißen drohenden Papierpantoffeln. Was bedeutete das? Irgendetwas war eigenartig an seinen Gedanken. Früher hatte er nicht derart gezweifelt. Doch, hatte er. Aber damals ignorierte er die Zweifel ganz einfach. Damals waren seine Gedanken natürlicher Art, sie spielten ihm nicht solche Streiche. Selbst wenn sie Spielchen trieben, so konnte Selim sie mit seinem stählernen Willen leicht abwehren und sich in die sichere Festigkeit der Materie flüchten. Jetzt aber war alles aus Papier und konnte ganz leicht die Form ändern. Man erwartete von ihm eine Antwort. Oder wurde die etwa nicht erwartet? Würden sie alles tolerieren, egal was er machte, bloß weil er gerade aus der Narkose erwacht war? „Gamze ich bin ein abscheulicher Lügner, ich habe dich vor Jahren mit dieser Frau betrogen", diesen Satz nicht laut auszusprechen kostete ihn große Mühe. Was würde dann passieren? Dabei liebte er Gamze, er liebte sie sehr. Tränen traten ihm in die Augen. Ich habe mich in dieser Nacht gehen lassen, wollte er betteln und um Vergebung bitten. Begehren und begehrt werden. Das war seine Sünde. Sie warteten auf eine Antwort. Nur was, Selim? Die Brust des Arztes hob und senkte sich geduldig, Gamze lächelte und Yeşim spielte mit ihrem Schlüsselbund, an dem ein kleines Äffchen hing. Ihre Anwesenheit störte ihn. Das war alles Ismails Schuld. Nein, eigentlich sollte das alles erst später passieren. Vielleicht auch viel früher. Sein Wort hing in der Luft. Sie warteten. Ein seltsames Gleichgewicht hatte sich im Zimmer gebildet. Ein Gleichgewicht, das sich nicht verändern würde, bis er seinen Satz beendet hatte. Die ausgewogene Spannung eines Spinnennetzes, gewebt vom unsichtbaren Faden der Existenz. Fein, aber stabil. Stabil, aber variabel. Mit der Fähigkeit, alles zu umhüllen. Seine Pantoffeln und das Bild an der Wand und Gamze und ihn selbst … Ein seidenes Geheimnis, das auch seinen gerade nicht anwesenden Sohn Ahmet und Yeşims Tochter Selda aneinanderband. Selim sprach wie aus einem tiefen Brunnen.

„Nur … bin ich etwas verwirrt."

Alles im Zimmer war wieder normal. Das Leben floss an der Stelle weiter, wo es stehengeblieben war. Der Arzt sah sich genötigt, eine Erklärung abzugeben.

„Die Wirkung der Anästhesie hält noch an. Bis der Körper die Medikamente ausgeschieden hat, werden solche Dinge passieren."

Was für Dinge, wollte Selim fragen, konnte es aber nicht. Zum Beispiel, dass man sich an die Zukunft erinnert? Oder dass der jetzige Moment einfach nicht zu Ende geht? Oder man sich den Bedeutungen der Wörter entfremdet? Es ging ihm nicht gut. Er war sich nicht sicher, ob dieser Zustand vorübergehend war. Nein, es gab noch einen anderen eigenartigen Zustand.

„Herr Doktor, kann das auch vergesslich machen?"

Der Arzt drehte sich zu Gamze.

„Natürlich. Das ist eine der häufigsten Nebenwirkungen. Es kann zu Verwirrung führen. Bei einigen unserer Patienten kann es zu Euphorie kommen, also überschäumender Freude, während andere traurig …"

„Herr Doktor, ich habe eine Frage."

„Ja, bitte, Selim Bey."

„Dieses Gemälde an der Wand. Seit wann hängt das hier?"

„Gefällt es Ihnen?"

Die Augen des Arztes strahlten vor Freude. Selim konnte diese übertriebene Reaktion nicht verstehen.

„Also … es ist ein schönes Gemälde."

Der Arzt richtete sich stolz auf und ging zum Gemälde hin.

„Ich habe es gemalt!"

„Sie haben das gemalt?"

„Ja! Ich beschäftige mich als Amateur mit Malerei. Aber ich kopiere nur berühmte Gemälde. Noch …"

„Aber seit wann hängt es hier?

"Der Arzt lächelte ihn verständnisvoll an, als hätte Selim etwas sehr Unangemessenes gesagt. Gamze und Yeşim taten es dem Arzt gleich.

„Ich denke nicht, dass dieses Bild heute früh hier hing. Genauer gesagt, bin ich mir sicher, dass diese Wand heute in der Frühe leer war."

Der Arzt seufzte. Als hätte er eine Frage gestellt, auf die es keine Antwort gab. Alle drei lächelten ihn verständnisvoll an. Sie wollten, dass er sich wie ein Kind fühlte, das etwas Beschämendes gesagt und seine Eltern in Verlegenheit gebracht hat. Ja, sonst hätten sie ihn nicht dermaßen allein gelassen. Er tat ihnen leid. Welchen anderen Grund konnte ihr Schweigen sonst haben? Dabei gab es eine einfache Antwort: Entweder das Bild existierte oder nicht!

„Ruhen Sie sich etwas aus, bis morgen wird es Ihnen besser gehen. Sie werden sich glasklar an alles erinnern.“

***

Die Luft war extrem schwül. Dies erhöhte die gefühlte Temperatur und führte dazu, dass der Innenhof der Moschee stickig war. Selim stand mit Ismails Bruder neben dem Musalla, dem Totenstein. Und er würde so lange stehen, bis die Schmerzen in seinem Rücken unerträglich wurden und er sich setzen musste. Gamze war zu den Frauen gegangen. Mit dem behelfsmäßigen Kopftuch sah sie traurig aus und schien alles akzeptiert zu haben. Eines Tages würde sie auch an seinem Grab so traurig und ruhig sein. Er würde zuerst würde sterben, dessen war er sich sicher. Er konnte nicht glauben, dass Ismail in diesem Sarg lag, eingewickelt in ein grünes Tuch, auf dem ein arabischer Vers geschrieben stand. Wenn da nicht sein gerahmtes Foto wäre, welches der Hoca, eine Grimasse ziehend ignorierte, so könnte man denken, dass er jeden Moment aus der Menge auftauchen und: „Ich habe einfach keinen Parkplatz gefunden, eine Affenhitze ist das“, sagen würde. Seine Präsenz war noch nicht ganz verschwunden, Selim konnte seine Wärme spüren. Tränen stiegen ihm in die Augen. Gleichzeitig meldete sich der pochende Schmerz im Rücken. Er musste es noch ein wenig aushalten.

Ein Schlaganfall und aus. So simpel war der Tod. ‚Wir leben mit einer Zeitbombe in uns. Man weiß nicht, wann sie losgeht. Jeder Moment sollte genossen werden.‘ Wenn er noch am Leben gewesen wäre, dann hätte er das gesagt. Dann hätten sie neben den Frauen gestanden und hätten nicht am Totengebet teilgenommen. Stattdessen musste Selim jetzt in der erster Reihe stehen, er konnte seinen besten Freund nicht allein lassen.

„Mein herzlichstes Beileid."

„Danke, Hakan."

„Es ist kaum zu glauben. Letzte Woche ging es ihm noch gut."

„Eigentlich hatte er schon seit einiger Zeit Beschwerden. Blutdruck, Zucker, Herzrasen ... Er sagte immer, dass das vom Übergewicht komme. ‚Ismail geh, lass dich mal untersuchen, du hast eine private Krankenversicherung, lass alles checken ...' Aber nein, er hat nicht auf mich gehört. Er hatte Angst vor dem Krankenhaus."

„Er war noch so jung ..."

„Du sagst jung, aber er war schon mittleren Alters."

„Ach komm, Selim, du warst schon immer so pessimistisch."

„Nein, von jetzt an sollten wir aufpassen."

„Sollten wir, natürlich ..."

Sie schwiegen. Das waren so nichtssagende, wenn auch nicht bedeutungslose, dennoch aber nutzlose Gespräche. Ismails Körper begann sich schon jetzt in dieser Kiste zu zersetzen. Selim beschwerte sich schon seit jeher darüber, dass sie aus diesem biologischen Material auf Kohlenwasserstoffbasis bestanden. Er würde sich sicherer fühlen, wenn man auf ein physisches Netzwerk aus Silikonchips übertragen worden wäre. Diese armen Proteine waren so schwach. Er an Gottes Stelle hätte ein viel haltbareres Material ausgewählt. Nach einer Weile blieb vom Menschen nichts mehr übrig, das war umweltverträglich, aber eben kurzlebig. Der Hoca würde bald die Worte wiederholen, die er unzählige Male bei anderen Beerdigungen im Totengebet rezitiert hatte und seine Rede dann mit einer rhetorischen Frage, die Selim am meisten im Gedächtnis geblieben war: "Wenn der Tod nicht schön wäre, wäre denn dann der Prophet gestorben?", wirkungsvoll beenden. Und Ismails Sarg würde über die Schultern gleitend in den Leichenwagen gelegt werden.

Mit ausdrucksloser Mine schaute er auf die Menge im Hof. Viele Männer und Frauen über vierzig, die das aber noch nicht akzeptiert hatten. Eigentlich wussten sie schon zu Studienzeiten, dass sie sehr unterschiedlich waren, aber die anfänglich kleinen Unterschiede wurden mit der Zeit immer deutlicher. Da stand Beril, mit ihren blau gefärbten Haaren und ihrem Affen-Rucksack, der so entworfen war, dass er ihr die Arme um den Hals warf, zwischen all den Frauen in strengen dunklen Anzügen oder in Arbeitskleidung. Auch damals war sie unverwechselbar, aber jetzt stach sie im Moscheenhof sofort hervor. Sie war traurig. Sollte sie traurig sein. Sie hatte Ismail sehr weh getan. Auch Ismail war ein seltsamer Junge gewesen, hatte an Beril einen Narren gefressen, danach hat er es mit niemandem nochmals versucht. Zumindest soweit Selim wusste. Er wusste alles über Ismail. Oder gab es etwas, das er nicht wusste? Plötzlich störte ihn die Möglichkeit, dass Ismail eine andere Welt hatte. Warum? Hatte er das denn nicht auch? Hatte er selbst denn keinen Seitensprung, von dem er nie erzählte? Hatte er! Und er wollte nun hier, neben Ismails Sarg, nicht darüber nachdenken. Eigenartig, beim Gedanken an diesen Vorfall fühlte sich Selim so, als ob er Ismail und nicht Gamze betrogen hätte.

Jetzt gab es keinen Ismail mehr. Sie hatten sich viel gezankt. Er fühlte sich unwohl, als er an die Tage dachte, an denen er auf Ismail wütend gewesen war. Alles war falsch. Ismail war ein engelsgleicher Mensch, Antidepressiva genannt. Eine Dosis Ismail Antidepressiva und weg waren Traurigkeit und Schwermut … Das waren Zeiten! Sein unverzichtbares Lachen in den stickigen Wohnheimzimmern. Sie hatten sich über ihn lustig gemacht, ob denn eine Lachmaschine in ihm stecke. Schließlich war es hipp als Student cool zu sein, und Lachen war da nicht sehr hilfreich. Ismail war das egal, auch darüber lachte er hinweg. Im Gegensatz zu ihm war Selim immer so angespannt. Auch wenn gerade nichts anstand, hätte er etwas gefunden, über das er sich hätte aufregen können. Ismail tat ihm gut. Deswegen waren sie Partner geworden, hatten sich nicht getrennt. Man hatte über sie gelästert, weil Ismail nie geheiratet hatte. Natürlich haben sie nichts über Beril gewusst. Tatsächlich war Ismail in gewisser Weise für Selim die ihm im Leben am nächsten stehende Person. Ihre Beziehung war wie eine Art Ehe. Ismail gab es vor Gamze. Die

Menschen verstanden nicht, dass es absurd war, Beziehungen nur als rein sexuell einzuordnen. Freundschaft war genauso wichtig wie eine Ehe. Der Schmerz in seinem Kreuz wurde unerträglich.

„Was ist Selim? Setz dich lieber hin."

„Mein Kreuz …"

„Ach Selim, ich hatte dieses Leiden auch."

Selim verzog das Gesicht. Jetzt würden sich die altbekannten Ratschläge aneinanderreihen. Hakan war ein guter Junge, aber etwas langsam im Verstehen. Das Letzte, was er jetzt brauchte war, sich wegen des Bandscheibenvorfalls beraten zu lassen. Er setzte sich auf eine der Bänke im Schatten. Er fühlte sich genötigt, schnell seine Situation zusammenzufassen, damit Hakan nicht zu viel reden konnte.

„L4-L5. Ich gehe zur Physiotherapie. Die Ärzte sagen, ich müsse mich operieren lassen. Ich will aber nicht. Das ist der Stand der Dinge, Hakan."

„Ich verstehe. Das ist eine Bürokrankheit, das weißt du."

„Ich weiß."

„Ich wurde operiert und bin es losgeworden, Bruder."

Selim sah Hakan ins Gesicht. Er sah aus wie jeder andere normale Mensch, der keine Bandscheibenschmerzen hatte.

„Wenn du willst, kann ich dir meinen Arzt empfehlen. Er ist von unserem Segelclub. Es gibt niemand besseren als ihn. Er ist die Nummer Eins.

"Hakan holte schnell sein feines Handy hervor und schickte ihm die Infos zu. Selim wischte sich den Schweiß von der Stirn, las auf seinem Handy den Namen des Arztes. Er hatte schon von ihm gehört. Er war der Altmeister auf diesem Gebiet. Selim ging auf die Webseite.

„Hakan, dieser Mann ist tausend Jahre alt!"

„Ja, aber er ist Meister in seinem Fach. Der Beste."

„Bist du dir sicher? Schließlich dringen sie in das Rückenmark ein, der kleinste Fehler kann einen Menschen für immer lähmen."

„Schau nicht auf sein Alter. Der ist richtig gut. Glaube mir."

Und tatsächlich, Selim stieß in seiner Recherche auf interessante Informationen über den Arzt. Als er das Foto von ihm beim Segeln betrachtete, dachte er sich, dass er diese Bewegungen niemals würde machen können.

„Dieses Foto zum Beispiel, wann wurde das aufgenommen?"

„Lass mich sehen. Das war letzten Monat, beim Altınoluk-Segelrennen."

„Ein Junggebliebener, sagst du …?"

„Genau. Du wirst mir später noch danken. Ich weiß, man sollte weder Arzt noch Anwalt empfehlen, aber ich bin mir meines Mannes sicher."

Während dessen lud der Hoca die Gemeinde ein, die Reihen für das Totengebet enger zu halten.

„Selim, bleib sitzen."

„Das geht nicht, das ist meine letzte Pflicht."

Der Schmerz hatte sein rechtes Bein vollständig erfasst und war bis zu seiner Fußspitze vorgedrungen. Trotzdem drängte er sich durch die Menge, um nach vorn, in die Nähe von Ismail zu gelangen. Bald würde alles vorbei sein. Er würde nun in eine andere Phase seines Lebens übergehen. Als sein Vater starb, da wusste er, dass seine Kindheit vorbei war, und jetzt spürte er ganz deutlich, dass seine Jugend vorbei war.

***

Er öffnete seine Augen. Dämmerung. Der mit einem holzähnlichen Material bedeckte und mitten an der Wand hängende Fernsehbildschirm war wie ein dunkles Auge. An der Wand zu seiner Linken fiel ihm eine unheimliche Leere ins Auge, als ob es da vorher etwas gegeben hatte, aber er konnte sich nicht erinnern, was es war. Affe. Das war das einzige Bild, das ihm in den Sinn kam, als er darüber nachdachte. Hing da ein Bild von einem Affen? Ein armes Tier, aus dessen Gehirn Elektroden ragten und an dem experimentiert wurde? Oder ein Affe, der in einer Kapsel tief ins Weltall reiste? Je länger er darüber nachdachte, desto weiter entfernte er sich. Von der Welt. Nein, diese Fragen, diese Antworten hatten andere Bedeutungen. Er entfernte sich weiter. Von was? Er wusste es nicht. Vielleicht war es ein vergessener Traum. Er tastete nach dem Knopf, mit dem man die Krankenschwester rief. Die feste Form des Objekts beruhigte ihn ein bisschen. Man hatte die Infusion schon lange entfernt, aber der intravenöse Zugang steckte noch. Bis er aus dem Krankenhaus entlassen werden würde, würde dieser winzige Apparat an seinem Arm bleiben, für alle Fälle. Eine extrem frustrierende Prozedur. Er war durstig. Das Bett für die Begleitperson stand geschlossen da. Er schaute auf die Uhr, es war noch nicht neun Uhr. So stark war also die Wirkung der Anästhesie. Er schlief fast ohnmächtig. Als er erwachte, schien ihm alles vollkommen klar. Aber nach einer Weile verwandelten sich die Erlebnisse in unabhängige Szenen ohne Anfang und Ende. Seltsamerweise träumte er nie. Es war wie die Leere, in die er während der Operation gerollt und verschwunden war. Nein, man kann nicht gerollt sagen. Er vermischte sich mit der Leere und wurde selbst zur Leere. Als ob er in all seine Moleküle zerfallen würde. So ein Gefühl war das. Wenn der Tod genauso sein sollte, dann brauchte man davor keine Angst zu haben. Aber nicht das Verschwinden machte einem Angst. Vielleicht wählte er ständig die falschen Worte, um seine Gefühle zu beschreiben. Nicht nur er irrte sich, sondern alle Menschen irrten sich ähnlich. Sie sagten, sie hätten Angst, zu sterben, zu verschwinden. Aber das, was sie tatsächlich empfanden, war Wehmut oder Schmerz. Der Gedanke, weg zu sein, schmerzte. Ja, es war keine Angst, sondern Schmerz Kummer. Sehnsucht. Sehnsucht nach der Welt der Lebenden. Die Toten verpassen das Leben. Wessen Wort war das? Hatte er das vor Jahren von seiner Oma gehört oder aus einem billigen amerikanischen Horrorfilm? Komisch. Sich zwischen zwei Ungleichen nicht entscheiden zu können. Das müsste eine Entsprechung in der Philosophie haben. Vielleicht auch in der Psychologie.

Er schaute nach rechts, das Fensterglas war ein dunkelgrüner See, das Zimmer war im See, er selbst war hier und auch dort. Seine Augen wurden müde. Vielleicht konnte er noch ein wenig schlafen. Der Druck an seinem Kreuz war spürbarer geworden. Er konnte nicht sagen, dass es schmerzte, aber es fühlte sich nicht schön an. Was, wenn die OP nichts gebracht hatte? Gab es so eine Option? ‚Es wird Ihnen sehr gut gehen', hatte der Arzt gesagt. Wann? Das konnte er gerade nicht sagen, aber er war sich sicher, dass er das gehört hatte.

„Er schläft ... Die Operation ist eigentlich sehr gut verlaufen. Ja. Wir sind Hals über Kopf in die Operation."

Klang Gamzes Stimme etwas besorgt? Mit wem sprach sie im Flur? Aslı oder Lale, vielleicht auch Pınar. Sie musste wohl telefonieren, er konnte die Person am anderen Ende der Leitung nicht hören. Ihre Stimme klang mal näher mal ferner.

„Wir werden, glaube ich, morgen entlassen. Da hängt von heute Nacht ab. Der Arzt meinte, dass wir morgen früh darüber reden werden."

Selim fühlte sich überhaupt nicht bereit, entlassen zu werden, aber er wollte auch nicht noch eine Nacht länger hier bleiben. Das Krankenhaus war ein schrecklicher Ort, an dem die Türen ständig geöffnet wurden und alle möglichen Leute einfach ins Zimmer kamen, man in einem seltsamen Nachthemd schlafen musste und außerdem noch mit einer Sache zu kämpfen hatte, die man Kompressionsstrümpfe nannte. Dabei sah es von außen so aus, als ob eine friedliche Atmosphäre herrschen würde. Geräumige Zimmer, große Fernsehbildschirme, saubere Oberflächen, Ölgemälde an den Wänden. Kopien berühmter Gemälde. So viel sollte schon sein. Es war eh alles eine Kopie. Alles sah aus wie etwas anderes, jeder war jemand anderes. Immer die gleichen Worte, gleichen Gesten. Sobald man gelernt hatte, wann man sich wie benehmen sollte, bestand das Leben aus einer Serie von Wiederholungen. Und wer aus dieser Serie ausbrechen wollte, für den gab es unterschiedliche „Ausstiegsszenarien". Nicht, dass er das machen könnte, aber sein liebster Plan war es, mit einem Boot aufs Meer zu fahren und dort zu leben. Das war sein Traum. Ein kindischer Traum, den er mit niemandem teilte. Die Segelfotos des Arztes sahen so gut aus. Das glänzende Blau … Es schien, als ob er sich durch die Operation in jemand anderen verwandelt hätte und nun aufs Meer hinausfahren könnte.

„Gut, gut … Natürlich, die Anästhesie hat ihn etwas geschlaucht. Er redet ab und zu eigenartiges Zeug. Was weiß ich, er bleibt einfach stecken und fragt, ob dieses Bild vorher schon an der Wand hing oder er bleibt an etwas hängen und grübelt stundenlang darüber …“

Selim war überrascht. Er sah die Wände an, da hingen keine Bilder oder ähnliches. Es gab nur einige Imitationen in den Fluren. Aber es stimmte, dass er sich über einige Dinge den Kopf zerbrach. Woher wusste Gamze das? Ja, sie hatten über einige Sachen geredet, als sie in der Früh aufs Zimmer kamen oder auch nach der Operation. Obwohl, es schien eher so, dass er sich an den Morgen eines anderen Tages erinnerte.

Ununterbrochen erzählte Gamze am Telefon weiter. Die Operation, die Zeit danach, wie er aufgewacht war, seine Benommenheit, wie er im Korridor auf und ab gegangen war, alles … Er verstand jetzt viel besser, dass er in dem Moment, als er im Krankenhaus angekommen und sich in den Rollstuhl gesetzt hatte, seine ganze Privatsphäre verloren hatte. Sein Körper war im wahrsten Sinne des Wortes unter Kontrolle genommen worden. Er war ein Element zwischen Elektroden, die aus medizinischen Messgeräten herausragten und an verschiedenen Punkten seines Körpers festklebten. Zwischen Schläuchen, Kabeln und verschiedene Bedienknöpfe, mit denen man die Position des Bettes einstellen konnte, ein elektronisches Schaltungselement oder ein mechanisches Rad, das bestimmte Funktionen ausführt. Ein Affe in einer Kapsel, der nur durch Drücken bestimmter Knöpfe tief in den Weltraum reiste. Er sah nichts und allem ähnlich. Metaphern und Gleichnisse brachten überhaupt nichts. Die Realität war äußerst greifbar, wie zum Beispiel dieses Bett. Ein seltsamer Thron mit einem seltsamen Mechanismus, den man auf jeder Seite in verschiedene Stellungen bringen konnte. Vielleicht war es eine weiterentwickelte Gebärmutter? Ein Zwischenraum, in dem man repariert wird und seine Funktionen wiedererlangt. Aber andererseits auch das wichtigste Hilfsmittel des Patienten: in ihm geht es in den

Operationssaal, darin isst er, dahinein legt er sich, schläft er, wacht er auf, sein ganzes Leben verbringt er dort. So eine Art Schiff in der Schwebe …

„Bis du aufgewacht?"

„Ich wache ständig auf."

„Bin ich zu laut? Aber der Arzt hat gesagt, dass du nicht zu viel schlafen sollst, weil du sonst in der Nacht nicht schlafen könntest."

„Nein, das ist nicht die Sache."

Gamze legt ihm die Hand auf die Stirn. Als würde sie den Verlauf einer fieberhaften Krankheit verfolgen. Gab es kein Fieber, gab es keine Probleme.

„Wie fühlst du dich?"

„Ich weiß nicht …"

„Wie jetzt? Was fühlst du?"

„Ich habe doch gesagt, dass ich es nicht weiß. Ich meine, physisch habe ich keine Probleme. Obwohl, auch das kann ich nicht ganz erfassen. Am Kreuz, an der Operationsstelle, da ist so eine Art große Masse, aber gefühllos."

„Das ist bestimmt wegen der Schmerzmittel."

„Ja, eben, ich bin auch gespannt, was passieren wird, wenn die Wirkung nachlässt."

Gamze kämmte Selims leicht verschwitzen Haare mit ihren Fingern. In ihrer Berührung lag Liebe. Ahmet liebkoste sie auch so. Und jetzt liebkoste sie Selim. Sie hatte ihn schon lange nicht so geliebt. Sonst berührte sie ihn nicht so zärtlich. Sie waren nie ein Paar gewesen, dass sich gegenseitig viel berührt. Nur beim Liebemachen. Gamze war wie ein Sturm, der plötzlich ausbrach. Vor ihr konnte niemand standhalten. Ein schnell eskalierender Tropensturm, ein heißer und starker Sog. Aber jetzt waren ihre Finger ruhig und heilend.

„In ein paar Tagen wird alles vorbei sein."

„Das hoffe ich. Weil, Gamze, mein Kopf ganz verwirrt ist."

„Der Arzt hat gesagt, dass das von der Anästhesie kommt, das hast du es auch gehört. Daran erinnerst du dich doch, oder, dass der Arzt gekommen ist, dass wir dich haben gehen lassen?"

„Ja. Wir sind im Korridor gegangen."

Gamze lächelte liebevoll. Selim wollte nicht wie ein Lügner die Augen abwenden.

„Na siehst du, dein Gedächtnis ist auch bald wieder auf dem Damm. Mach dir keine Sorgen, mein Schatz."

Gamze küsste ihn auf den Mund, warm und sehnsüchtig.

„Will ich nicht, hast du gesagt und gebockt, schau, es ist alles schon vorbei … Ich liebe dich, du sturer Bock."

„Ich dich auch."

Noch ein langer, begieriger Kuss. Hat Gamze immer schon so gut gerochen? Selim nahm die Frau, mit der er all die Jahre schon zusammen war, nun als fremde Person wahr. Das führte dazu, dass er sie noch anziehender fand, aber die Ungewissheit war beängstigend.

„Ich bin nervös, Gamze."

„Warum mein Lieber? Was ist passiert?"

„Ich weiß nicht, es ist schwer zu beschreiben. Da ist dieses Gefühl, dass alles nur vorübergehend ist. Nein, eigentlich nicht, nicht dieses, sondern ein anderes Gefühl. Sachen passieren, fangen an und enden schließlich. Diese Angst davor ist es."

Gamze hörte ihm mit gerunzelter Stirn zu.

„Außerdem … scheint auch etwas mit meinem Gedächtnis nicht zu stimmen. Zum Beispiel kann ich mich erinnern, dass der Arzt gekommen ist und wir zusammen einige Schritte gegangen sind, aber das fühlt sich an wie eine Erinnerung aus ferner Zeit. Als ob eine lange Zeit vergangen wäre. Deswegen ist sie auch zweidimensional. Wie ein altes Foto. Außerdem gibt es in diesem Foto noch andere Menschen, die dort nicht sein sollten."

„Wer sind sie, Liebling? Über wen redest du?"

Selim begann sich im Zimmer umzusehen. Ein verstörender und künstlicher Ort, an dem nichts vertraut war.

„Wenn ich es nur wüsste … es gibt so viele Lücken in meinem Gedächtnis."

„Wegen der Anästhesie, das weißt du."

„Wiederhole das doch nicht ständig."

„Ist gut Schatz, reg dich nicht auf."

Jetzt waren sie nicht mehr ebenbürtig, er schien nicht mehr in der Welt der Lebenden, sondern in einer Zwischenwelt zu sein. Vielleicht eine Zwischenform. Etwas zwischen Mensch und Leiche. Man sprach immer von fehlenden Bindegliedern beim Übergang vom Affenähnlichen zum Menschen. Hier war er also das letzte Glied der Evolution. Die nächste Stufe des Menschen: Das war natürlich ein toter Mensch! Er war noch nicht so weit, aber er stand irgendwo dazwischen. Egal, was er jetzt auch sagte, Gamze würde nicht böse auf ihn sein, deswegen würde sie seine Worte auch nicht ernst nehmen.

„Verausgab dich nicht. Morgen wird es dir viel besser gehen."

„Morgen? Das hört sich so bedeutungslos an. Morgen! Also: In ein paar Stunden wird die Sonne aufgehen, und alles wird sich ändern. So in etwa? Die Stunden … Irgendetwas stimmt mit dem Lauf der Zeit nicht."

Gamze setzte sich auf den Sessel neben dem Bett. Hinter ihr die riesige Fensterscheibe, auf der dunkle Schatten miteinander spielten, ein dunkler See. Tot.

„Wieso ist es hier so dunkel? Es ist so dämmerig."

„Soll ich das Licht anschalten?"

Gamze fing an, mit den Knöpfen an der Konsole neben ihr zu spielen, die Selim vorher nicht aufgefallen waren, das Zimmer wurde hell, voller Schmerzen schloss Selim die Augen.

„Ist gut, ich mach es gleich dunkler. Schau, wie ist es jetzt?"

Ängstlich öffnete Selim die Augen.

„Ja, viel besser. Scheint, dass sie es besser wussten. Das Licht tut meinen Augen weh."

Gamze schlug sich die Beine unter und machte es sich auf dem Sessel bequem. Sie schien müde zu sein.

„Ob Ahmet schon schläft? Hast du mit deiner Mutter gesprochen?"

„Habe ich. Er ist noch wach. Er kriegt seine Oma immer rum."

„Schatz, ich liebe unseren Sohn so sehr. Bevor ich operiert wurde, habe ich ständig an ihn gedacht. Daran, was wäre, wenn ich nicht aufwachen würde und Ahmet nie wieder sehen würde können? Wenn ich es mir jetzt so überlege, kommt es mir so vor, als ob Jahre vergangen wären. Ich habe ihn in der Früh gesehen, bevor ich das Haus verlassen habe, habe ihn umarmt, ihn geküsst, ‚Papa dein Bart piekst', hat er gesagt. Dabei hatte ich mich frisch rasiert. Er ist so empfindlich, ein paar Bartstoppeln am Kinn haben sofort seine Haut gereizt … Es war eine sehr egoistische Angst. Der Gedanke, ihn nie wieder sehen zu können, macht mich verrückt. Aber zum Glück wäre er in guten Händen gewesen, auch wenn ich nicht wieder aufgewacht wäre. Da gibt es als erstes dich, seine starke Mutter. Dann Omas und Opas. Tanten und Onkel. Meine Seite der Familie ist etwas schwach, das gebe ich zu, aber deine würde stark sein, da bin ich mir sicher."

„Selim … Schatz, wieso sagt du so etwas? Du weißt doch, diese Operationen sind gefahrlos. Das gab es früher, dass wir hörten, dass jemand nicht aus der Narkose aufgewacht ist. So etwas gibt es nicht mehr. Die Anästhetika sind jetzt sehr weitentwickelt."

„Fortschriftlich, ja, klar. Mir dreht sich immer noch der Kopf. Also mir ist nicht schwindelig, aber er fühlt sich schon leicht an. Ich betrachte meine Umgebung wie einen Film. Nein, das ist nicht zu beneiden, nein, im Gegenteil, es ist nervig. Du kennst mich, ich mag es schlicht. Aber das ist … so flüchtig. Ja, das muss das passende Wort dafür sein. Jetzt gibt es auch das noch. Gamze, hörst du mir zu, bist du da? Es ist so dunkel hier, alles gerät ineinander. Ja, das gibt es jetzt, die Angst, nicht das richtige Wort finden zu können. Vielleicht hat mein Gehirn einen Schaden abbekommen. Kann doch sein, oder nicht? Das Sprachzentrum wurde nicht genug durchblutet, einige der dortigen Nervenzellen haben ins Gras gebissen. Das kommt mir jetzt komisch vor. Ins Gras gebissen. Wenn man für jede tote Zelle eine Beerdigung abhalten würde. das wäre richtig ausgefallen. So ist es nun mal. Ich finde einfach nicht die richtigen Worte. Gerade erinnere ich mich an Ahmets Steine. Was hat das eine mit dem anderen zu tun, wirst du dich fragen. Wir waren doch in Assos, an einem Ort, der Imbat hieß. Mit deinen Freunden. Pınar und ihre Familie waren auch dabei. Erinnerst du dich? Eben von diesem Urlaub sind mir die

Momente am meisten in Erinnerung geblieben, an denen Ahmet Steine bemalt hat. Pınar hatte für ihre eigene Tochter Farben mitgebracht. Die sind natürlich erfahren, weil sie jedes Jahr dort hinfahren. Wir haben Steine bemalt, erinnerst du dich? Ahmet hatte das so gefallen. Er nahm einen Stein, bemalte ihn erst komplett mit einer Farbe und zeichnete dann Symbole darauf. Sonne, Mond, Fisch, den Buchstaben A ... So ähnliche Sachen. Ich hatte etwas Seltsames gefühlt, als ich ihm so zusah. Wie ich ihm zusah, als er seinen schönen Kopf konzentriert über die Steine beugte ... Er wird verschwinden. Eines Tages wird dieser schöne Kopf weg sein. So zerbrechlich, so wehrlos. Fast schon zerstreuten sich seine Haare wie Asche im warmen Sommerwind, der hinter uns wehte. Schwach. Diese Schönheit würde verschwinden, aber die Steine würden bleiben. Ich erinnere mich noch genau, wie ich dachte, dass das ein Traum ist. Ahmet, seine Haare und seine Finger mit blauer, roter, gelber und weißer Farbe befleckt. Hilflos. Die Hände eines göttlichen Wesens, das unsere Welt berührt hat. In diesem Moment, Gamze, habe ich mich zum ersten Mal dafür verflucht, dass ich ungläubig bin. Nur gut, dass die Flüche von Atheisten nicht zählen. Dabei wären es genau der richtige Ort und die richtige Zeit gewesen, um den göttlichen Schöpfer zu treffen. Ich weiß, ich komme vom Thema ab. Ich komme sonst nicht damit zurecht. Ich möchte jedes Mal weinen, wenn mir Ahmets kleiner Kopf einfällt. Ich habe noch immer seinen Geruch in der Nase. Gamze, mir ist gerade etwas sehr Beängstigendes aufgefallen. Ich werde ihn nie mehr wiedersehen."

Als Gamze nicht antwortete, drehte sich Selim zur Seite und sah zu seiner Frau hinüber. Sie hatte den Kopf an die Seite des Sessels gelehnt und schlief. Selim verspürte erneut den Drang, zu weinen. Sie muss müde gewesen sein. Wie schön sie doch war. Der Schlaf war ein sanftes Licht, das jeden Ort, auf den es fiel, in einen Traum verwandelte. Gamze verschmolz mit der Oberfläche ihres Sessels. Nach einer Weile verschwand sie im graumelierten Stoff des Sessels. Selim war jetzt allein, er begann, panisch auf den Knopf in seiner Hand zu drücken, damit die Krankenschwester käme.

***

Die schönsten Stunden. Vorbereitungen vor dem Abendessen. Selim war sich nicht sicher, ob es richtig war, darauf zu beharren, den Salat in Essigwasser zu legen. Er dachte dabei an die Informationen, die er zu diesem Thema gelesen hatte. Konnte er dem Gelesenen trauen? Man konnte in diesen Zeiten nichts und niemandem trauen.

„Weißt du, was das Schlimmste am Ingenieursein ist?"

„Was denn, Liebster?"

„Der Mensch, das heißt der Ingenieur, will sich sicher sein, aber das Leben …"

„Ist voller Unbestimmtheiten, oder?"

„Ja, genau. Es ist so bedauernswert, dass man sich keiner Sache sicher sein kann."

Gamze gab ihm einen Kuss auf den Mundwinkel.

„Ist es denn so nicht aufregender?"

„Vielleicht. Ich weiß nicht. Mir erhöht es eher die Magensäure."

Gamze schenkte ein Glas Rotwein ein und reichte es ihm.

„Nimm einen Schluck und entspann dich."

„Oh, segne dich Allah."

„Das ist jetzt aber ein bisschen seltsam …"

„Warum denn?"

„Na, jemandem, der dir Wein gibt, ‚Gott segne dich' zu sagen!"

„Wein, gereicht aus der Hand meiner Geliebten ist mir halal."

„War das etwa Ömer Hayyam, der das gesagt hat?"

„Keine Ahnung, mein Vater hat das immer gesagt, wenn er beschwipst war …"

Leicht stießen sie mit den Gläsern an. Eine Weile lauschten sie dem Klavierklang, der von drinnen zu hören war. Selim sah Gamze in die Augen, es schienen kleine farbige Flammen darin zu tanzen. Wie schön sie doch ist, dachte er sich. Er umschlang ihre Taille und vergrub seine Nase in ihrem Nacken.

„Du verdrehst mir den Kopf."

„Wohl eher deshalb, weil du auf nüchternen Magen getrunken hast."

„Ich will dich."

„Geschwätz."

„Du bist das Licht meines Lebens."

„Geschwätz."

„Meine Augen sehen nur dich."

„Geschwätz."

„Du bist die Schöpferin von Himmel und Erde."

„Geschwätz, Geschwätz, Geschwätz, alles nur Geschwätz. Ich glaube dir nicht …"

Wenn von drinnen keine Stimmen zu hören gewesen wären, dann hätten diese kleinen Küsse zu tieferen Berührungen führen können.

„Langsam, sie werden es hören …"

„Werden sie nicht."

„Mama! Mama!"

„Ja, Selda? Was ist mein Liebling?"

Als Selda mit Tränen in den Augen die Küche betrat, erschrak Selim, als würde er das Kind zum ersten Mal in seinem Leben sehen. Er sprang auf und nahm das kleine Mädchen, aus Angst, dass dieses unheimliche Gefühl überhandnehmen könnte, in seine Arme. Wie schwach und zerbrechlich sie war! Es war, als würde er sie zum ersten Mal umarmen.

„Ich will auch spielen."

„Natürlich wirst du das, Schatz. Wenn der Unterricht deines Bruders vorbei ist, wirst du auch spielen."

„Aber Papa, es geht nie zu Ende."

„Sag mal, hast du schon den Fisch gesehen, den wir heute essen werden?"

Selda zuckte mit den Schultern. Noch hatte sie das Klavierspielen nicht aufgegeben.

„Siehst du, wie groß er ist?"

„Kann ich den Schwanz haben?"

„Was willst du denn mit dem Schwanz machen?"

„Er ist schön. Kann er mir gehören?"

Selim wusste, dass sei weiter darauf beharren würde, wenn er verneinen würde. Deshalb zog er es vor, das Thema zu wechseln.

„Was gibt es heute noch zu essen, was du am liebsten magst?"

„Tschips! Fischen-Tschips, yuppi!"

„Ich habe deine Fich and Chips zum fressen gern, mein süßer Fratz."

Während Selim das Kind in die Wangen biss, gluckste sie vor Freude, und Gamze sah ihnen glücklich zu. Dies waren vielleicht die besten Momente des Lebens. Aber obwohl er Teil dieses wundervollen Bildes war, fühlte er sich unwohl. Es war ein unbehagliches Gefühl, das er seit dem Tag der Operation nicht loswerden konnte. Die Schmerzen in seinem Kreuz waren fast völlig weg, das Problem war nicht körperlich. Ein Gefühl der Entfremdung umgab ihn, dass er niemandem erzählen konnte. Manchmal vergaß er es, alles schien natürlich wie zuvor. Aber manchmal erfasste dieses tiefe Gefühl des Fremdseins sein ganzes Wesen. Er wurde das Gefühl einfach nicht los, dass all dies, die Objekte in seiner Umgebung, die Menschen und Beziehungen nicht real waren.

Währenddessen verstummte das Klavierspiel. Das war das Zeichen, dass der Unterricht zu Ende war. Zu dritt gingen sie in den Salon. Ahmet sprach sehr ernst mit seiner Klavierlehrerin. Selim fühlte wieder dieses unheimliche Gefühl. Die Klavierlehrerin sah jemandem ähnlich, den er von früher her kannte, aber er konnte sich einfach nicht daran erinnern. Gleichzeitig erschütterte es Selim, dass Ahmet mit jemand anderem, außer ihm selbst, so ernst kommunizierte. Er war seltsam eifersüchtig, aber auch gleichzeitig stolz, dass sein Sohn gewachsen war. Von nun an würde es immer so sein, die Kinder würden wachsen, sich von ihm lösen und sich zu Erwachsenen verwandeln. Er könnte sogar miterleben, wie sie zu Menschen mittleren Alters wurden, wenn er nur lange genug am Leben bleiben würde.

„Wir sind auch gekommen, um unterrichtet zu werden, Frau Lehrerin Yeşim", sagte Selim

Breit lächelte die Lehrerin Yeşim Selda an, die Gamzes Hand hielt.

„Na, dann komm mal, Selda. Willst du auch Klavier spielen? Na, dann los."

Ahmet musste für sich entschieden haben, dass die Atmosphäre gekippt war, denn er rannte auf die Toilette. Selda nutzte die Gelegenheit, um sich auf den Klavierhocker zu setzen und begann, mit Leidenschaft in die Tasten zu hauen. Die Lehrerin Yeşim ließ sie eine Weile weitermachen, dann griff sie ein.

„Nun, kannst du das auch?"

Sie erwartete nur, dass Selda eine einfache Melodie wiederholte, aber die verlor überraschenderweise das Interesse und rannte, sobald sie vom Stuhl herunter war, zu ihrem eigentlichen Konkurrenten in Ahmets Zimmer. Gleichzeitig schrie sie wie am Spieß. Gamze sah ihr verlegen hinterher.

„So sind wir zurzeit. Sie ist sehr eifersüchtig auf ihren Bruder."

„Sie ist süß."

„Sie ist ein süßer Frechdachs geworden."

„Sie wächst so schnell."

„Sie braucht eine Sache nur einmal zu hören …"

Von drinnen konnte man erst Ahmet schreien und danach Selda weinen hören.

„Ich schau mal schnell nach, bevor sie sich an die Kehle gehen. Bis bald Yeşım Hanim."

Selim blieb mit Yeşim allein im Salon, nachdem Gamze zu den Kindern gegangen war. Er holte den Briefumschlag aus seiner Hosentasche.

„Bitte sehr, das ist für Sie."

„Danke sehr."

Er führte die Klavierlehrerin bis zur Haustür.

„Nächste Woche, wieder zur gleichen Zeit?"

„Ach, ja. Wenn es Ihnen auch passt."

Sie standen sich sehr nah. Ihm gefiel der Geruch, der von Yeşim ausströmte, fühlte sich aber sofort schuldig, dass er sie so attraktiv fand. Ob Yeşim auch etwas gefühlt hatte? Das konnte er nicht abschätzen. Er wusste, dass manche Frauen so waren. Wie? So halt, anziehend, anders, reizend. Sie strahlten eine andere Energie aus. Sie mussten nicht mal schön sein. Am Ende sahen sie natürlich schön aus, aber sie würden in keinen Schönheitsstandard passen. Sie könnten sogar einen leichten Makel haben. Manchmal war das eine Zahnlücke, ein Silberblick, vielleicht dicke Handgelenke ... Nachdem er die Tür geschlossen hatte, ging er von Yeşim träumend in die Küche und goss sich noch ein Glas Wein ein. Nein, es ging nicht um körperliche Schönheit oder Makel. Es ging komplett um Intelligenz. Intelligenz war Licht und alles, was unter diesem Licht stand, gewann an Charme.

„Was für eine reizende Frau, nicht wahr?"

Selim versuchte, Zeit zu gewinnen, um die beste Antwort auf Gamzes Frage zu finden.

„Was ist drinnen passiert? Als ginge die Welt unter."

„Der übliche Streit."

Gamze umarmte ihn an der Taille und legte ihren Kopf auf seinen Rücken. Selim entspannte sich. „Ja, außerdem ist sie eine sehr gute Lehrerin", sagte er.

Seine Frau hörte sein Herz ab. Regelrecht wie ein Arzt. Sie würde darauf kommen. Vielleicht hatte sie es schon längst mitbekommen. Gott weiß, wie dämlich er die Frau angehimmelt hatte. Er hasste sich. Er versuchte, sich ins Gedächtnis zu rufen, wie sehr er Gamze liebte. Er spürte doch ihren Körper, sie atmete an seinem Rücken ein und aus. Vor seinen Augen sah er Affen, an deren Rücken die Jungen hingen. Dieses Bild störte ihn. Als sein Telefon zu läuten begann, wurde dieses empfindliche Gleichgewicht plötzlich gestört.

„Hallo?"

Ismail war am anderen Ende der Leitung. Gamze merkte an seiner Stimmlage, dass es ein ernstes Gespräch werden würde und machte sich wieder daran, das Essen vorzubereiten.

„Bruder, wir haben die Tayf-Schulen bald unter Vertrag."

„Mit der ganzen Infrastruktur?"

„Die Infrastruktur gehört komplett uns. Wegen der Hardware waren sie unschlüssig. Aber ich habe sie dann zum Schluss zu einem Pilotprojekt überreden können."

„Haben wir etwa die Ägäis-Region in der Tasche?"

„So ungefähr … Wir fliegen nächste Woche nach Izmir. Wir werden eine Pilotstudie mit acht Schulen in der Ägäis-Region durchführen."

„Du hast sie also unter Dach und Fach?"

„Würde ich dich denn sonst um diese Zeit stören? Bruder, ich wollte meine Begeisterung mit dir teilen!"

„Du bist super, Ismail. Nächste Woche wird aber sehr eng werden …"

„Eine dreitägige Pause, stell es dir so vor! Das Wetter an der Promenade am Kordon ist jetzt bestimmt schön lau. Raki und Fisch muss ich nicht mal nennen."

Selim war in Gedanken schon längst in Izmir, seiner Lieblingsstadt, seit seiner Kindheit. Bei jedem Besuch das gleiche beflügelnde Gefühl. Das Wetter immer schön, der Wind immer lau, das Bier immer kalt. Die Welt der freien Frauen. Bilder, die er nicht vor Augen haben sollte: Ein Fischlokal an der Promenade am Kordon, die ersten Schlucke vom Raki, ihm gegenüber sitzt – nein, nicht Ismail – die Lehrerin Yeşim. Ihre Gläser finden zueinander. Selim hängt an ihren Augen. Er ist nicht verantwortlich für das, was heute Nacht passieren wird. Sein Geist ist mit einem seltsamen Gefühl der Freiheit beflügelt …

„Das ist aber ein nicht enden wollendes Gespräch …"

„Ismail. Arbeit."

„Der Typ, den du neu eingestellt hast?"

„Ja."

„Scheint gut zu sein?"

„Ein alter Schulfreund. Er ist in Ordnung. Ein fröhlicher Typ. Es ist eigentlich total irre: Wir haben uns fast fünfzehn Jahre nicht gesehen, aber wir reden so, als ob wir uns nie getrennt hätten. Ich weiß, was du sagen willst: Freundschaft ist eine Sache, Arbeit eine andere. Du hast recht, das habe ich mir auch überlegt. Aber ich denke mir, bevor ich mit jemandem arbeite, den ich überhaupt nicht kenne, dann lieber mit jemandem, mit dem ich auf dem gleichen Nenner bin …"

„So etwas wollte ich nicht sagen. Ich wollte vorschlagen, dass wir Ismail mal nach Hause einladen. Um ihn kennenzulernen. Mit seiner Frau …"

„Soweit ich weiß, ist er nicht verheiratet."

„Ich meine, wen auch immer er gerade in seinem Leben hat."

„Das ist eigentlich eine gute Idee. Aber Ismail und ich werden nächste Woche nach Izmir reisen. Er hat die Tayf-Schulen unter Vertrag genommen."

„Die Arbeit wächst also … Aber kannst du denn überhaupt reisen? Ich meine, du hast gerade eine Operation hinter dir."

„Mir geht es gut. Ich denke nicht, dass das ein Problem sein wird. Wir werden sowieso fliegen."

Gamze küsste Selim auf die Lippen.

„Das war aber eine Operation … Was du alles unter der Wirkung der Anästhesie gesagt hast …"

„Was habe ich denn gesagt? Ich kann mich überhaupt nicht erinnern."

„Besser, dass du dich nicht erinnerst."

***

„Guten Morgen!"

„Guten Morgen!"

„Sie haben letzte Nacht sehr gut geschlafen."

Die Krankenschwester erzählte ihm, wie er geschlafen hätte. Ein seltsamer Zustand. Außerdem fühlte er sich nicht gerade gut ausgeschlafen. Es war zwar ein lückenloser Schlaf, aber dennoch war er nicht ausgeruht.

„Kann es an den Medikamenten liegen, die Sie mir gegeben haben?"

„Das glaube ich nicht. Wir geben nur Schmerzmittel. Keine Schlafmittel …“

„Ich glaube, ich bin deshalb nicht aufgewacht, weil ich die Schmerzen in meinem Rücken nicht gespürt habe.“

Die Krankenschwester lächelte und nahm ihm etwas Blut über den Infusionszugang.

„Ich nehme eine kleine Blutprobe. Wir werden uns ihre Werte ansehen. Es wurde angegeben, dass sie keinen Blutverdünner verwenden. Ist das richtig?“

„Das stimmt. Aber ich fühle mich immer noch wie im Traum. Ist das normal?“

Die Krankenschwester lächelte, anstatt zu antworten. Ein junger Arzt, der in dem Moment in der Tür erschien, beantwortete seine Frage:

„Selim Bey, wir haben Ihnen recht starke Schmerzmittel verabreicht. Das ist normal. Übrigens, ich bin Doktor Necati Sayın, ihr Anästhesist.“

Selim blinzelte, er konzentrierte sich, um sich darauf vorzubereiten, seine Gefühle in Worte zu fassen.

„Ich fühle mich wirklich sehr eigenartig.“

„Wie eigenartig, können Sie das beschreiben?“

Selim sah sich im leeren Zimmer um. Das Beistellbett war geschlossen. Es stand nichts auf dem Tisch. Auf dem höhenverstellbaren Tischchen rechts von ihm gab es Zeitschriften, ein paar Bücher und das Telefon.

„Es gibt Lücken. Es ist, als ob einige Sachen nicht dort sind, wo sie sein sollten.“

„Hatten Sie vorher schon Probleme mit ihrem Gedächtnis?“

„Nein.“

„Gut dann, welchen Tag haben wir heute?“

„Mittwoch.“

„Können Sie mir Ihre Adresse nennen?“

„Tekin Sokak Nr. 8, Appartement 21, Acıbadem, Kadıköy, İstanbul.“

„Blutgruppe?“

„Null, Rhesus positiv.“

„Ihr Geburtsdatum?"

„12. April 1984."

„Ihr Beruf?"

„Computeringenieur."

„Sieben Mal elf?"

„Siebenundsiebzig. Das war etwas einfach."

„Wie hieß Atatürks Mutter?"

„Zübeyde Hanım."

„Was haben Sie gestern zuletzt gegessen?"

„Suppe, salzarm. Milchreis, zuckerarm."

„Meiner Meinung nach gibt es keine Probleme mit ihrem Gedächtnis."

„Was ist dann das Problem?"

„Das kann eine Anspannung vor der Operation sein. Wir werden Ihnen gleich ein Beruhigungsmittel geben, bevor man Sie in den Operationssaal mitnimmt ... All Ihre Zweifel werden verschwinden."

„Ja, aber …"

„Ja?"

„Das wird Ihnen jetzt vielleicht seltsam vorkommen …"

„Selim Bey, uns kommt nichts mehr seltsam vor. Sagen Sie es mir?"

„Ich fühle mich, als ob ich schon längst operiert worden wäre."

„Das ist wegen der Anspannung … Das ist normal. Versuchen Sie, sich zu entspannen. Ihr Arzt kommt gleich, er ist sogar schon da. Guten Morgen."

„Guten Morgen, Necati. Guten Morgen, Selim Bey."

Er freute sich, als er den älteren Arzt sah. Endlich ein bekanntes Gesicht, dachte er sich.

„Wie geht es Ihnen?"

„Gut geht es mir. Ich fühle mich manchmal etwas eigenartig, aber mir geht es gut."

Der Anästhesist begann, mit ernster Miene zu erklären:

„Selim Bey ist etwas verwirrt. Es könnte an der Wirkung der Schmerzmittel liegen."

Selim wurde wütend. Er hatte er die vorherigen Fragen doch alle richtig beantwortet!

„Ist das so?“

Der alte Arzt hatte das mit erhobenen Augenbrauen gefragt. Neugierig, vorsichtig, aufmerksam … Ihn konnte er nicht anlügen.„

Es ist eigentlich nichts Großartiges. Nur die Lücken stören mich.“

Die beiden Ärzte sahen sich an.

„Selim Bey, was für Lücken?“

„Zum Beispiel …: An der Wand hinter Ihnen, da müsste eigentlich ein Gemälde hängen, tut es aber nicht.“

Der alte Arzt drehte sich zur Wand, die in einer grünen Farbe bemalt war, die wie verschimmelte Zitrone aussah.

„Ja, das wäre eigentlich gut.“

„Nein, das habe ich nicht gemeint. Eigentlich hing da ein Bild, ich habe es gesehen, aber jetzt ist es weg. So ein Gefühl. Wie ein Déjà-vu, nur in umgekehrter Richtung. Kein Diesen-Moment-habe-ich-schon-mal-erlebt, sondern Dieser-Moment-sollte-so-nicht-sein Gefühl.“

Der alte Arzt verzog die Lippen.

„Manchmal habe ich auch solche Gefühle. Wenn ich morgens allein zu Hause aufwache ... Man wird depressiv, wenn die Kinder aus dem Nest ausgeflogen sind. Leeres-Heim-Syndrom.“

Selim schluckte. Sein eigenes leeres Heim kam ihm in den Sinn. Sein Haus, an dessen Wänden kein Kinderlachen widergehallt und das er mit niemandem geteilt hatte. Letztens hatte er sich, warum auch immer, ein elektronisches Piano gekauft, als ob er es überhaupt spielen könnte. Kann man sich Klavierspielen selbst beibringen? Noch dazu in diesem Alter? Er hatte einige Male zu spielen versucht, aber mit den von ihm produzierten schrecklichen Geräuschen war das Haus noch erbärmlicher erschienen.

Nachdem die Ärzte das Zimmer verlassen hatten, griff er ziellos zum Telefon. Er fing an, im Internet zu surfen. Er entschied sich, komische Tier-Videos anzusehen, um sich zu entspannen. Das erste Tier, das er zu sehen bekam, war ein Affe, der sich auf unheimliche

Weise wie ein Mensch verhielt. Er hatte in seiner Hand ein blau gestreiftes Tuch, das er, nachdem er es gründlich nass gemacht hatte, auswrang, das überschüssige Wasser abfließen ließ und sich dann damit das Gesicht abwischte. Verstörende Bilder, die einem zeigten, dass die Grenze zwischen Menschen und Tier sehr fein ist. Als es an der Tür klopfte schaltete er das Video sofort aus, als ob er etwas Unanständiges getan hätte. Es war eine andere Krankenschwester, die da kam. Sie ließen ihn keine Minute allein, ständig kümmerten sie sich um ihn. Offensichtlich tat er ihnen leid, weil er ohne Begleitperson operiert wurde. Während die Krankenschwester das Medikament in die Infusionsleitung gab, sah Selim in den Augen der Frau ein vertrautes Funkeln.

„Danke. Wie war nochmal Ihr Name?"

„Gamze."

Sie lächelte, tatsächlich hatte sie eine „Gamze", ein Grübchen. Sie sah süß aus. Durch das Beruhigungsmittel, das sich in seinen Adern ausbreitete, schien er alles leichter zu sehen. Gern hätte er es gehabt, wenn die Krankenschwester noch eine Weile bei ihm geblieben wäre. Er schaute, ob sie einen Ring am Finger hatte. Hatte sie nicht. Aber vielleicht legten Krankenschwestern während der Arbeit ihre Ringe ab. Auf dieses Detail hatte er noch nie geachtet. Sie musste Anfang dreißig sein.

„Wissen Sie, wann ich geholt werde?"

„In einer halben Stunde … Dieses Medikament wird sie beruhigen, machen Sie sich keine Sorgen."

„Weil, das ist das erste Mal, dass ich mich einer solchen Operation unterziehe."

„Sie hatten also noch nie eine Anästhesie?"

„Nein, hatte ich nicht."

Eigentlich wollte er sagen, doch, hatte ich. Aber er hatte noch keine.

„Haben Sie keine Angst, die heutigen Medikamente sind sehr gut. Sie werden die Augen schließen und wenn Sie sie öffnen, ist alles schon vorbei."

„Ja, schon … man wird trotzdem nervös. Werden Sie auch bei der OP dabei sein?"

„Nein, ich bin hier auf der Station. Wir sehen uns nach dem Eingriff."

„Sie sind ja einer, Selim Bey! Ihr Computeringenieure seid sowieso eine Spezies für sich. Im Moment ist doch nichts wichtiger als ihre Gesundheit!"

Selim traten Tränen in die Augen, er hätte vor Glück weinen können.

„Brauchen Sie etwas? Egal was. Bitte. Sie sind jetzt auch ein Mitglied der Tayf-Familie."

„Herzlichen Dank. Ich bin in einem sehr guten Krankenhaus, also in guten Händen."

„Dann wünsche ich Ihnen noch einmal alles Gute. Bis zum nächsten Mal."

Als Selim auflegte, dachte er sich, dass er in Frieden würde sterben können. So, als ob man sich in eine dicke Decke einwickelte … Er war glücklich.

„Nun, sind wir bereit?"

Er öffnete seine Augen. Sie waren gekommen, um ihn mitzunehmen. Er lächelte. Sie stellten die Seitengitter des Bettes hoch, entriegelten die Räder, jetzt war es eine Bahre. Sie gingen im Korridor an neugierig und besorgt schauenden Menschen vorbei, an der Decke flossen die Beleuchtungsmodule in einer bestimmten Frequenz dahin. Sie stiegen in einen Aufzug ein und fuhren mehrere Stockwerke hinunter Er fragte, warum sich Operationssäle im Keller befänden. Sein Pfleger mit dem Namen Ishak auf dem Namensschild antwortete: „Damit niemand stören kann", sie lachten, sie kamen vor eine Tür, tippten auf ein chiffriertes Schloss, die Türen gingen auf, die Türen gingen zu, sie blieben auf einem Korridor stehen. Es war ein sehr großer Ort, es liefen Dutzende von maskierten Ärzten und Krankenschwestern umher. Schwer erkannte er den maskierten Anästhesisten.

„Wie geht es Ihnen, Selim Bey?"

„Gut, mir geht es sehr gut."

„Schön. Ich möchte, dass Sie jetzt von hundert aus rückwärts zählen."

„Hundert …"

Selim spürte, dass alles bald vorbei sein würde. Nein, nicht den Tod, etwas anderes …

„Neunundneunzig …"

Sich vermehrende Lücken … die er niemals würde füllen können. Ein erfolgloses Leben. Das andere in vollen Zügen genossen, er aber nicht hinbekam.

„Achtundneunzig …"

Er hatte einmal einen Freund auf der Uni, fröhlich, dick. Sie nannten ihn Antidepressiva. Er wünschte sich, die Welt so sehen zu können, wie er, sorglos, natürlich …

„Siebenundneunzig …"

Wie hieß er nochmal?

Die Erlebnisse, Menschen und Probleme waren jetzt weit weg.

Niemand konnte Selim erreichen.

Ismail! Plötzlich erinnerte er sich. Alles auf einmal. Alles, was war oder was sein könnte. Danach kam die Dunkelheit.

Ich hatte als Kind einen fliegenden Teppich. Ich weiß, jeder hatte einen, jedes Kind träumt von so etwas. Natürlich spielen da auch die Erwachsenen eine Rolle. Für eine Weile denkt das Kind, welches mit der außergewöhnlich bunten Märchenwelt begrüßt wird, dass die Welt ein magischer Ort sei. Doch schon bald steht es der Realität Auge in Auge gegenüber und verlässt das außergewöhnliche Leben. Nur in manchen Fällen, zum Beispiel bei einem schweren Erdbeben oder in einem Flugzeug während einer Turbulenz begegnet man dem Außergewöhnlichen wieder. Nur ist das in keiner Weise wie das magische Erlebnis aus der Kindheit, sondern ähnelt eher einem schwer zu umgehenden Alptraum. Trotzdem ist es schön zu fliegen. Natürlich unter der Voraussetzung, dass man angeschnallt bleibt, solange man sitzt.

DAS GESCHWIND-SYNDROM

Der Mann, der auf Platz 27A saß, sah bedrückt aus dem Fenster, beobachtete, wie das Gepäck verladen wurde, die Flughafenbusse herumfuhren, die Flugzeuge landeten und überlegte sich, was er machen könnte, um zum nächsten Level zu kommen, ohne diese Qual zu erleben, die etwa drei Stunden andauern würde. Wenn es ein Computerspiel wäre, würde er bestimmt einen Weg finden. Es wäre dann auch egal, wenn er keinen Weg finden würde. Denn egal, wie oft das Flugzeug auch abstürzen würde hätte er dennoch genug Leben, um weiter spielen zu können. Hingegen saß er jetzt in dem immer enger werdenden Flugzeuginneren, gegen das Fenster gedrängt und wartete auf sein Schicksal, wie ein Opferschaf. Bevor er das Telefon auf Flugmodus stellte, las er zum letzten Mal die Nachricht seiner Mutter. Er verfluchte seinen Onkel, denn er verstand nicht, wie jemand skrupellos die Rechte seiner Schwester beanspruchen konnte und es in Ordnung fand, wenn sie mit leeren Händen zurückbliebe. Er fühlte sich schuldig, weil er seine Mutter allein gelassen hatte, aber er musste das tun, sonst wäre es für ihn nicht gut ausgegangen. Er war dankbar, dass er unter dem Einfluss des Beruhigungsmittels stand, welches ihm Julia gegeben hatte, sonst hätte er auf keinen Fall so ruhig sitzen können. Trotzdem hatte er die Stewardessen hundertmal gefragt, ob seine Gitarre auch an ihrem Platz war. In ihm war jemand, der Panik machte, aber der war sehr klein, wie ein Daumen, war sogar noch kleiner geworden und hüpfte wie ein winziges Insekt irgendwo in den Tiefen herum, und er konnte sich nicht bemerkbar machen, auch wenn er schrie. Sein Inneres war jetzt eine leere Höhle, das Summen des Insekts prallte an die imposante Mauer der Stille und verschwand. Er wurde langsam müde, aber sobald er die Augen schloss, wurde ihm übel, so dass er nicht einnicken konnte. Er gähnte ununterbrochen. Auf diese Weise könnte er die Reise vielleicht ohne Probleme überstehen. Natürlich konnte er nicht vorhersagen, was beim Start passieren würde. Die meisten Unfälle ereigneten sich beim Start oder bei der Landung. Er versuchte, diesen Gedanken aus seinem Kopf zu verbannen, aber die Unfallidee war wie ein Stahlkorsett, dass ins Fleisch schnitt und sein Gehirn bluten ließ. Glücklicherweise konnte die Panik, die durch die Ideen hervorgerufen wurde, nicht an die Oberfläche vordringen. Wie lange aber würde das Medikament wirken? Julia hatte gesagt: Nimm zwei, damit schläfst du bis Istanbul durch. Also? Sie meinte damit, dass es für drei bis vier Stunden gut war. Er hatte die Pillen am Flughafen eine Stunde vor dem Flug genommen, damit die Wirkung gut einsetzte, und schon in der Wartehalle spürte er die Wirkung. Ja dann? Dann würde die Wirkung wohl mitten im Flug nachlassen und verschwinden und ... Was aber, wenn sein Körper anders auf das Medikament reagierte? Bei seinem letzten Zahnarztbesuch war der Arzt überrascht: Er müsste eigentlich schon längst betäubt sein, wiederholte er ständig, während er das schrecklich spitze Ding in sein Zahnfleisch stach und ihn auffahren ließ. Der Arzt hatte das Betäubungsmittel nacheinander sowohl in seinen Gaumen, als auch innerhalb und außerhalb seines Unterkiefers gespritzt und es erst nach einer Stunde geschafft, dass er wirklich betäubt war. Vielleicht wirkte das Medikament jetzt gar nicht und er stand nur unter einer Placebo-Wirkung, erst, wenn das Flugzeug sich in die Lüfte erheben würde, würde man sehen, was was war. Dann nehme ich schnell noch eine, dachte er sich. Er schob seine Hand in die Hosentasche, die Schachtel des Medikaments versendete vertrauensvolle Signale an seinen Körper. Er hatte Angst, dass das Medikament vielleicht an der Sicherheitskontrolle eingezogen werden könnte, aber nichts dergleichen war passiert. Außerdem war es sowieso ein einfaches rezeptfreies Beruhigungsmittel, aber trotzdem konnte man nicht wissen, wie die Regelung bei den Deutschen gerade war. Er war seit zwei Jahren in Berlin und hatte während dieser Zeit viele Erfahrungen über den Alltag der Deutschen gesammelt. Solange man sich an die Regeln hielt, gab es ihrerseits meistens keine Probleme. Er hatte auch kaum eine Diskriminierung gesehen, seine besten Freunde waren sogar Deutsche, Ostdeutsche. Julia und Sophia, dieses reizende Paar, hatte ihn sozusagen adoptiert. Auf diese Weise in die Gesellschafft aufgenommen war es unwahrscheinlich, dass er diskriminiert wurde. Trotzdem … Er war trotzdem ein Türke, einer aus dem Nahen Osten, und während der gesamten Zeit seines Aufenthalts in Berlin fühlte er sich für die Fehler, Vergehen, Verbrechen und Abscheulichkeiten aller Türken auf der Welt verantwortlich. Schließlich war er für sie Moslem, und obwohl er ihnen gesagt hatte, dass er nicht religiös ist, bekam er trotzdem die Religionsfragen ab. Außerdem wusste er sehr gut die Antworten auf diese Fragen, eigentlich war das positiv, man sollte schon die Kultur kennen, in der man lebte, aber für viele war das ein verdächtiges Merkmal, war er doch in eine moslemische Familie hineingeboren, beschnitten, hatte bis zu einem bestimmten Alter an Allah geglaubt, und auch wenn er jetzt das Gegenteil behauptete, sagte, dass er Sozialist sei, und auf der Bühne seine Fender Telecaster Gitarre wie Brian May spielte, so war er doch für die Leute ein Moslem aus dem Nahen Osten. Obwohl, er nannte sich nicht mehr Sozialist, in seinen Kreisen waren diese Begriffe schon lange aus der Mode, es gab jetzt neue Kategorien. Tatsächlich waren Handlungen wichtiger als Etiketten, man musste mit dem Übel des multinationalen Kapitals kämpfen und kreative Protestmethoden entwickeln. Sie interessierten sich nicht für die Theorie der Sache, es schien auch keine Theorie mehr nötig zu sein, die globale Erwärmung stieg beständig, Epidemien, Migrationen und autoritäre Regime bereiteten den Weltuntergang vor. Natürlich war es in der Türkei nicht soeinfach wie in Berlin, sich all dem zu widersetzen, an Demonstrationen teilzunehmen und sogar seine Meinung zu äußern. Als wäre er auch für zunehmend autoritär werdende Regierung verantwortlich. Jedes

Volk hat die Regierung, die es verdient. Wie oft er dieses Zitat in Berlin, vielleicht auch in Julias Freundeskreis, zu hören bekam … Mit der Durchsage des Piloten wurden seine Gedanken plötzlich unterbrochen. Gleich würden sie mit dem Abflug starten, in Istanbul war es 25 Grad warm, aufgrund der Wetterbedingungen könne es zu Turbulenzen kommen, deshalb sollten die Passagiere, solange sie saßen, angeschnallt bleiben. Turbulenzen! Das zweite Wort, das er am meisten fürchtete! Das erste war natürlich der Absturz eines Flugzeugs, für dieses Ereignis gibt es zwar kein so schickes Wort, aber das Ereignis selbst erzeugt eine unglaubliche, fantastische Angst! Das Wort Turbulenz hingegen beschreibt eine nicht enden wollende Folter. Er wollte die Turbulenz nicht erleben. Hatte er richtig gehört? Jetzt, in diesem Moment, sofort wollte er raus, würde er doch nur nicht am Fenster sitzen … Hilfesuchend schaute er zu der alten Frau, die neben ihm saß.

Die Frau auf Platz 27B lächelte den jungen Mann an, der zu ihrer Rechten saß. War er wirklich jung? Er schien Anfang vierzig zu sein. Wenn es nach ihr ging, waren seit längerem alle jung. Im Februar war sie 67 geworden. 67! Früher kam ihr dieses Alter so fern vor … Nie hatte sie den Worten auf den Pensionsfeiern der Professoren geglaubt, „Jetzt beginnt das zweite Leben, genießen Sie es, Herr Professor“. Sie hatte eher gedacht, dass die Menschen Mitleid mit denen hätte, die in Rente gingen. Sie hatte viele Professoren gesehen, die jahrelang mit ihrer autoritären Art die Gänge, Stationen und Polikliniken zum Hallen gebracht hatten, dann aber plötzlich kindisch wurden und in Tränen ausbrachen. In solchen Momenten hatte sie sich versprochen, niemals so zu werden wie sie. War sie auch nicht. Zum Beispiel hatte sie bereits einen Monat vorher ihr Zimmer aufgeräumt und war niemandem zur Last gefallen. Auf der Abschiedsparty hatte sie ihr schönstes Kleid angezogen, sich zuvor die Haare machen lassen und hatte dann mit dem Selbstbewusstsein, mindestens zehn Jahre jünger auszusehen viel gelächelt. Die Ausrufe ihrer Assistenten „Frau Professor, ich kann es nicht glauben, Sie sind noch so jung!“, hatte sie zwar mit süßen Neckereien abgetan, innerlich aber war sie zerknirscht und konnte den Gedanken nicht loswerden, dass dieser Tag der Anfang vom Ende war. Gut, dass ich übermorgen gehe, tröstete sie sich, es war sonst nicht zu ertragen, so auf das Abstellgleis gestellt zu werden. Im Handumdrehen war sie in Berlin bei Nurhan gelandet, vielleicht hatte sie zum ersten Mal in ihrem Leben so viel Zeit mit ihrer Schwester verbracht. Sie war ein Teil des Alltags ihrer Schwester geworden, hatte ihr eingerostetes Deutsch geölt, alle Museen zweimal besucht, war einige Male in die nahegelegenen Kurorte gegangen und hatte sich amüsiert. Hatte versucht, sich zu amüsieren. Sie fühlte sich in einer Leere, was sie auch tat, es war wie eine Erholungsphase. Schließlich waren drei Monate vergangen und es zwar Zeit, wieder nach Hause zu gehen. Um die Wahrheit zu sagen, hatte sie ihre Wohnung vermisst, hatte für eine Weile ihre eigene Ordnung gesucht, aber jetzt hatte sie Angst. Angst? Ach komm, sollte etwa eine gestandene Onkologie-Professorin Angst davor haben, allein zu Hause zu sein? Außerdem konnte sie in der Praxis ihres ehemaligen Assistenten anfangen Patienten zu behandeln, ‚Frau Professor, Ihr Zimmer steht bereit', sagte er ständig, ‚Was wir an Wissen haben, haben wir von Ihnen gelernt ...' Im Herzen von Nişantaşı hatte er zwei Wohnungen von je 300 Quadratmetern vereint, an die Wände Originalgemälde gehängt und die bequemsten Ledersessel hineingestellt, hatte sich von seiner zweiten Frau scheiden lassen und war mit seiner zwölfmonatigen echten Sonnenbräune zum gefragtesten Arzt der High Society geworden. Würde sie wirklich dorthin gehen, um Patienten zu behandeln? Würde sich das schicken? Nach so vielen Jahren? Sie würde es befremdlich finden. Sie hatte sich immer glücklich geschätzt, dass sie nie im Privatsektor hatte arbeiten müssen, aber jetzt? Aber würde sie ihr angehäuftes Wissen denn nicht verwenden? Der Mann neben ihr räusperte sich und sah sie hilfesuchend an. Sie lächelte den Mann leicht an. Verständnisvoll. Genauso alt müsste ihr ehemaliger Assistent sein, ach nein, dieser war gerade mal Ende dreißig, vielleicht Anfang vierzig ... Ihr Assistent dagegen war schon über fünfzig. Oh Gott, was war das für ein schrecklicher fünfzigster Geburtstag? Champagner auf dem Boot,

Feuerwerk … Natürlich war er da noch nicht von seiner zweiten Frau geschieden, sie hatte es organisiert. Sie war eine von der Schickeria, die Tochter einer gut etablierten Familie. Das konnte der neureiche Assistent natürlich nicht aufrecht erhalten. Er hat gut verdient, sogar sehr gut, aber wie jeder Mann, der viel Geld verdient, hat er große Fehler gemacht. Er lief von einer Frau zur nächsten. Natürlich kam seine zweite Frau aus der Oberschicht, ihr Horizont war nicht auf vorsichtige Träume beschränkt, wie die der bescheidenen Familie seiner ersten Frau, der Horizont der zweiten Frau war viel weiter, hätte sie denn die billigen Seitensprünge dieses listigen Provinzburschen ertragen sollen? Verdient hatte er es, sie mochte zwar die zweite Ehefrau nicht, gab ihr aber recht, alles hatte seinen Preis, insbesondere das Fremdgehen ... Sie schaute nochmals zum Mann hinüber, er rieb sich die Hände, seine rechten Fingernägel waren länger als die anderen, er war wohl Gitarrenspieler. Auch sein Haarschnitt war merkwürdig, er hatte sich die linke Seite fast abrasiert, er hätte ein Türke aus der zweiten oder dritten Generation sein können. Sie schaute auf ihre eigenen Hände, egal wie viele gute Cremes sie auch benutzt hatte, je älter ihre Haut wurde, desto dünner wurde die Fettschicht, es wurde kein Kollagen mehr produziert, und Falten waren unvermeidlich geworden. Außerdem waren ihre Hände mit Altersflecken übersät. Braune Sommersprossen, die Vorreiter des Verfalls. Sie drehte ihren Ehering an ihrem Finger. Er hatte sich gelockert. Sie hat durch ihre langen Spaziergänge in Berlin ziemlich abgenommen. Es gab dafür keinen anderen Grund, oder? Einfach aus heiterem Himmel abzunehmen, das könnte ein Vorbote einer unschönen Situation sein. Sie hielt die Luft an, horchte in sich, als ob sie die irgendwo in ihr heimtückisch Vorbereitungen treffenden Krebszellen auf frischer Tat ertappen würden. Stille … Sie entschied, dass ihre inneren Organe reibungslos funktionieren und atmete langsam wieder aus. Der Krebs würde es nicht wagen, sich mit ihr anzulegen, sie hatte schon so viele Patienten behandelt. Jeder Patient war ein Schlachtfeld, jeder Feldzug ein neuer Kampf. Natürlich hatte sie auch welche verloren, sehr junge Patienten hatte diese widerliche

Krankheit übermannt. Aber in einer nicht allzu fernen Zukunft würde man ein Mittel gegen diese heimtückische Krankheit finden, das würden die Genetiker schaffen. Dann würden sie wirklich ausgemustert werden, und zwar alle. Aber jetzt war sie immer noch nützlich. Sie hatte sich noch nicht entschieden, was sie von nun an machen würde. Während der Zeit, die sie in Berlin bei ihrer Schwester verbracht hatte, hatte sie geflissentlich dieses Thema vermieden, denn sie wollte Nurhan keinen Grund geben, um sich darüber auszulassen. Sobald Nurhan sah, dass sie unentschlossen war, würde sie von morgens bis abends das Thema von allen Seiten in die Hand nehmen, Fehler und Macken finden, die einem sonst nie eingefallen wären. Ihrer Meinung nach hatte sie den größten Fehler schon am Anfang gemacht und hatte sich in Istanbul festgesetzt. Dabei hatte sie Nurhan so oft schon erzählt, dass sei Istanbul liebte, die Universität und ihre Arbeit liebte. Sie konnte ihre Schwester einfach nicht davon überzeugen, dass sie keines davon in Berlin oder Amerika finden könnte. Wenn es nach Nurhan ging, dann war die Türkei schon vorher kein Ort, an dem man leben konnte, jetzt war es sogar noch schlimmer. Obwohl, auch sie selbst wurde in den letzten Jahren hin und wieder skeptisch und fand den Gang der Dinge gar nicht gut. Trotzdem war sie jetzt aufgeregt, denn es ging nach Hause. Der junge Mann gab ein Stöhnen von sich, sie drehte sich leicht zu ihm, er war blass im Gesicht, Schweiß stand ihm auf der Stirn. Hoffentlich würde er sich nach dem Start nicht auf sie übergeben. Nochmals schaute sie ihn von der Seite an, könnte es sein, dass er gerade einen Herzinfarkt hatte? Der Mann holte aus seiner Hosentasche eine Packung hervor, es war ein leichtes Beruhigungsmittel. Er drehte das Medikament in seiner Hand hin und her, steckte es dann wieder in die Tasche zurück. Es musste Flugangst sein. Nochmals lächelte sie den Mann an, die Angst in seinen Augen schien sich aufzulösen. Dieses Lächeln half bei allen Patienten. Eine Krebsbehandlung war keine leichte Aufgabe, während sie ihren Patienten erklärte, dass das Teamwork war, schwieg sie immer wieder mal und lächelte mitfühlend, dies hatte oft eine größere Wirkung als zu reden. In solchen Momenten zitterte der arme Patient wie eine verwundete Taube und versuchte sich einzureden, dass es nur ein böser Traum sei, dass sich sein Körper, den er nicht zu schätzen gewusst hatte, auf diese Weise zersetzten würde. Weil er aber bis ins Knochenmark spürte, dass er, egal was er auch tun würde, dieser schrecklichen Realität gegenüberstehen würde und sich bewusst wurde, dass er auf der Stelle würde sterben können, würde das Lächeln des Arztes dann in diesem Moment wie eine Sonne über dem Meer dieser dunklen Sorgen aufgehen und ihn wärmen. Für eine kurze Zeit würde er fühlen, dass alles in Ordnung kommen und er wieder seine früheren glücklichen und gesunden Tage wiedererlangen könnte. Auch bei dem jungen Mann stellte sich eine deutliche Erleichterung ein. Auch Flugangst konnte, genau wie andere Ängste, tödlich sein. Das wusste sie sehr gut und unterschätze es deshalb niemals. Sie wusste, dass es Menschen gab, die vor Angst einen Herzinfarkt bekamen. Sie überlegte sich, was sie im Notfall tun könnte. Sie war zwar in Erster Hilfe geschickt, aber wenn der Anfall zu heftig sein sollte, dann könnte sie es möglicherweise nicht allein bewältigen. Im Flugzeug gab es für Notfälle immer Medikamente und sogar Defibrillatoren. Sie hoffte, dass es an Bord einen Kardiologen oder eine erfahrene Krankenschwester geben würde. Sie sah zu dem Mann, der zu ihrer Linken saß. Er schrieb seit sie das Flugzeug bestiegen hatten hastig in ein Heft. Seine Hände und Finger waren mit Tintenflecken bedeckt. Die Möglichkeit, dass er ein Arzt war, schien sehr gering. Sie schaute sich nach den anderen Sitzen um, aber außer den Menschen in der Nebenreihe konnte sie niemanden sehen. Sie schaute wieder zu dem Mann neben ihr.

Der Mann auf Platz 27A saß mit geschlossenen Augen und an das Fenster angelehntem Kopf da und wartete mit einem nervösen Ausdruck auf dem Gesicht auf den Abflug. Gern hätte er seine Ohren vor der Stimme verschlossen, die erzählte, wie viele Ausgänge es im Flugzeug gab und was man im Falle einer Notlandung machen solle. Auf allen Bildschirmen lief eine Animation, die zeigte, was zu tun war. Eine der Stewardessen zeigte mit einem festgefrorenen Lächeln auf den Lippen, wie man die Sauerstoffmaske, die bei einem niedrigen

Kabinendruck automatisch von der Decke fallen würde, aufzusetzen hatte. Wie würde er in so einer Situation reagieren? Würde er vor lauter Angst erstarren? Oder würde er in der Panik nicht wissen, wohin mit den Armen und den Beinen? Ja und was, wenn seine Maske nicht herausfallen würde? Er schaute zu der Frau neben ihm, würde er sich ihre schnappen und zu sich ziehen? An was er alles dachte! Dabei lächelte ihn die Frau, die so alt wie seine Mutter zu sein schien, mitfühlend an. Als würde sie seine Ängste spüren und versuchen, ihn zu beruhigen. Er wischte sich den Schweiß von der Stirn. Die Notfallhinweise waren beendet, er atmete erleichtert auf. Die Höllenbilder in seinem Kopf von Menschen, die während des Unfalls nach der leuchtenden Linie suchend sich gegenseitig zerquetschten, verblassten langsam. Irgendwann würde dieser Flug auch zu Ende gehen und die Räder würden die Landebahn des Flughafens berühren. Istanbul wartete mit echten Problemen auf ihn, die es zu lösen galt. Es würde nicht einfach werden, seinem Onkel gegenüberzutreten. Und die Halunken von Cousins waren ein weiteres Ärgernis. Eigentlich waren sie früher gute Jungs gewesen, aber durch die Prügel vom Vater waren sie ihm immer ähnlicher geworden und liefen den ganzen Tag mit einem Gesichtsausdruck herum, als würden sie jeden Moment jemanden angreifen. Jetzt würde er sich vor sie stellen und das Recht seiner Mutter fordern, wahrscheinlich würden sie ihn auslachen. Und wenn er beharren sollten, dann würden sie wahrscheinlich sagen, dass sie ihr Eigentum keinem Terroristen geben. Er wusste es. So würde es ablaufen. Alle Bands, in denen erbisher gespielt hatte, waren auf die eine oder andere Art auf Oppositionslinie, er stand schon irgendwie mit der Polizei im Clinch, aber der eigentliche Knall war während der Gezi-Proteste entstanden. Eines Nachts war ihre Musik im Internet viral gegangen, Bilder von seinem Standbild, wie er hart den letzten Akkord auf der Gitarre spielte, wurden zu einem der Symbole von Gezi, deswegen war er unter den Radar von seinen abscheulichen Cousins gefallen, die die Anführer der faschistischen, mit Schlagstöcken bestückten Händler waren. Obwohl es ihnen bis zu diesem Tag total egal gewesen war, was er machte, waren sie plötzlich zu seinen Feinden geworden, es hatte eh keiner von ihnen seinen Vater gemocht, sie hatten die kleine Familiengeschichte schnell umgeschrieben und ihn aus der Verwandtschaft ausgeschlossen. Der frühe Tod seines Vaters war eigentlich der Anfang allen Übels. Istanbul fiel im auf den Kopf, nahm ihm den Atem. Sein Berlin-Abenteuer hatte er begonnen, um von all dem wegzukommen, um neu anzufangen. Jetzt hatte ihn Istanbul, genau wie in dem Lied, das er manchmal vor sich hinmurmelte, eingeholt, hatte ihn am Nacken gepackt und ihn in dieses schreckliche Flugzeug einsteigen lassen. Mit der Einladung des Piloten, sein Kabinenpersonal möge sich hinsetzen, startete das Flugzeug auch schon. So schnell? Er war noch nicht bereit. Das Flugzeug holperte wie ein Jeep auf einer unebenen Straße. Sein Herzschlag beschleunigte sich. Was, wenn ich überhaupt kein Beruhigungsmittel genommen hätte, dachte er sich entsetzt. Er wusste nicht, ob er seine Augen öffnen sollte oder nicht. Schließlich hielt er es nicht mehr aus, und als er aus dem Fenster schaute, sah er, dass die Servicegebäude des Flughafens Berlin-Tegel immer noch nervig vorbeiflossen. Sie hatten noch nicht abgehoben. Wieder schloss er seine Augen. Das Flugzeugkissen, das er sich in den Nacken geklemmt hatte, war schweißnass. Es gab doch kein Problem, da fuhren sie langsam dahin. Dank des Beruhigungsmittels zerflossen die in ihm explodierenden Panikbomben schnell und zerfielen wie harmlose Animationen von Computerspielen in ihre einzelnen Farben. Die Luft um ihn rum hatte ihn warm umhüllt. Ihm würde von nun an nichts mehr passieren. Es konnte nichts passieren. Jetzt erhöhte sich die Motorendrehzahl und das Flugzeug wurde schneller. Es fuhr sehr schnell. Sehr schnell. Er hoffte, dass die Stewardessen seine Gitarre gut fixiert hatten. Sie wurden noch schneller, jetzt waren sie in einem Rennwagen, der kurz davorstand, außer Kontrolle zu geraten, und bald würden sie gegen die Barrieren auffahren und in tausend Teile zerschellen. Doch plötzlich verloren die Räder den Bodenkontakt. Das Flugzeug begann in einem bestimmen Winkel nach oben zu steigen. Sie flogen. Die Motoren schienen all ihre Kraft aufzuwenden. Ob sie sich schwertaten? Was, wenn genau in diesem Moment einer der Motoren ausfallen würde? Was, wenn sie mit einem Vogelschwarm zusammenprallten? Eine Weile lang passierte gar nichts. Er öffnete seine Augen, bemerkte, dass das Flugzeug nach oben beschleunigte und schloss sofort wieder die Augen. Er verkrampfte sich. Er versuchte, sich an das Video zu erinnern, das mit Atemübungen Entspannungsmethoden beschrieb. Einatmen, ausatmen … Spüre deine verspannten Stellen, stelle dir vor, dass sie sich mit jedem Atemzug entspannen. Er konnte solchen Anweisungen folgend diesen Zustand bewältigen. Da, eine plötzliche Erschütterung! Sie schienen durch die wütenden Wolken geflogen zu sein. Panik! Er bereute es so sehr. Wäre er doch nur über Land gefahren und nicht mit dem Flugzeug geflogen. Seine Mutter hatte aber gesagt, dass es dringend sei. ‚Komm sofort, dein Onkel schmeißt mich raus.' Wie konnte das sein? Jetzt war das alles nicht mehr wichtig, das Flugzeug würde sowieso abstürzen, und er würde qualvoll sterben. Die Erschütterung hörte so plötzlich, wie sie begonnen hatte, auf. Er öffnete seine Augen, las schnell die Fluginformationen auf dem Bildschirm, sie waren sehr hoch aufgestiegen. Das waren Orte, die kein Mensch erklimmen sollte. Das Licht der „Anschnallen"-Anzeige erlosch, das Kabinenpersonal, das diesen leise Signalton hörte, schnallte schnell die Gurte ab, stand auf und machte sich für den Service bereit. Er schloss seine Augen, in der Hoffnung, etwas schlafen zu können.

Die Frau auf Platz 27B öffnete ihre Augen. Sie schaute nach dem Zustand des Mannes, der mit geschlossenen Augen am Fenster saß. Sie glaubte aber nicht, dass er schlief. Seine Finger, die die Armlehnen fest umklammerten, waren weiß angelaufen. Für einen Moment wollte sie ihre Hand auf seine Hand legen und zu ihm sagen: „Mach dir keine Sorgen junger Mann, du hast noch viele lange Jahre zu leben." Sie könnte das, wenn sie wollte, denn eine Frau in ihrem Alter würde niemand missverstehen. Sie war allein, seit Mustafa gestorben war. Sie war sich sicher, dass sie den Rest ihres Lebens auch so verbringen würde. Auch über dieses Thema hatten sie mit Nurhan diskutiert. Nurhan hatte eine ganze Nacht darüber diskutiert, dass sie ihren

Ehering nicht abnahm, lauter Kommentare, Analysen … Dabei hatte sie keinen bestimmten Grund dafür, sie wollte den Ring einfach nicht abnehmen. Sogar bei den Katholiken gibt es den Spruch „Bis dass der Tod euch scheidet". ‚Aber deine Ehe hat ja sogar das überstanden!', hatte Nurhan ständig gesagt. Sie mochte es nicht, über dieses Thema nachzudenken und auch nicht, darüber zu reden. Was sollte sie in diesem Alter noch mit einem Mann anfangen? Wie würden sie sich kennenlernen, was würden sie miteinander erleben? In ihren eigenen vier Wänden könnte sie niemals ein neues Leben mit einem Fremden anfangen. Mustafa war überall im Haus präsent. Nicht weil sie an Geister glaubte, nein, überhaupt nicht. Es war etwas anderes, was sie zurückhielt. Etwas, worüber sie nicht reden wollte. Sie nahm das Buch zur Hand, das sie mitgenommen hatte, um unterwegs zu lesen, und versuchte, die letzte gelesene Seite zu finden. Dieses Buch in ihrer Hand war eines der vielen Bücher, deren zu Lesen sie während ihrer arbeitsintensiven Jahre ständig aufgeschoben hatte. Nurhan hatte das Buch hochgelobt, sie kannte sich mit Literatur aus. Es gab zum Beispiel eine Bücherlesegruppe, an der sie ohne Ausnahme jeden Monat teilnahm. Während sie in Berlin war, hatte auch sie selbst zweimal daran teilgenommen und war von der Ernsthaftigkeit des Treffens überrascht gewesen. Eine Gruppe von Menschen mittleren Alters hatte über den gelesenen Roman bis ins kleinste Detail diskutiert. Obwohl sie das Buch nicht kannte, hatte sie dennoch das Gefühl, durch die Gespräche viel gewonnen zu haben. Sie erinnerte sich an die Seminare, die sie mit ihren Studenten abgehalten hatte. Es war demnach möglich, auch über Romane so eine tiefgründige Diskussion zu führen. In Berlin hatte sie die drei Bücher, die Nurhan ihr vorgeschlagen hatte, schnell durchgelesen. Sie hatte sich sogar Notizen gemacht, die sie auf so einem Treffen hätte vortragen können und hatte durch dieses Leseerlebnis eine ganz neue Freude erlebt. Aber jetzt lag das Buch offen auf ihrem Schoß und sie konnte sich einfach nicht auf den Text konzentrieren. Je weiter sie sich von Berlin entfernte, desto schwächer wurde der Einfluss von Nurhan, und sie kehrte zu ihrem früheren Ich zurück. Sie fühlte, dass ihre Beine anfingen, anzuschwellen. Das passierte früher nie … Langsam zog sie ihre Schuhe aus, um sich zu entspannen. Natürlich würden mit dem Alter auch Kreislaufschwierigkeiten auftauchen. Was hatte sie denn erwartet!? Sie erinnerte sich an die elefantös angeschwollenen Beine der alten Tanten, die sie verwundert und gleichzeitig verabscheuend betrachtet hatte. Wahrscheinlich waren sie damals in ihrem jetzigen Alter und wehklagten, während sie ständig ihre Füße massierten. Sie korrigierte mit ihren Fußspitzen die Stellung ihrer Schuhe. Sie auszuziehen hatte ihr wirklich gutgetan, aber wenn das so weiter ging, dann würden ihr bei der Landung die Schuhe nicht mehr passen. Sie zog sie wieder an. Der Zustand des Kranken, der am Fenster mit der Flugangst zu kämpfen hatte, war auch akzeptabel. Plötzlich bemerkte sie ihren gedanklichen Ausrutscher und lächelte. Und wie geht es unserem anderen „Patienten", wollte sie wissen und schaute zu ihrer Linken. Der Mann schrieb immer noch. Als sie die paar ersichtlichen Sätze las, war sie erstaunt. Langsam zog sie ihre Schuhe aus, um sich zu entspannen. So stand es da. Schrieb er über sie? Was er wohl noch geschrieben hatte? Sie versuchte, noch ein wenig mehr zu lesen. Auch wenn sie seine Handschrift nicht ganz entziffern konnte, wusste sie, dass von hier, vom Flugzeug, von ihnen selbst berichtet wurde. War er ein Möchtegern-Schriftsteller, der darüber schrieb, was um ihn herum vorging? Und wie hatte er gesehen, dass sie ihre Schuhe ausgezogen hatte? Demnach konnte man vor niemandem etwas verheimlichen. Es störte sie, dass solche Notizen über sie gemacht wurden. Das ist, als ob man unwissend fotografiert wird. Hatte er das Recht dazu? Die Schriftform war natürlich vergleichbar mit einer Fotografie, sie glaubte nicht, dass es ein Gesetz gab, das dies einschränkte. Aber trotzdem war es eine Rechtsverletzung, davon war sie überzeugt. Sie schaute ihm direkt ins Gesicht. Der Mann kümmerte sich nicht darum, er schien sich nur mit seiner Niederschrift zu befassen. Schnell schrieb er, auf eine eigenartige Weise, ohne zu stoppen, ohne eine Pause einzulegen. Es war, als versuchte er, seine Gedanken so schnell wie möglich auf Papier zu bringen. Ihr anfängliches Unbehagen verflog. Soll er doch schreiben, ist doch egal, dachte sie sich. Schließlich würde sie vielleicht in einer Geschichte oder in einem Roman eine Nebenrolle bekommen. Das war so, als ob man auf der Straße versehentlich von der laufenden Kamera eines Filmteams eingefangen wurde. Stören würde es wirklich nicht. Sie wendete sich wieder ihrem Buch zu, und las die zuvor gelesenen Seiten nochmals, als ob sie sie noch nie gelesen hätte. Ganz am Anfang des Romans hatte der Mann einen Fahrradunfall, und jetzt war er nach der Amputation verdrießlich. Er beharrte darauf, dass er keine Beinprothese wollte. Es war klar, dass der Roman in eine andere Richtung laufen würde, die Geschichte konnte sich nicht auf eine Behinderung beschränken. Was war doch das Gehirn für ein seltsames Organ, sie hatte das vorhin schon mal gelesen, aber die Bedeutung nicht verstanden. Und nun ... Wieder wurde sie neugierig und versuchte zu sehen, was der Mann schrieb. Inzwischen hatte das Kabinenpersonal begonnen, das Essen zu servieren. Der junge Mann am Fenster hatte nach einem vegetarischen Menü verlangt, was sie allerdings nicht erwartet hatte, und er nahm noch einen Weißwein dazu. Gut, sie selbst hatte Fleisch bevorzugt und Rotwein. Der in sein Heft schreibende Mann aber nahm kein Essen. Ohne die Stewardess anzuschauen bat er um einen starken Kaffee und schrieb weiter. Es war wirklich seltsam, er schrieb wie in einem Wahn. Es fiel ihr schwer, ihn nicht zu fragen, ob denn der Kuss der Muse so etwas war. War er wirklich ein Schriftsteller oder nur ein Amateur? Nurhan hätte sich sehr aufgeregt, wenn sie gehört hätte, dass sie auf diese Art differenzierte. ‚Wenn er mit Begeisterung schrieb, dann war er sehr wohl ein Schriftsteller!' Nurhan, ist gut, sei es wie du meinst, sagte sie sich. Während sie ihr Fleisch aß, erlag sie ihrer Neugierde und las noch ein bisschen, was der Mann geschrieben hatte. Er berichtete davon, wie das Essen ausgegeben wurde, wer welches Menü genommen hatte, er schrieb, dass er selbst nichts gegessen hatte. Nein, das war keine Geschichte oder dergleichen. Das musste ein Verrückter sein, der jeden seiner gelebten Momente aufschrieb. Er musste einem Schreibwahn verfallen sein. In der Psychiatrie gab es eine Bezeichnung dafür. Sie durchforstete ihr Gedächtnis. Aber natürlich, das war eine Schreibbesessenheit, die bei manchen Patienten mit temporaler Epilepsie auftrat! Ihr verstorbener Mann hatte ihr erzählt, dass Dostojewski solche Schreibattacken hatte. Damals, als sie ihm zuhörte, da hatte ihr das gefallen, aber jetzt, wo sie direkt neben diesem Mann saß, tat er ihr leid. Was für eine Besessenheit das war, dass er jeden Moment und jedes Detail aufzuschreiben versuchte. Eine arme Seele, gefangen zwischen dem Moment und dem geschriebenen Wort.

Der Mann auf Platz 27A holte aus seiner Tasche die Medikamentenschachtel hervor und versuchte den Beipackzettel zu lesen. Er hatte sein Deutsch ziemlich verbessert. Sofort sah er den Satz Nicht mit Alkohol verwenden. Nicht! Ja, ja natürlich, lachte er in sich hinein. Wir befinden uns nicht mehr im deutschen Luftraum, eure Verbote binden mich nicht mehr! Er war sich bewusst, dass er sich selbst täuschte, aber das betäubende Gefühl des Weines gefiel ihm. Er schien sich zu denken, dass sich damit die Wirkung des Beruhigungsmittels verdoppelt. Jetzt müsste er sich vor seinen Onkel stellen, dann würde er ihm alles um die Ohren hauen: ‚Was bist du nur für ein Onkel, wie kannst du die Rechte meiner Mutter an dich reißen, hast der Frau für eine Handvoll Groschen das Haus abgekauft, hast noch zehn Stockwerke draufgebaut und bekommst obendrein noch Miete. Geht's noch …?‘ Das konnte er nicht sagen, auch wenn er es hätte sagen können, wusste er doch genau, wie die Szene aussehen würde. Während er diese Worte aussprach, würde ihm sein Onkel zuhören, tödlich schweigend die Gebetskette klackernd abzählen, und sich wie ein Sturm, wie eine Bombe, die jederzeit hochgehen wird oder wie ein wildes Tier verkrampfen. Er würde mit den Zähnen knirschen. Es war, als ob er ihn plötzlich anspringen und zerfetzen würde, wenn es die Gebetskette nicht gäbe, wenn er keine Angst vor Allah hätte, so einen Eindruck hinterließ er bei seinem Gegenüber. Angst flößte er in das Herz seines Gegners. Aber er war nicht sein Gegner, er war sein Neffe, deswegen würde er auch ein Stoßgebet in den Himmel schicken, die Gebetskette aus Bernstein wie eine Waffe auf ihn richten, sein Gesicht verziehen, als ob er etwas

Unverdauliches gegessen hätte und kurz angebunden sagen, dass er nicht sein Ansprechpartner sei. Natürlich nur im Idealfall. Vielleicht würde er auch brüllen, ob er sich denn um uns alle kümmern müsse. Sein armer Vater hatte nach seinem Dahinscheiden nicht mal eine anständige Rente hinterlassen. Jahrelang war seine Mutter auf den Onkel angewiesen gewesen. Er selbst hatte leider auch nicht helfen können. ‚Du bist abgehauen nach Deutschland. Was zum Teufel machst du dort? Wieso schickst du kein Geld an deine Mutter? Andere arbeiten sich reich in der Fremde und was ist aus dir geworden, nichts, terrorisierst mit deiner Gitarre. Geh, verpiss dich, hol dir nicht dein Verderben!' würde der Onkel vermutlich sagen. Seine Cousins würden wie Hyänen, mit den Zähnen knirschen. Was also würde er in Istanbul machen? Er betastete seine Tasche, die fünfhundert Euro waren an ihrem Platz. Man würde ihm vielleicht zweitausend Euro geben, wenn er seine Gitarre verkaufen würde, eigentlich wäre sie viel mehr wert, aber wenn man gerade in Nöten ist ... Für was würde dieses Geld denn reichen? Das, was er eigentlich machen sollte, wäre, seine Mutter in einem Pflegeheim unterzubringen und die Gebühren jeden Monat regelmäßig zu überweisen. Er brauchte ein regelmäßiges Einkommen. Das konnte er in Istanbul nicht verwirklichen. Es war auch klar, dass er von seinem Onkel keinen Cent bekommen würde. ‚Hätte deine Mutter nicht das ganze Geld, das ich ihr gegeben habe, verprasst', würde er sagen. Der Grundbucheintrag lief auf ihn als Eigentümer, seine Mutter hatte den Status einer Mieterin, die jedoch seit Jahren keine Miete zahlte. Was könnte er machen? Eine Klage vor Gericht würde auch nichts bringen. Die Cousins waren auch keinen Cent wert. Familie … Die größte Lüge! Familie, eine durch Blutsbande gebildete Gang von Eigennutzern. Dabei hatte er jetzt eine andere Familie. Julia und Sophia. Wie ihr Sohn lebte er im Dachgeschoß dieses wunderbaren Mitt-Sechziger-Paares. The mad man in the Attic. Der verrückte Mann auf dem Dachboden. Es muss ja nicht immer eine Frau sein ... Als er die Vibrationen spürte, die von den Schritten der schnell nach hinten schreitenden Stewardess erzeugt wurden, erinnerte er sich daran, dass er im Flugzeug saß. Sie schienen in der Leere zu hängen. Sie flogen in zehntausend Metern Höhe mit einer Geschwindigkeit von über achthundert Kilometern je Stunde. Wenn etwas schiefging, gab es keine Möglichkeit, dass er das überlebte. Das Panikgefühl machte sich wieder bemerkbar.

Nachdem die Frau auf Platz 27B das Essenstablett zurückgegeben hatte, holte sie aus ihrer Tasche die Lesebrille heraus und schlug ihr Buch auf. Aber ihr eigentliches Ziel war es, zu lesen, was der Verrückte geschrieben hatte. Jetzt sah sie das Heft in voller Glänze. Als er die Vibrationen spürte, die von den Schritten der schnell nach hinten schreitenden Stewardess erzeugt wurden, erinnerte er sich daran, dass er im Flugzeug saß. Tatsächlich war die Stewardess gerade an ihnen vorbeigeeilt. Das war genau dann passiert, als der Mann am Schreiben war. Also … Es war eine seltsame Synchronität. Er schrieb alles, was passierte und vor sich ging zeitgleich auf. Sie schaute dem Mann ins Gesicht, man konnte an seiner Miene nichts ablesen. Sie wandte ihren Blick wieder dem Heft zu. Die Flugangst des Mannes auf Platz 27A hatte sich so gut wie gelegt. Er dachte an den schrecklichen Streit, den er mit seinem Onkel in Istanbul haben würde. Er variierte die Begegnungsszenarien: Mal hörte ihm der Onkel nur mit halbem Ohr zu, ohne es für nötig zu halten, den brüllenden Fernseher leiser zu stellen. Mal stand er mit den Händen hinter dem Rücken verschränkt mitten in der Dunkelheit des Ladens, der manchmal nach Verdünner, Zement und Farbe roch. Oder er schaute ihn mit zusammengekniffenen Augen eines satten Löwen an, der hinter dem Tisch mit Kebap-Resten stand, während er intensiv an seiner Zigarette zog, die er am Ende eines Mundstücks befestigt hatte … Allen gemeinsam war das Klappern der großen, aus Bernsteinen bestehenden Gebetskette. Dabei würden diese Albträume durch die bald kommenden Turbulenzen hinweggefegt und er in die Fänge einer grundlegenderen Angst übergeben werden. Turbulenzen? Die Frau hob ihre Augenbrauen und lauschte in die Umgebung hinein. Das Flugzeug bewegte sich reibungslos, es gab keine Turbulenzen oder ähnliches. Dieser Mann dachte sich das einfach nur aus. Der Mann auf Platz 27A hatte schon Flugangst, ja, okay, das war aus zehn Metern Entfernung sichtbar, aber alles andere musste er sich ausgedacht haben. Wie konnte er denn vom Onkel, der Bernsteingebetskette und all die anderen Sachen wissen? Die Frau verlor das Interesse. Soll er schreiben was er will … Wenn er schon in so einem Anfall steckt. Das Geschwindsyndrom! Jetzt hatte sie sich aber erinnert … Das Gehirn war schon ein seltsames Ding. Also hatten ihre alten Nervenzellen seit so langer Zeit irgendwo im Hintergrund nach dem Namen des Syndroms gesucht. Mustafa interessierte sich sehr für Neuropsychiatrie. Er suchte und fand die seltsamsten Fälle und erzählte dann aufgeregt beim Abendessen darüber. Das Geschwindsyndrom ... Das hatte sie sich gemerkt, weil es auffällige Symptome hatte. Es hieß, dass bei Personen, die Temporallappenepilepsie haben, sich, zwischen den Anfällen, die Persönlichkeit verändere. Der Schreibwahn war eines davon, extrem religiöse Gedanken, Veränderungen im Sexualverhalten und der Verlust des linearen Sprachflusses waren weitere Effekte. Hätte sie doch nur Nurhan gefragt, ob diese Effekte zu den Romanen von Dostojewski passten. Sie schlug ihr Buch auf und lächelte vor sich hin. Das Leben war schon seltsam, da saßen auf beiden Seiten von ihr zwei Kranke. Mal sehen, wie diese Reise wohl enden wird? Es würde noch eine Stunde und dreißig Minuten dauern, bis sie Istanbul erreichten. Sie bat die Stewardess, die gerade bediente, um einen Tee. Die junge Stewardess, die im Alter ihrer Enkelin hätte sein können, wenn sie Kinder bekommen hätte, goss mit großer Vorsicht den Tee in den Becher. In dem Moment fing das Flugzeug an zu schwanken. Sie bereute es, dass sie einen Tee verlangt hatte, aber jetzt war es viel zu spät. Durch die Erschütterung war ein Teil des Tees auf ihr Buch verschüttet worden. Nur gut, dass ich ein Buch auf dem Schoß hatte, sonst hätte ich mir eine Verbrennung zweiten Grad geholt, schoss es ihr durch den Kopf.

Der Mann auf Platz 27A spürte seinen Herzschlag an den Schläfen. Jetzt war das Befürchtete eingetroffen, das Flugzeug hatte zu schaukeln angefangen. Was, wenn das Flugzeug außer Kontrolle geriet? Was wäre, wenn der Kabinendruck abfiele? Alle vor dem Abflug durch die Stewardess beschriebenen Möglichkeiten konnten eintreffen. Sie hatte auch erklärt, wie man die Schwimmwesten benutzt, falls man gezwungen war, auf dem Meer zu landen, aber das war doch gar nicht möglich. Über welches Meer konnten sie denn auf dem Weg von Berlin nach Istanbul fliegen? Schwachsinnig … Vielleicht würden sie im Schwarzen Meer landen. Obwohl, wenn sie es bis dahin schaffen würden, dann könnten sie auch in Istanbul landen. Hatte sich das Zittern etwas gelegt? In solchen Momenten wünschte er sich, einen starken Glauben zu besitzen. Wie seine Mutter. Während sie mit ihrem weißen Kopftuch betete, schienen regelrecht Engel hinab in das Zimmer hinabzusteigen. So breitete sich eine milde Schönheit aus. Die Gebete, die ihr über die Lippen kamen, umgaben den gesamten Raum mit einem seidigen Netz und verwandelten sich in eine Decke, die ihn vor allen möglichen Übeln schützte. Wenn er krank war, vermischte sich der Geruch des in Essigwasser getränkten Tuchs mit den Gebeten, und er genoss es, dass sein vom Fieber getrübter Verstand die Realität mit dem Traum verwechselte, während der Geschmack von der Zitrone-Ingwer-Honig-Mischung süßlich seinen Rachen hinunterfloss. Manchmal war auch der Grund für all das ein neidischer Blick, das Pech, der Nazar, wie der böse Blick genannt wurde. Wie sie Angst vor dem Nazar hatten … Nazar bringt einen Menschen ins Grab und das Kamel in den Kessel. Diesen Satz wiederholte seine Mutter ständig. Es gab viele verschiedene Wege, das Böse zu verscheuchen. Zuerst war im Haus der eigentümliche Geruch von geschmolzenem Blei wahrzunehmen, dann sagte sie: „Es ist nicht meine Hand, sondern die Hand von unserer Mutter Fatima“ und goss das geschmolzene Blei in eine mit Wasser gefüllte Schüssel. Das Krachen und das Knacken machten ihm Angst, als ob das Blei ein lebendiges Wesen wäre, das aus der Schüssel herausspringen und sich seiner bemächtigen wollte. Seine Mutter schaute sich die seltsam geformten Bleistücke im Wasser an und deutete sie, und wenn es erst recht eine Form mit vielen Stacheln und unförmigen Ausbuchtungen war, dann urteilte sie, dass es vielleicht gar kein Nazar sondern schwarze Magie war. Dann folgten die Gebete und das Räuchern von Kehricht aus sieben Läden. Was aber eigentlich eine Mischung aus verschiedenen Blumen und Kräutern war … Aber all das reichte ihr nicht aus, um mit seinem Onkel und dessen endloser Gier fertig zu werden. Bis zum letzten Augenblick hatte sie ihn auch nie schlecht über ihn geredet. Er dachte, dass das am instinktiven Respekt vor dem Manne liege, welcher typisch war für Familien, die am Schwarzen Meer lebten. Dieser Respekt schloss natürlich auch ihn selbst mit ein. Jetzt stand sie bestimmt in der Küche und war eifrig damit beschäftigt, die Lieblingsgerichte ihres Sohnes zu kochen. Ein gewaltiger Stoß! Gleich darauf begann das riesige Flugzeug zu zittern, als ob es ein Auto wäre, das sich Millionen von Steinen rammend fortbewegte. Eigentlich war das Flugzeug nicht riesig, es war winzig zwischen den großen Gewitterwolken. Es war so klein wie eine Nussschale im Ozean. Ihm brach der Schweiß aus. Sein Herzschlag hatte sich wieder beschleunigt. Er atmete stoßweise, während er die Armlehnen fest umklammerte. Er hatte vergessen, was er zu tun hatte. Sollte er langsam und tief atmen oder schnell und flach? Trotz aller Beruhigungsmittel hatte er eine Panikattacke. Aber das, was Julia ihm gegeben hatte waren rezeptfreie leichte Mittel. Er bereute es. Er bereute alles. Dass er damals nach Berlin ausgewandert war und jetzt zurückging … Noch ein Rütteln! Ein würgendes Geräusch kam aus seiner Kehle. Plötzlich geschah etwas Unerwartetes: jemand berührte seinen linken Arm, so leicht wie die Hand seiner Mutter, heilend. Es war die Frau, die auf dem Nebensitz saß.

Seien sie unbesorgt, es wird vorübergehen, sagte die Frau beruhigend. Der Mann griff mit dem Reflex eines aus großer Höhe stürzenden Menschen die schlanke, mit Altersflecken übersäte Hand der Frau. Seine Atmung begann sich wieder zu normalisieren. Sie sagte ihm, dass der Pilot schon zu Beginn die Turbulenzen angekündigt hatte, dass es nichts zu befürchten gäbe, dass man sie im Falle einer gefährlichen Situation sowieso nicht hätte fliegen lassen. Der Mann nickte und sah sie an, als ob er sagen würde: ‚Ich verstehe alles, kann es aber nicht glauben, kann die Angst in mir nicht aufhalten.‘ Ärgerlicherweise hörten die Erschütterungen einfach nicht auf. Als die Ansage zu hören war, dass alle Passagiere zu ihren Sitzen zurückkehren, sich hinsetzen und sich anschnallen sollten, verstärkte sich die Panik des Mannes. Die Stewardessen hatten die Bedienung unterbrochen und waren zu ihren Plätzen zurückgekehrt. Die Situation war wahrscheinlich ernster als erwartet. Noch eine weitere große Erschütterung! Es knatterte seltsam im Flugzeug, die Aussicht aus dem Fenster, die er mit halbem Blick wahrnahm, war beängstigend, die Tragflächen zitterten, als ob sie gleich auseinanderbrechen würden. Die Tabletts in den Stahlschränken in der Küche knallten gegeneinander und erzeugten unheimliche Geräusche. Plötzlich knallte die Toilettentür auf und ein blutüberströmter Mann stürzte, nach Hilfe schreiend, heraus. Das Kabinenpersonal lief sofort zu ihm hin und griff ihm unter die Arme. Er musste sich bei der Erschütterung irgendwo angestoßen haben. Die aufgeregte Stimme der Stewardess erfüllte plötzlich das ganze Flugzeug. Sie bat darum, dass, wenn es im Flugzeug einen Arzt geben sollte, dieser bitte nach vorne kommen solle. Die alte Frau schaute nach links und rechts. Anscheinend gab es außer ihr keinen anderen Arzt. Mit einer Hand öffnete sie ihren Sicherheitsgurt. Der Mann fasste sie fester an der Hand, als er merkte, dass sie aufstehen würde. „Da braucht jemand Hilfe, er ist verletzt, ich komme sofort zurück“, sagte sie und befreite sich aus dem Griff des Mannes. „Schließ deine Augen, konzentriere dich auf deinen Atem“, sagte sie zu ihm, „atme langsam und gleichmäßig, ganz ruhig …“ Als sie sich nach links wendete, um aufzustehen, bemerkte sie, dass der Mann immer noch am Schreiben war. Sie bat ein wenig schroff um Erlaubnis. Es war wirklich erstaunlich: der Mann stand auf, ohne mit dem Schreiben aufzuhören, lies sie durch und setzte sich schnell wieder hin. Um ihn rum ging die Welt unter, aber ihm schien das egal zu sein. Sie war von Verrückten umgeben. Die Erschütterungen gingen weiter, sie hielt sich an den Sitzen fest, setzte jeden Schritt fest auf und bewegte sich nach vorne. Die Stewardessen atmeten erleichtert auf, als sie sie sahen. Das

Gesicht des verletzten Passagiers war kreidebleich. Sie hatten ihn auf den Platz einer der Stewardessen gesetzt und angeschnallt. Es war gut, dass er stabilisiert war. Ein Mann in den Sechzigern, vielleicht ein pensionierter Arbeiter, denn er hatte kräftige Arme, breite Schultern und einen richtigen Bierbauch. Seine Augenbraue war aufgeplatzt, die Wunde schien tief zu sein, sie musste definitiv genäht werden. Im Erste-Hilfe-Kasten, den die Stewardess panisch geöffnet und ihr hingestellt hatte, war alles Notwendige vorhanden: Antiseptikum, OP-Handschuhe, Mull, verschieden große Nadeln, Nähgarn … Sie würde das erste Mal nach Jahren eine Wunde nähen, dabei konnte sie nicht mal einen Knopf annähen! Der Gedanke klang komisch, aber sie konnte nicht lachen. Damit niemandem ihre Aufregung auffiel, desinfizierte sie ihre Hand ganz langsam mit der antiseptischen Lösung. Während sie vorsichtig die Tüte mit den OP-Handschuhen öffnete, sagte sie dem Mann, dass er eine Platzwunde an seiner Augenbraue habe und sie diese nähen müsse. Als der Mann sie mit zittriger Stimme fragte, ob sie das denn machen könne, sagte die Frau mit großem Selbstbewusstsein, dass sie Onkologin sei. Auf dem Gesicht des Mannes war eine deutliche Erleichterung zu sehen. Eigentlich bedeutete das für jemanden, der sich ein wenig mit dem Thema auskannte, „Ich bin keine Chirurgin, erwarte nicht zu viel von mir“, aber für die Mehrheit hieß das: „Ich behandle Krebs, was ist demgegenüber schon eine Platzwunde“. Sie hatte das Recht, so eine kleine List anzuwenden, um den Mann zu beruhigen. Während sie die Wunde mit einem Antiseptikum reinigte, erzählte sie dem Patienten, um ihn zu beruhigen, was sie tat. Eine geschickte Stewardess bat sie darum, auf die Wunde Druck auszuüben. Jetzt kam der schwierigste Teil. Es gab keine schon fertig aufgezogenen Fäden. Sie suchte die kleinste der wie Angelhaken gebogenen Nadeln aus, sie wollte am Kopf des Mannes keine großen Löcher stechen. Aber den Faden einzufädeln und das Nähen selbst würden ein großes Problem darstellen. „Ich habe keine Lesebrille“, rief sie, „ohne meine Lesebrille kann ich es nicht machen!“ Der noch immer unter Schock stehende Mann zeigte mit seinem zitternden Finger auf seine Brusttasche: Eine

Lesebrille mit rotem Bügel! Die half, auch wenn sie nicht ihre genaue Stärke hatte. Sie zog den Faden durch die Nadel und verknotete ihn. Für alle Fälle wusch sie die Nadel und den Faden mit Antiseptikum. Jetzt war es an der Zeit, zu nähen. Sie sagte zur Stewardess, dass sie den Druckverband entfernen solle. Ja, da war die Wunde, offen bis auf den Knochen! „Atmen Sie tief ein", sagte sie zum Patienten und fing an, die Spitze der Nadel, welche sie mit einer Pinzette festhielt, in die Augenbraue zu stechen. Für einen Moment dachte sie, dass sie Nadel nicht eindringen würde, aber die erste Schicht wurde wie ein dickes Tuch durchbohrt, der Mann stöhnte auf. Sie wollte belanglose Themen ansprechen, um ihn zu beruhigen, aber es fiel ihr nicht viel ein, sie musste ihre volle Aufmerksamkeit auf ihre Arbeit richten. Sie stach auf der anderen Seite ein, und es schien, als ob sie in der Nähe der Wundkante eingestochen hatte, aber nun gab es kein Zurück mehr, sie setzte einen Knoten, schnitt den Faden ab und machte sich an den zweiten Knoten. Hatte man den ersten überstanden, würde der Rest von selbst kommen. Sie fühlte sich wie ein Chirurg, der die wichtigste Operation seines Lebens durchführt. Ach, wäre doch ihr Vater noch am Leben und könnte sie so sehen: deine Tochter näht eine Wunde in einem Flugzeug, das in zehntausend Meter Höhe fliegt und unter Turbulenzen durchgeschüttelt wird. Dabei war ihr Vater vor fast dreißig Jahren schon gestorben. Dreißig Jahre! Ein Leben war vergangen. Ein plötzlicher Herzinfarkt hatte ihren Vater aus dem Leben gerissen. Sie hatten das nicht verhindern können. Er war so gesund gewesen … Niemand hatte es glauben können, dass alle Herzkranzgefäße zu fast 100 Prozent verstopft waren. Es stellte sich heraus, dass es das Herz gewesen war, als er immer sagte, dass er Sodbrennen habe. Jahrelang hatte sie sich wegen dieser Nachlässigkeit Vorwürfe gemacht. Ja gut, sie hatten in verschiedenen Städten gelebt, sie hatte viel gearbeitet und außerdem hatte ihr Vater immer gesagt, dass er sich top fit fühle, aber trotzdem … Nach dem fünften Knoten entschied sie, dass der Eingriff ausreichend war. Sie freute sich wie ein Kind, als sie die antibiotische Salbe im Erste-Hilfe-Kasten sah. Sie schmierte die Salbe auf die Wunde und bedeckte sie mit einer

Mullbinde. „Gute Besserung! Wenn Sie nach der Landung sofort ins Krankenhaus gehen, können Sie Ihre Behandlung dort fortsetzen lassen", sagte sie gerade, als ihr das Wort im Halse stecken blieb. Sie wurde mit einem gewaltigen Schlag weggeschleudert, schlug erst gegen den mit Essentabletts befüllten Servierwagen und fiel dann zu Boden. Die Lesebrille mit dem roten Bügel war ihr von der Nase geflogen, das rechte Brillenglas war durch die Wucht des Aufpralls zersprungen. Sie hatte Schmerzen, „Oh, meine Schulter", stöhnte sie. Der Mann, dem die Augenbraue genäht worden war, starrte sie voller Entsetzen, auf seinem Platz sitzend aus an. Er schien zu beten. Sie stand mit Hilfe der Stewardessen auf. Es war möglich, dass ihre Schulter gebrochen war. Das hatte gerade noch gefehlt! Sie nahm ein Schmerzmittel aus dem Erste-Hilfe-Kasten und schluckte es. Sie gab dem Mann auch eine Tablette. Während die Stewardessen die Frau zu ihrem Platz begleiteten, hatte die das erste Mal Angst, zu sterben. Eigentlich war sie nicht gerade zu jung zum Sterben, sie hatte ihre Arbeiten in dieser Welt beendet und war schon lange auf dem Abstellgleis. Trotzdem aber wollte sie leben, und zwar mit dem Appetit und der Begeisterung, als wäre sie gerade auf die Welt gekommen. Sie war sich bisher nicht bewusst, dass sie so sehr am Leben hing. Wozu so eine Turbulenz doch fähig war! Ihre Kehle war trocken, innerlich war sie lebendig, als ob das Erste-Hilfe-Abenteuer von vorhin die Wirkung einer Verjüngungskur auf sie gehabt hätte. Sie kümmerte sich nicht mehr um die Schmerzen in ihrer Schulter. ‚Was für eine Reise aber', dachte sie sich, was wohl Nurhan zu all dem sagen würde, wenn sie davon hörte?

Der Mann auf Platz 27A atmete erleichtert auf, als die Ärztin auf ihren Platz zurückkehrte. Die Frau erzählte in einem beruhigenden Ton, was passiert war: Ein Mann, einer unserer Gastarbeiter, war während der Turbulenz auf der Toilette und hatte sich die Augenbraue aufgeschlagen. Sie musste die Wunde nähen. Er fühlte sich in Sicherheit, während sie weitersprach. Die Worte der Frau hatten eine einlullende Wirkung, wie die Gebete seiner Mutter. Außerdem ließ das Vibrieren im Flugzeug allmählich nach. Nach einigen Minuten verschwand es komplett, aber er wollte nicht, dass ihm dieser Gedanke bewusst wurde. Er steckte in dem absurden Glauben fest, dass es wieder anfangen würde, sobald er es realisierte. Er drehte die Lüftung über seinem Kopf voll auf und richtete sie direkt auf sich. Im gleichen Moment war ein Knistern aus den Lautsprechern zu hören. Eine Ansage: „Aufgrund der Wetterbedingungen in dieser Höhe könnten wir neue Turbulenzen erleben, bitte bleiben sie angeschnallt, solange sie sitzen", warnte der Pilot. Die Folter war also noch nicht vorbei. Im Moment schien sich die Lage beruhigt zu haben. Vielleicht hatten sie das Schlimmste schon überstanden. Diese Turbulenzen werden dich verfolgen … Er lächelte nervös. Er hatte dieses Lied ab und zu in Berlin gesummt: Diese Stadt wird dich verfolgen. Natürlich hatte er dabei an Istanbul gedacht. Er hatte auch Recht behalten. Obwohl, es war nicht Istanbul, das ihn verfolgte, sondern diese Familie. Glück. Pech. Es war ungerecht, dass man sich die Familie, in die man hineingeboren wurde, nicht aussuchen konnte! Seine Mutter hatte alles verloren, und jetzt war sogar ihre Luft zum Atmen zu viel für seinen Onkel. Jedes Mal, wenn er an seine Mutter dachte, fiel ihm seit einer Weile eine Szene ein, die er als Kind in der Heimatstadt gesehen hatte. Alte Pferde, die sich auf einem nebelbedeckten Berghang verteilt hatten. Verlassen ... Traurig versuchten sie im kühlen Morgen auf den Beinen stehenzubleiben. Es waren Yılkı Pferde, der Gerechtigkeit der Natur überlassene Pferde, deren Besitzern es nach ihrem jahrelangen Dienst schwerfiel, sie zu ernähren. So hatte es sein Vater erklärt. Er hatte nicht glauben können, was er da hörte. Seiner Meinung nach war dieses Verlassensein der Pferde das nackte Abbild des Bösen. Erst später sollte er mit den Grausamkeiten der menschlichen Spezies in Berührung kommen. Auch mit Julias Freunden hatte er oft über dieses Thema, das Problem des Alters gesprochen. Sophia war sehr pessimistisch. Sie hatte sogar eines Tages davon geredet, Hand in Hand mit Julia Selbstmord zu begehen. Julia war wütend geworden, Sophia aber beharrte darauf, dass andere Optionen noch schlimmer seien, wenn man nur logisch darüber nachdachte. Allerdings hatten sie an diesem

Abend ziemlich viel Wein getrunken worden. Im zivilisierten Europa, wo viele ältere Menschen lieber Selbstmord begehen würden … Er hatte in einer Dokumentation gesehen, dass man in der felsigen Umgebung Asiens die alten Menschen wie wilde Pferde in die Berge brachte und sie dort zurückließ. Darüber hinaus hatten sie das mit verschiedenen heiligen Geschichten ausgeschmückt und als Tradition bewertet. Der Mensch war eben überall Mensch. Rohmilch hat der Mensch getrunken, was immer das auch heißen mag... Dabei war er kein ungeratenes Kind, schließlich kehrte er zurück, um sich seiner Mutter anzunehmen, und das noch dazu, dass er alles in die Wege geleitet hatte, um ein bisschen Geld dazuzuverdienen. Deshalb hatte er angefangen drei Mal die Woche zu spielen … Ich werde so schnell wie möglich zurückkehren, hatte er zu Julia und ihrer Freundin gesagt, aber er wusste nicht, wie bald dieses Schnell sein würde, sonst hätte er seine Gitarre doch nicht mitgenommen. Das Abenteuer Berlin war von kurzer Dauer gewesen. Sofort hatte er die Segel gestrichen. Er war sehr schnell deprimiert. In solchen Zeiten, wenn er deprimiert war, versuchte Julia immer ihn aufzuheitern, und sagte zu ihm, dass ein Türke die Welt wert sei. Ja, klar, gib nicht sofort alles aus, dachte er sich. Dabei wollte er überhaupt nicht daran erinnert werden, dass er Türke war. Er war zufälligerweise in der Türkei geboren, das war alles. Seine Seelenbrüder waren auf der ganzen Welt verteilt und lebten in verschiedenen Zeiten weiter. Er setzte seine Kopfhörer auf, und die außergewöhnliche Stimme einer seiner Brüder begann ihn zu erfüllen: Is this the real life? Is this just fantasy? Caught in a landslide, no escape from reality. Look up to the skies and see, I'm just a poor boy, I need no sympathy. Seine Tränen flossen. Er drehte seinen Kopf zum Fenster. Im wolkenlosen Raum hängend weinte er jetzt über alles. Freddie Mercurys Stimme, die sagte: „Mama, ich will nicht sterben“, hallte in der Leere wider. Er selbst war es, der mit seiner Mutter sprach, aber er war auch Freddie, der nicht sterben wollte. Er war es, der auf der Bühne des Berliner SO36 seine Gitarre anschlug, aber seine Hände gehörten Freddie. Jedes Mal, wenn er seine Gitarre berührte, kam er dem näher und entfernte sich immer weiter von seinem finsteren Onkel und seinen unterentwickelten schlechten Kopien.

Die Frau auf Platz 27B sah, wie sich der junge Mann durch die Musik in seinen Kopfhörern entspannt hatte und sogar mit seinen Fingern den Takt schlug. Natürlich hatte jede Angst ein Ende. Es was wirklich erschreckend gewesen, es hatte sie ziemlich durchgeschüttelt. Sie erinnerte sich, was der Mann auf Platz 27C geschrieben hatte. Wie hatte er im Voraus von der Turbulenz wissen können? Der Pilot hatte das zwar am Anfang angesprochen, aber deshalb konnte man das doch nicht als Prophezeiung sehen, es war höchstens eine logische Vermutung. Da schrieb er immer noch weiter. Ununterbrochen, wie wahnsinnig … Sie hob die Augenbrauen und fing zu lesen an, als ob er sie nicht interessieren würde.

Der Autor beschloss, weil er wusste, dass er beobachtet wurde, die Frau ein wenig zu überraschen.

Die Frau lächelte. Wir werden also ein Spielchen spielen, dachte sie sich.

Wir werden also ein Spielchen spielen, dachte sie sich. Als sie diesen Satz las, freute sie sich wie ein Kind, das eine Zaubershow ansah und den Trick dieser Nummer wissen wollte. Der Autor schrieb Sätze, die sehr ihren Gedanken ähnelten. Er bezeichnete sich selbst auch als Autor, das war an sich schon ein interessanter Zustand. Mal sehen, welche anderen Hasen er noch aus seinem Hut ziehen würde. Schweizer Schokolade? So eine von der bitteren Sorte. Gerne hätte sie jetzt eine gegessen, hätte sie am Gaumen zerdrückt … Warum auch nicht … Eine der Stewardessen kam lächelnd auf sie zu. Sie hatte eine Packung Schokolade in der Hand. Die Frau war verblüfft. „Ist die für mich?“ fragte sie, „Ja“, sagte die Stewardess, „der Mann, dem sie vorhin die Augenbraue genäht haben, hat sie Ihnen es als Dankeschön geschickt.“ Überrascht nahm sie die Schokolade, sie war fassungslos. Wie kann das sein, wie kann das sein …? Sie hatte ständig die gleiche Frage im Kopf.

***

Die Frau auf Platz 27B aß die Schokolade, während sie über das im Heft Gelesene nachdachte. Der Mann wusste zu hundert Prozent im Voraus, was passieren würde. Aber wusste er nur, was in der Zukunft passieren würde? Er wusste auch von dem Gerinnsel, das sich im Bein ihres vor elf Jahren verstorbenen Mannes losgelöst und eines seiner Hirngefäße verstopft hatte. Er wusste auch die Todesursache ihres Vaters. Auch Nurhan kannte er. Er wusste alles. Er las offensichtlich alles, was der Frau durch den Kopf ging. Ja gut, vielleicht wurde sie Zeuge eines telepathischen Ereignisses oder dergleichen. Vielleicht war es sogar etwas anderes, etwas Metaphysisches. Sie glaubte an nichts Übernatürliches. Sie brauchte Beweise. Und nicht so umstrittene Dinge, die man in jede Richtung deuten konnte, sondern konkrete, greifbare Beweise. Was, wenn der Mann z.B. in sein Heft schreiben würde: „Die Altersflecken auf der Hand der Frau verschwanden auf wundersame Weise". Was würde dann wohl passieren? Sie dachte darüber nach, und während sie das Gesicht des ununterbrochen schreibenden Mannes betrachtete, kräuselten sich dessen Lippen zu einem schelmischen Lächeln.

Ja, wie jetzt?

Sie war sich nicht sicher.

Aber sie schaute mit einem mulmigen Gefühl auf ihre Hände.

Es war geschehen!

Tatsächlich waren die braunen Flecken auf ihren Händen verschwunden! Sie nahm ihre Lesebrille ab, putzte gründlich die Gläser, setzte sie wieder auf und musterte sorgfältig ihre Hände. Sie waren weg, alle Flecken waren verschwunden. Ihre Hände sahen aus wie in ihren Vierzigern. Ob das dauerhaft war? Vielleicht war es auch nur eine Illusion? Vielleicht steckte sie in einem Traum? Ja, natürlich, sie war eingeschlafen und träumte! Wer weiß, wie lange sie schon schlief, diese ganzen Turbulenzen, der Mann mit dem Heft, all das war ein Traum! Aber was für ein echter Traum das war! Sie hatte also erkannt, dass sie in einem Traum war, wachte aber daraus nicht auf.

Das war auch schon wieder eigenartig. Wieso genoss sie es dann nicht einfach? Warum sollte es auf die Altersflecken beschränkt bleiben …? Warum sollte sie nicht komplett jünger werden? So wieder Anfang dreißig? Wenn schon alles wahr wurde, was der Mann schrieb … Sie schaute hinüber, um zu sehen, was der Mann in sein Heft schrieb, aber sie sah alles verschwommen. Ihre Lesebrille musste schmutzig geworden sein, dabei hatte sie sie vorhin geputzt, Nachdem sie die Brille nochmals abgenommen hatte, um sie erneut zu reinigen, da sah sie alles glasklar.

Wie jetzt?

Auch an ihrem Körper spürte sie eine deutliche Veränderung: Ihr Rücken war gerader, der Bauch kleiner und die Haut straffer geworden. Sie schaute auf ihre Hände, das waren die gepflegten Hände einer jungen Frau! Der Ehering war viel zu groß, fiel von selbst ab, sie steckt ihn in die Tasche. Sie griff nach der Tasche unter ihrem Sitz, tastete blindlings zwischen den Schminkutensilien und fand einen Spiegel.

Ja, das im Spiegel war sie selbst, sie sah dem Passfoto ähnlich, dass sie als junge Ärztin hatte machen lassen. Es hatte gewirkt. Was auch immer der Mann schrieb, geschah. Sie drehte sich zu dem Mann, der durch die Wirkung des Beruhigungsmittels halb schlief, legte ihre Hand auf seine und fragte ihn, ob es ihm besser ginge. Ihre Stimme! Ihre Stimme war auch jung.

Der Mann auf Platz 27A öffnete seine Augen. Plötzlich setzte er sich argwöhnisch auf. Er sah überrascht aus. „Wohin ist die Ärztin gegangen, die hier saß?“ fragte er. Die junge Frau lächelte, „Sie ist nirgendwohin, sie ist immer noch hier!“ sagte sie. Der Mann dachte, dass er aufgrund der Angst, die er verspürte, falsch wahrnahmen würde, was um ihn herum geschah. Aber die Anwesenheit der Frau, die seine Hand hielt, zerstreute alle seine Bedenken. Die junge Frau erklärte in einem netten Ton, dass sie etwas Seltsames erlebt hätte, dass der Mann auf ihrer anderen Seite ein Schriftsteller sei, und dass alles, was er in sein Heft schriebe, wahr würde. Dass sie sich vorhin junge Mann aß die von der Frau angebotene Schokolade, während er ihr zuhörte. Er fühlte sich wie betrunken. Er dachte, dass die Verwirrung durch die wiederholt eingenommenen Beruhigungsmittel dem Heft des Schriftstellers gelesen habe, warum er nach Istanbul fliegen würde, die Sache mit seinem Onkel, dass sie sogar Julia und Sophia bis ins Detail kenne. „Das ist sehr seltsam", sagte der junge Mann, „schreibt der Mann jetzt über uns, existieren wir also, weil er es schreibt?"

Die Frau hielt nicht inne. Sie warf einen Seitenblick auf den Schriftsteller, den sie bisher wie Aladin aus der Wunderlampe betrachtet hatte. Könnte er recht haben? Sie erinnerte sich vage daran, so eine Geschichte in einem der Bücher gelesen zu haben, die Nurhan ihr empfohlen hatte. Dort ging es um einen Mann, den während einer Busfahrt plötzlich der Verdacht beschlicht, der Held in einer Geschichte zu sein. Sie hatte gelacht, als sie das las. Das war eine typisch paranoide Attacke, hatte sie sich gesagt. Könnte ihnen jetzt dasselbe passiert sein? Der Mann auf Platz 27A bemerkte, dass er keine Angst mehr hatte. Sonderbarerweise hatte er weder Angst vor dem Absturz des Flugzeugs noch vor der Auseinandersetzung, die ihn in Istanbul erwarten würde und auch nicht vor seinem Onkel und seinen halsabschneiderischen Cousins. Er war erleichtert. Er hatte sogar verstanden, dass der Mann in diesem Moment in sein Heft schrieb, dass sein Onkel nach einem plötzlichen Herzinfarkt aus Todesangst ein Engel gegenüber seiner Mutter geworden war, es in Istanbul kein Problem mehr gab, und alles durch eine magische Berührung erledigt war. Man konnte nicht wirklich Verstehen dazu sagen, eher war ihm eine Art des Begreifens gewährt worden. Diese sich plötzlich entwickelnde Positivität hatte zwar etwas Beängstigendes, aber er sah in dem Moment, dass ihm die Stewardess seine Gitarre brachte. Erst dachte er, dass der Gitarre etwas passiert wäre, dass sie während der Turbulenz einen Schlag abbekommen hätte, aber das Lächeln auf dem Gesicht der Stewardess verkündete, dass etwas Angenehmes passieren würde. „Unser Kapitän ist sehr musikbegeistert. wie Sie wissen, haben wir eine große Turbulenz überstanden. Es würde jedem guttun, wenn Sie seiner Bitte nachkommen und vielleicht etwas spielen würden.“ Sagte die Stewardess und holte mit ernsthafter Miene die Gitarre aus dem Etui und reichte sie ihm. Das konnte man nicht ablehnen!

Er nahm die Gitarre, und als er in seiner linken Hand die vertraute Wärme des Griffs spürte, da zitterte er innerlich. Erst ein, zwei schüchterne Noten, dann kam dieser wunderbare Klang. Er räusperte sich und begann zu singen.

Is this the real life?

Is this just fantasy?

Caught in a landslide, no escape from reality.

Look up to the skies and see, I'm just a poor boy, I need no sympathy.

Er dachte jetzt nicht mehr darüber nach, warum und wie die Sachen so gekommen waren. Er überließ sich einfach dem Rhythmus der Musik. Seine Finger glitten von allein über die Saiten. Er war jetzt, in diesem Moment, mit allen seinen früheren Seelenbrüdern eins geworden. Die Musik war ein umschließender Mutterleib, der über die Zeit hinausreichte … Er spürte, dass sich alle Passagierte in ihren warmen Fruchtblasen zusammenrollten, während er spielte. Zum ersten und letzten Mal spielte er so gut. Er verstand jetzt, was das Leben war. „Du existierst in dem Moment, in dem du die Noten erklingen lässt und verschwindest, wenn du sie verstummen lässt.“

Too late, my time has come
Sends shivers down my spine, body's aching all the time
Goodbye, everybody, I've got to go
Gotta leave you all behind and face the truth

Die Frau auf Platz 27B hörte ihm bewundernd zu, es war etwas Überwältigendes, zu leben! Wie hatte sie es nur bis zu diesem Moment nicht verstanden, nicht bemerkt: Jeder gelebte Moment war außerordentlich, das Leben war etwas Wunderbares. Glücklich wandte sie sich an den schreibenden Mann. Sie wollte ihm danken. Für alles … Dafür, dass er ihr die Fähigkeit gegeben hatte, zu verstehen …

Aber als sie sich zu ihrer Linken drehte, da sah sie, dass der Mann immer langsamer schrieb.

Wieso wurde er denn langsamer …? Es gab doch noch so viel zu schreiben und zu erleben!

Aber sie sah, dass sich der Mann auf der letzten Seite des mit grünem Leder bezogenen Heftes befand.

Gleich würde er den letzten Satz schreiben und das Heft zuklappen.

Damit würde ihre ganze Existenz beendet werden.

Der erbarmungslose Schriftsteller hätte diese Information der Frau vorenthalten können. Aber er tat es nicht, er wollte, dass sie ihm dabei zusah, wie er den letzten Satz, das letzte Wort schrieb.

Denn zusammen mit ihnen würde auch seine Existenz zu einem Ende kommen.

Der Schriftsteller drehte sich zum ersten Mal zu der Frau neben ihm um. Das war ein sehr schneller und tiefer Blick, ein Abschied.

Ein Blick, der das Ende von Allem ankündigte.

Die Frau erkannte in diesem Moment, dass sie sich nicht in einem Traum befand. Oder selbst wenn es ein Traum war, dann einer, aus dem es keine andere Realität gab, in der sie aufwachen konnte.

Der Schriftsteller schrieb seinen letzten Satz und setzte den Punkt.

Literaturca Verlag

Murat Gülsoy

Stehlen Sie dieses Buch!

Erzählungen

deutsche Erstausgabe
2008
Reihe türkische Literatur

Aus dem Türkischen und Nachwort:
Beatrix Caner

220 Seiten
gebundene Ausgabe
ISBN 978-3935535151
16,50 EUR

Literatur-Insider kommen nun bei diesem Titel ins Grübeln, denn es gab in den 70er Jahren schon einmal ein Buch mit eben diesem Titel, noch dazu ein Buch mit Kult-Status.

Herrlich vertrackte Geschichten

Murat Gülsoy:

Stehlen Sie dieses Buch!

Der unvergessene Kritiker LUTZ BUNK über dieses Buch:

"Stehlen Sie dieses Buch!" enthält zwölf Geschichten mit überraschenden Wendungen, herrlich vertrackt und immer spannend. Nun hat Murat Gülsoy einen Erzählband herausgebracht, bei dem schon der Titel neugierig macht:

Der Amerikaner Abbie Hoffman überschrieb so seinen Anarchisten-Leitfaden, unter anderem zum Anbau von Marihuana, - übrigens das Lieblingsbuch von Großmutter Mona Simpson in den Simpsons-Cartoons. Allerdings bietet Autor Murat Gülsoy dem Leser keinen Anarchisten-Leitfaden zum Anbau von Marihuana, sondern eher einen anarchisch-postmodernen Leitfaden für Schriftsteller. Murat Gülsoy, Jahrgang 1967, begann seine literarische Karriere als Internet-Schriftsteller ohne Print-Ambitionen, und seine Internet-Rubriken gehören auch heute noch zum Kultprogramm der türkischen InternetGeneration.

Dem Buchmarkt musste er sich nie andienen, denn Murat Gülsoy übt neben seiner Arbeit als Schriftsteller auch weiterhin seine drei Brotberufe aus: einmal als Ingenieur der Biomedizin, dann als Universitätsdozent für das Studienfach "Kreatives Schreiben" sowie als Diplom-Psychologe.

In seinem literarischen Werk stellt Gülsoy immer wieder eine psychologische Grundfrage: Was ist Realität und was Projektion? Was löst zum Beispiel ein Buch mit dem Titel "Stehlen Sie dieses Buch!" im Kopf eines Buchhändlers, eines Verlegers, eines Autors oder eines Kunden aus? Behutsam setzt Gülsoy ein vielschichtiges Mosaik der Wirklichkeit zusammen. Stilistisch erinnert Murat Gülsoy an die fantastischen Geschichten Ray Bradburys. Gülsoy erzählt immer überraschend:

Ein "Alice-hinter-den-Spiegeln"- ergnügen zwischen Kafka, Krimi und Sigmund Freud, immer spannend, immer handwerklich perfekt und dabei oft auch sehr komisch. Beispielsweise, wenn sich einer in eine attraktive Betrügerin verliebt, die ihm weismacht, sie sei verrückt, und er müsse sie heilen.

Gülsoys Kernthema ist der Schriftsteller beziehungsweise die Literatur-Wirklichkeit selbst, das heißt die meisten der zwölf Geschichten des Erzählbandes haben Schriftsteller und Bücher als Hauptfiguren, postmodern auch Metafiktion oder Intertextualität genannt. Dabei geißelt Gülsoy sowohl den Narzissmus der Autoren als auch die Manipulationen des Buchmarktes und die vermeintliche Objektivität der Kunstkritiker. "Stehlen Sie dieses Buch!" bietet herrlich vertrackte Geschichten, mal Krimis, mal surreal, mal 1001 Nacht, - oft mit einem kafkaesk-schwejkschen Humor: "Polizisten lieben es nicht, wenn man ihnen den Anfang eines Films erzählt", schreibt der Autor. Oder: "Es ist ein lobenswertes Verhalten, sich selbst ernst zu nehmen - andere respektieren einen oft allein schon deswegen, weil man den Mut dazu hat." Und, nicht zu vergessen: Gülsoys Sprache bietet große, poetische Momente: "… es war der salzige und heiße Geschmack einer Jugendliebe."

Literaturca Verlag

Literaturca Verlag

Literaturca Verlag